# 希特勒的土地
## 美国人亲历的纳粹疯狂之路

[美]安德鲁·纳戈尔斯基◇著　吴冬　姚小菡◇译

重慶出版集團　重慶出版社

# 目　录

前言　究竟是什么成就了希特勒？　1

## 第1章　"精神崩溃"
### ——"一战"的创伤与平复

迷人的混乱中心　2
贫困之海中的狂欢孤岛　4
美国是朋友，法国是敌人　9
"婚介"记者与社交舞会　11
激昂的演说家——希特勒　13
预测纳粹是否将干预巴伐利亚局势　15
汉夫丹格：哈佛与希特勒的联结者　21

## 第2章　悬而未决
### ——德国将何去何从

领袖的魔力　28
美丽女主人家的常客　30
明眼人　33
艺术化的魏玛　39
美国支持下的经济复苏　42
牢狱生涯与声名式微　46

错把他乡当故乡——旅德美国人的错觉　48
　　日耳曼式的精神世界　51
　　从亨利·福特身上汲取"反犹"灵感？　52
　　经济崩溃的政治后果　55

第3章　大象还是老鼠？
　　　　——如何定位纳粹势力
　　纳粹崭露头角　60
　　希特勒"重装归来"　62
　　直指"军国主义"　65
　　向总统宝座发起"冲锋"　70
　　对领袖的好奇　74
　　来自美国记者的两次著名采访　77

第4章　"我会为他们做示范"
　　　　——美国人把纳粹领导视为小丑
　　德国政客的对策　84
　　美国记者关注些什么？　90
　　愚弄公众的游戏　93
　　"宫廷小丑"汉夫丹格　96
　　真相远比看起来复杂　102
　　令人恐惧的"纳粹蓝图"　104

第5章　逃走吧，越快越好
　　　　——疯狂的意识形态转型
　　德国的野蛮转型　108
　　罗斯福上任后的德美外交　113
　　"小酒馆"里的大争执　116

## 第6章 "就像足球和板球"
### ——清洗犹太人运动

反犹暴力事件的证据　　　126
希特勒否认将有新战争　　131
盲目的包容　　　　　　　136
责难与辩护　　　　　　　139
欧洲会迈向战争吗？　　　143

## 第7章 与纳粹共舞
### ——希特勒的"獠牙"

"长刀之夜"　　　　　　　150
军队向谁效忠？　　　　　155
狂热和暴怒的宿命论者　　162
驻德记者不再是美差　　　164
希特勒应该娶个美国老婆？170
罗曼史与"朝圣"之旅　　174

## 第8章 "疯帽子的午餐会"
### ——1936年柏林奥运会闹剧

奥运时节来临　　　　　　182
纳粹的"教义"　　　　　189
美国飞行家访问德国航空工业　194
"一场精心策划的恶作剧"？　201
沮丧和失望的美国人　　　208

## 第9章　"制服和枪支"
### ——走上武力扩张的道路

认识德国的四个阶段　　　　　　214
1938年的三件大事　　　　　　　218
联姻　　　　　　　　　　　　　　223
在刀刃上行走的希特勒　　　　　228
"纳粹血旗"　　　　　　　　　　233
德国的军事建设　　　　　　　　237
武力扩张的新高潮　　　　　　　242

## 第10章　"孤立无援"
### ——德意志不惜背弃一切

世界大战的苗头　　　　　　　　248
这是真正的战争　　　　　　　　253
闪击波兰，惊骇世界　　　　　　256
代价由谁支付？　　　　　　　　261
民心渐远　　　　　　　　　　　267

## 第11章　喂松鼠
### ——希特勒希望别国勿管闲事

枪炮丛林　　　　　　　　　　　270
善良与残忍之间的奇怪对比　　　274
女性与家庭政策　　　　　　　　278
纳粹的美国宣传员　　　　　　　282
东征苏联　　　　　　　　　　　287
柏林并非无懈可击　　　　　　　289
美国身份不再安全　　　　　　　293

第12章　最后一幕
　　——美国驻德记者全面撤离

莫斯科与"滑铁卢"     300

对美国宣战     302

受到上天眷顾的历史见证者     305

# 后记     310

# 致谢     314

# 前言　究竟是什么成就了希特勒？

在"一战"后至"二战"期间的所有美国驻德记者里，没有人比西格瑞德·舒尔茨更能胜任这份工作。她1893年生在芝加哥，父母是挪威人，从8岁起，她的大部分少年时光都在欧洲度过。父亲是位成功的肖像画家，主要在巴黎工作，所以西格瑞德从小上的是法语学校。后来父亲受命前往符腾堡王国[1]为国王和王后画像，她又跟过去上了几个月的德语学校。这段经历不仅教会了她德语，也让她很早就洞悉了当地的人情做派。

舒尔茨回忆道："那时还很少有外国画家能被邀请到德国宫廷作画，那些德国小女孩也在尽力对我示好。但是很明显，'不是德国人'这一点本身就是个缺陷。任何没能在德国文化和'日耳曼效率'面前感到目眩神迷和自惭形秽的外国人，充其量就是个被同情的对象。"

舒尔茨在巴黎大学学习国际法，后来随父母迁居柏林。在那里，身居战败国的舒尔茨亲历了第一次世界大战。自从美国在1917年加入战争，她和父母就必须以"敌国侨民"的身份每天向警局报告，不过好在她还可以在柏林大学继续自己的学业。"一战"余波未尽，《芝加哥论坛报》已聘她为柏林站记者，与理查德·亨利·利特搭档，她的语言能力给利特留下了深刻的印象。而从1919年初她与利特合作、开始自己的记者生涯起，她还展现出杰出的报道能力。

舒尔茨和利特一道采访了几十名德国军官，想要了解他们在德国战败后的感受。大部分人满腔怨愤，但没有谁能盖过一名"尖酸愠怒的，

---

[1] 符腾堡是德国西南部的一个政治实体，由康拉德伯爵（死于1110年）以斯图加特为核心建立。他的后裔将领地扩展到符腾堡，撑过了德意志宗教战争、帝国政策变更和法国的入侵。符腾堡有一套基本的议会体系，但在18世纪转向专制主义。该国在1806年至1918年间成为王国，现在是巴登-符腾堡州的一部分。——编者注

穿一身蓝色海军制服的小男人，他名叫雷德尔"，舒尔茨写道。这名德国军官还告诉两位记者："你们美国人用不着骄傲。用不了25年，我们两国还会开战。那时候赢的就是我们，因为我们的准备要充分得多。"

美国记者们不以为忤——他们的反应恰恰相反。"我清楚地记得1919年的那一天，我们都为一心想要复仇的小雷德尔深感惋惜。"舒尔茨在笔记中写道："他把战败这事看得太严重。我们感觉到他正在被仇恨吞噬。"

1926年，舒尔茨成为《芝加哥论坛报》中欧分社的首席记者，直至1941年，她一直扎根柏林。战后，一波又一波的美国记者团接踵而至，团员几乎是清一色的男性，而舒尔茨对于德国的了解和对故事的执着探询一直让他们印象深刻。她在"二战"期间写作出版了《德国将卷土重来》（*Germany Will Try It Again*）一书。在书中回顾自身经历时，舒尔茨认为，其实雷德尔的同胞们都怀着与他相同的仇恨以及对复仇的渴望。

当然，那时舒尔茨已经看到了这股民族仇恨带来的后果，但也有人据此质疑书中的某些描述是否经过事后润饰。不过仅就她对雷德尔的这段采访回顾而言，她只是在末尾稍加渲染，以示其预言精准："将近23年之后，阿道夫·希特勒向美国宣战，而此时统领德国海军的，正是帝国元帅埃里克·雷德尔博士。"

\* \* \*

市面上关于"一战"到"二战"期间旅居英法的美国人的书籍比比皆是，甚至不乏对美国人在苏联生活的记述。但出于种种原因，包括舒尔茨和她的同事在内，还鲜有作者会关注那些在希特勒当权以及打造"第三帝国"时期在德国生活、工作或旅行的美国人。事实上，这群人经常为世人所遗忘。或许像乔治·凯南这样的外交家还能被人们记得，但那和他们的驻德经历没什么瓜葛。就拿乔治·凯南来说，他传记中的大部分笔墨都用来描述他如何构建出令自己声名大噪的"遏制政策"，这一政策被战后连续几届美国总统采纳为对付苏联的长期策略，相形之下，他在德国的经历就黯然失色了。其他人的情况也是一样。

因此，美国人常常有这样一种印象，好像魏玛共和国的垮台、纳粹的骤然崛起和第二次世界大战的引爆都发生在一个陌生而隔绝的国度。很少有人会停下来问问，有哪些美国人亲历过这些事件，他们对此如何看待和报道——不论其立场是出于工作职责还是普通的好奇看客，而这些报道对于美国人看待当时的德国又有什么样的影响。

如今，人们都普遍认为希特勒的意图从一开始就非常明确，而他所奉行的政策也必将导致第二次世界大战和屠杀犹太人的暴行。大部分人都觉得很难想象，在20世纪20年代到30年代之间，在德国生活或者过境的美国记者、外交官、演艺人员、社会学家、学生以及其他各色人士居然没能立刻看清并理解眼前所发生的一切。毕竟，他们坐在最前排的席位，可以从最优越的视野注视这起20世纪最戏剧化的事件。其中一些人不仅远远观察过希特勒，还和他有过近距离的会晤和交谈，目睹他从一个慕尼黑的街头煽动者变成后来权倾柏林的独裁者。对这些人来说，希特勒不是某个抽象的邪恶化身，而是一名真实生活里的政客。一些美国人很早就开始研究他，也有些人等到他上台之后才开始留意。即便是那些没机会接触到他的人，也亲眼看见了他的所作所为导致的后果。

不过这些人对德国和希特勒的解读也大相径庭。他们中有人亲眼见过希特勒，认为他代表着一股原始力量，并拥有某种能够煽动德国人民情绪、激起他们愤怒的神秘能力；有人认为希特勒只是政坛上一个来去匆匆的丑角；也有人在初始阶段对希特勒本人及其作为怀抱同情，甚至一度拥护；还有些人从一开始就有着本能的担忧，随即迅速转为全面的警觉，他们意识到希特勒对德国乃至全世界都是一种威胁。

其实不仅美国人不了解是什么成就了希特勒，又是什么塑造了他的世界观，德国人也一样。奥特·施特哈瑟是希特勒早年的追随者，后与其分道扬镳并逃离德国。他回忆起1927年纽伦堡纳粹大会期间与几名纳粹高官共进的一次晚餐，当时，显然还没人完整地读过希特勒的自传《我的奋斗》。这几名高官一致同意，通读过这本书的人可以获得免单的优惠。"结果没人读过《我的奋斗》，所以大家都得自己买单。"施特哈瑟告诉我们。

回顾过去，历史的一步步演变总显得无法规避，而对目睹了这段演变的美国人来说，他们各自的判断也基于多种不同的因素：他们自身的倾向，他们看到的事实片断，并且有时他们只看到自己想看的那部分情节，而忽略那些暗示着相反事实的信号。

舒尔茨着重援引雷德尔在1919年的言论，为的是强化自己后来的论点，即一旦美国与德国再次开战，希特勒的行动就可坐实为战败国民族仇恨激化的必然结果。而另一些美国人则喜欢沉浸于"一战"后美国受到的热烈追捧，他们相信这场战争已经向人们索取了高昂的代价，所以必将留下一记深刻的教训。埃德加·安塞尔·莫勒是《芝加哥论坛报》的竞争对手《每日新闻报》的驻柏林站记者，他回忆说，在20世纪20年代，"大多数在德的美国人都怀有一种合理的希望，认为德国战败后的屈辱、通胀以及其内部的混乱会让大部分德国人认识到再谋称霸欧洲是个愚妄想法。"

像舒尔茨和莫勒这样的记者，还有像凯南这样的外交官以及他的几个同事都不是甫出国门的新人，他们都曾在欧洲各国求学和工作。相比之下，这段时期来德的大多数美国人都是未经历练的年轻人，所以他们的观点不免会被左右，行动也会受到影响。战后的德国不管在政治还是两性行为上，都处在一种旧世界的刻板与战后新世界的极端主义交融的状态，他们也时时为此心醉、震撼并着迷。

正因为美国的角色很特殊，所以在德国的美国人也处在一个特殊的位置。尽管美国也是"一战"的参与国，但在后期才加入战争。大部分美国人都极不情愿被卷入到一场新的欧洲世界的冲突中来，因而美国国内的孤立主义情绪非常严重，在德的美国人则被归入一个不同于其他战胜国国民的类别。人们觉得他们的立场几近中立，远不像法国人那样复仇心切，不论就个体还是总体而言，他们更愿意给战败的德国人民质疑的权利。作为旁观者，他们可以跳出来，从这些欧洲大陆上的竞争对手以外的角度来看待问题。

就像生活在其他地方的美国人一样，在德的美国人也喜欢享受特权阶级的生活，他们目睹着这里的物质匮乏、暴力陡增，却往往都能独善其身。他们彼此间密切交往，一起庆祝感恩节和其他节日，享受旅居异国的生活方式，同时也关注身边大事。当时的美联社驻德记者路易斯·洛克纳就曾不经意间提起这段在"美属殖民地"的生活，还有美国记者间"甚至是在那些存在激烈竞争的记者之间"的"令人羡慕的友情"。

可以肯定的是，这些人之间也常常会爆发冲突，原因是对希特勒和纳粹以及对德国的军备建设可能带来的隐患意见不合；他们相互间的妒忌憎恶也不算少见。相比今天的各类使馆，那时的美国驻柏林大使馆还是个相当寒酸的前哨基地，超负荷工作的职员们和他们的配偶常常因为政治观点和其他琐碎的小事争吵不休。政府任命的大使与专业的外事人员以及武官之间也常有摩擦。如果再算上某位大使女儿的丑闻，真凑足了一台好戏。当然这些事在任何一个外交机构都有可能发生，只是在希特勒统治下的柏林城里那无处不在的紧张氛围中，它们被不自觉地放大了。

相比之下，那时驻柏林的美国记者人数远远超过今天，在20世纪30年代中期最多达到过50名。在当时的美国，除了纽约和华盛顿，还有大批市属通讯社、报业公司和日报社向海外派遣记者，并放任他们追踪各自的新闻。无线电广播员也很快加入了这场媒体混战。

作为一名20世纪80年代到90年代《新闻周刊》的驻外记者，再反观当下媒体行业的整体衰退，我深感自己曾有幸生活在这个行当的黄金时代。但我的那些前辈们在柏林的生活还要有声有色得多。比方说，腓特烈大街和菩提树下大街的交汇口是闹市区的显赫地段，那里有家著名的克兰茨勒咖啡馆，莫勒就在它楼上设立了一个《芝加哥每日新闻》的新办事处。从此，这儿就以美国访客的二楼接待站而闻名，人们可以过来聊聊天，读读美国报纸，偶尔还能指挥一下办事处的秘书。这里不仅仅是家新闻社，几乎已经成了个小使馆。

有许多家喻户晓的美国名人也曾顺道造访新德国——作家托马

斯·沃尔夫、辛克莱·刘易斯，建筑学家菲利普·约翰逊，广播员爱德华·默罗，前总统赫伯特·胡佛，黑人社会学家和历史学家威廉·爱德华·伯格哈特·杜波依斯，当然还有飞行员查尔斯·林德伯格。说来奇怪，对于美国人和其他外国人来说，在那时探访这个神秘的暗黑世界也并非什么壮举。历史学家罗伯特·康奎斯特在1938年曾和他牛津大学的几个同学一起周游欧洲，也顺道走访了德国，他说："人们都忘记了那时候去德国转一趟有多简单，比去战后的共产主义国家容易多了。"

我对这段历史一向很感兴趣，一直想了解希特勒和他的追随者们是如何在最短时期内做到了对德国的绝对掌控，并将它一步步带进毁灭的深渊。这段历史对包括我家在内的成千上万的家庭都产生了直接的影响。我的父母在波兰长大，父亲曾加入波兰陆军并参战，之后他逃到西部，加入了英国指挥下的波兰部队。战后我在爱丁堡出生，随后父母就远渡重洋来到美国，以政治难民的身份开始了新生活，所以我从小就是美国籍，而不是波兰籍。

作为一名外国记者，我曾两次到过德国，第一次是冷战结束前最后几年中的波恩之行，第二次是在20世纪90年代末去柏林。我常常写到关于德国人如何对待纳粹历史遗产的问题，但我必须承认我对在那个戏剧性的时代在柏林工作的美国人知之甚少。当然也有例外，我和我的同事都认识威廉·夏伊勒，他是《第三帝国的兴亡》的作者。德国统一后，阿德隆饭店经过重建后再次开业，夏伊勒、多萝西·汤普森以及其他明星记者们经常来此小聚。但我很少探究他们的个人历史。

后来我为了写这本书去和他们接触，才发现他们的故事里饱含丰厚的脉络，不仅让我了解到那个动荡时代里、在漩涡中心的德国工作和旅行的真实景况，也让我得以用一个独特的视角去看待那些历史事件。通过他们的故事，我觉得自己以一种少见的、强烈而直接的方式重新经历了那个分崩离析的时代。只要有可能，我希望尽量和读者分享这些第一手资料，分享这些受访者的视角——不论是回忆录、笔记、信件，还是那零星几位尚在人世的目击者的采访记录。

书里有些故事原先发表过，不过早已被遗忘；有些没发表的手稿和信件存在各地的档案室和图书馆里；还有一些保管在作者的子女手中。拿年轻的外交官雅各布·比姆来说，他在20世纪30年代后期任职于美国驻柏林大使馆，他的儿子亚历克斯是我在莫斯科时认识的朋友，我们那会儿都是驻俄记者，他向我提供了一份他父亲尚未出版的手稿的副本。而书中很多关于在德生活的精彩描述则来自凯瑟琳（凯）·史密斯的私人手稿，她的丈夫杜鲁门·史密斯上尉是第一位会见希特勒的美国官员，那时他还只是一名年轻的武官。

有一点我们要记住，这段历史中的各位见证人在当时并不知道这些事件会将德国导向何方。确切来说，制定犹太人大屠杀详尽计划的万湖会议远在1942年1月20日才召开；德国陆军才刚刚开始在东线战场遭遇第一次严重溃败；而此时由于珍珠港事件爆发和希特勒对美宣战，遗留在德国的美国人正在大批撤出。当然，美国人有大量机会目睹或耳闻纳粹政权对犹太人以及任何所谓敌对分子的大肆迫害，他们亲历了"二战"初期希特勒的节节胜利，也读到过有关大屠杀的早期报道。其中不少美国人表现出了非凡的勇气和远见，也有一些人畏缩不前，转移视线，个别人甚至公开倒戈，与纳粹为伍。

本书主要关注的是"二战"和大屠杀前夕在德的美国人这一特殊群体的视角和经历。作为记者，我有幸参与报道了近代的几个大事件，例如苏联解体和中欧剧变，我明白要在一段颠簸的历史时期厘清风云变幻，并就置身其中的人们该如何行动提出正确的道德指引，有多么困难。即便身处风暴中心，你还是可以继续惯常的生活，只是时不时地需要自欺欺人，尽管种种畸形、荒谬和不公正的事儿都一眼可辨。

我不会急着给这些在希特勒的土地上生活的美国人下任何定论，我的重点是在讲述他们的故事，假如有可能，我想让这些故事自己来说话。对这群美国人的历史评价，他们的是与非，他们的道德罗盘是完全精准还是彻底失衡，都应该从他们的自身经历出发，而不是由我们凭事后聪明妄下结论。

第1章

# "精神崩溃"

## ——"一战"的创伤与平复

20世纪20年代的柏林,在一些人的记忆里是一个让人眼花缭乱的性自由的年代,而在另一些人眼中,那段时期丧尽廉耻,堕落扭曲;还有人因为非凡的文艺复兴成就而记住了那个时代,因为当时的艺术和科学领域都爆发出了惊人的创造力。说来也怪,所有这些联想都是对的,都反映了相当准确的一部分历史事实。

## 迷人的混乱中心

即便在今天，人们提到20世纪20年代的柏林，仍然是众说纷纭、莫衷一是，就如同一场罗夏克墨迹测验[1]。有人会立刻联想到政治瘫痪和社会混乱，革命分子和反革命分子在街头短兵相接；有人会回忆起恶性通货膨胀如何将人们一生的积蓄化为乌有，成千上万个殷实的中产家庭在一夜之间沦为赤贫；在一些人的记忆里，那是一个让人眼花缭乱的性自由的年代，而在另一些人眼中，那段时期丧尽廉耻，堕落扭曲；还有人因为非凡的文艺复兴成就而记住了那个时代，因为当时的艺术和科学领域都爆发出了惊人的创造力，而原因就在于，一个真正的民主体制让一切都成为可能。

说来也怪，所有这些联想都是对的，都反映了相当准确的一部分历史事实。

"一战"余波过后，柏林成了主要的政治战场——这可不是说说而已。当动乱横扫整个德国，没有哪个城市像柏林那样充满了火药味。1919年2月，新选举出的国民议会选择在魏玛召开会议起草新的宪法，就是因为柏林的环境太过动荡。然而魏玛共和国的诞生却遭到了左翼和右翼人士的一致激烈反对，他们似乎都盼着这个国家的新统治者和他们所做的议会民主的尝试快点垮台。形形色色的煽动者们也在此时招兵买马，拉拢那些还深陷战败耻辱，为了惨重的人员伤亡和《凡尔赛和约》中的惩罚性条款而忿忿不平的人民。

政治混乱催生经济低迷。随着马克的大幅贬值，依靠固定收入维持

---

[1] 简称RIBT，是瑞士精神病学家罗夏克于1921年创立的一种人格评估投射技术。通常是把墨水洒在白纸上，然后对折起来，使纸上沿对折线形成对称的墨迹图，把这些图形呈现给被测评者，让他们根据图形自由想象，说出其中意义。

生活开销的人们的生活水平也随之大幅下降。日常采购——比如一片面包——动辄需要花费数千、数百万，甚至数亿、数万亿马克。现金一文不值的尴尬从一家城市剧院售票处的招牌上得到了生动的体现："正厅前座：半磅黄油的价格；正厅后座：两个鸡蛋。"当然在普遍贫困之下，也有人趁机大捞一笔，过起了穷奢极侈的生活。

这种奢华放纵在性观念上表现得尤为显著。根据剧作家卡尔·楚克迈尔的描写，在他参加的诸多派对中，有一回派对上端送饮料的年轻姑娘们全身仅着一条"绣着一片银色树叶遮掩私处的透明内裤"——和美国俱乐部里的"兔女郎"不同，这些女孩"不要钱就听凭人们上下其手"，因为一晚上的开销里就包含了这些小福利。墙上的标语宣称："所谓爱情，不过是愚蠢地高估了两个性对象之间那微不足道的差异。"

这种全民式的性自由体验是充满好奇的外国人被吸引到柏林的原因之一，不过最大的诱惑还在于柏林本身就是一个充满活力的文化中心。这个城市颇以拥有贝尔托·布莱希特、阿尔伯特·爱因斯坦、玛琳·黛德丽以及乔治·格罗兹这样一些人物为傲，所以很快就吸引了一大批才华横溢、富于创造力，又敢于冒险投机的人们，其中就包括越来越多的美国人。

"人们已经忘记，'一战'后知识分子和文化革新者的聚集地已不再是巴黎，当然也不是伦敦或纽约，而是柏林。"迈克尔·丹姿这样回忆道。他是一名多才多艺的美国音乐家，会弹奏班卓琴和每一种吉他和曼陀林，在柏林度过了两次世界大战之间的大部分时光，"柏林是真正意义上的欧洲首都——不管从哪一个欧洲城市开启的铁路，都以柏林作为终点。"

从一开始，很多美国人就对这里的混乱局势很感兴趣。他们试图了解汇聚在战后的德国，特别是柏林的各路政治力量，并据此来揣测魏玛共和国的未来。但是，在克里斯托弗·艾什伍德的故事集和由之改编的歌舞片和电影《歌厅》（*Cabaret*）中，美国人关于那个非常年代的记忆，往往都折射出那股终将吞噬德国以及几乎整个欧洲的邪恶力量的影子。

早年间，纳粹还只是一个以慕尼黑为基地的小型激进运动组织。他们认为柏林是一个邪恶堕落的城市，尤其是相比于巴伐利亚州这个拥有众多纳粹支持者的地方来说。"（慕尼黑）和柏林的区别是显而易见的。"库尔特·卢戴克注意到。他在20世纪20年代加入纳粹党，是一名热心的募资者和社会活动家，并曾数次前往美国。"一个是马克思主义者和犹太人心中的圣城，而另一个是他们宿敌的大本营。"即使是在希特勒上台以后，坐拥整个柏林城时，他还是无法真正信任这个城市和它的人民。

根据最早一批抵达战后德国的美国人回忆，那里发生的一切都神秘迷人。本·赫克特这位未来百老汇和好莱坞的明星作家、导演及制片人，在1918年作为《芝加哥每日新闻报》的驻外记者来到德国，当时他只有24岁。在柏林的两年里，他有过这样的描述："愚蠢而偏执的政治小丑、吹毛求疵者和肆意妄为者"就像在街头剧院表演一样，"这里的一切都关乎政治：要么革命，要么反革命"。在写给远在芝加哥的总编亨利·贾斯汀·史密斯的一封信里，他这样总结道："德国正在经历一场精神崩溃。在这里，一切的一切都是疯狂的。"

## 贫困之海中的狂欢孤岛

"一战"后，大部分美国人都回到国内，将战争抛诸脑后，重新投入到之前的工作之中。而一批新的外交官和武官被派驻德国，重新恢复两国的外交往来。他们焦虑地揣摩着德国人的脾气，并且质疑：新政府能否将这个国家从长期的政治动乱和深重的经济危机中解救出来，实现人民民主？

对于年轻的外交家休·威尔逊来说，"一战"期间和战后的柏林让他十分确信，自己未来的事业在于外交，而不是芝加哥的家族企业。就在战争爆发前不久，他决定"转行当几年外交官"试试。于是，他参加了驻外事务的考试，心里想着：要是哪天厌倦了外交生活，他随时都可以重返家乡。但随后，整个世界都改变了。

威尔逊最初在拉丁美洲任职，并于1916年被派往柏林大使馆。他在柏林仅仅工作了几个月。当时的柏林似乎"处在一种被全世界围剿的状态"。之后，随着美国的参战，大使馆的工作人员乘坐专列撤离到瑞士。当他再次被派遣至战败后的德国时，他决心"调动起身上每一处能量和智慧"来投入到他当时所认定的这项终生职业之中。他一共在柏林有过三次任职，这是第二次。第三次发生在20世纪30年代后期，这次的任职使他成为纳粹德国时期最后一任美国大使。

威尔逊和妻子凯特于1920年3月抵达柏林，正赶上德国右翼分子发动卡普政变。当时的美国大使馆位于威廉广场7号，在此工作的外交官们目睹了此次事件的全程。沃尔夫冈·卡普是一名日耳曼民族主义者，是这次叛乱名义上的领袖。他在威廉广场另一端的利奥波德宫里建立了总部，并在周围布满了高压电线和机关枪。这次政变很快就以失败告终。但是，威尔逊还目睹了其他许多具有德国特色的暴动。他注意到"暴乱似乎也是有法可依的，暴动者有他们自己的一套游戏规则"。

威尔逊补充道："我曾目睹一次枪战，机枪和来复枪在猛烈开火，而距离仅几百码之外的人们仍在有条不紊地自顾自忙活。"还有一次，威尔逊从大使馆的窗外看到成千上万的"斯巴达克同盟"（德国共产党的前身）在总理府前的威廉广场举行抗议。他注意到，尽管游行示威者"愤怒地咒骂着"，可没有一个人跨过围着花圃和草坪的低矮护栏，因为这会破坏他们心中的秩序感。

对于威尔逊和其他到过德国的人来说，柏林这座城市最显著的特点就是看上去残破不堪。"当时柏林的破败，只有亲眼见过才敢相信……一切都有待重新粉刷，一切都有待彻底清洗。"他回忆道："那是我唯一一次见到，这个一向严谨整洁的民族的首都充斥着破报纸和垃圾。"即使是大使馆官员居住的许多外交楼，也是一副不忍卒睹的模样：屋顶渗漏非常严重，尤其是遇上暴雨或融雪天气的时候。由于华盛顿政府按照惯例否决了翻修大使馆的资金申请，于是，当议员们来访时，威尔逊和同事们都暗暗祈雨，希望那些人能亲眼看看这里的惨状。

然而，与当地人民的惨状相比，这只是小巫见大巫。沿街有很多受伤的"一战"老兵在乞讨；其他国家对德国的封锁一直延续到战后好几个月，使得情况更加糟糕。威尔逊指出："全民都在遭遇营养不良，儿童疾病——尤其是佝偻病疯狂肆虐。"

凯瑟琳·史密斯，也就是人们所熟知的凯，随丈夫杜鲁门·史密斯军官于1920年6月来柏林赴任武官助理。从抵达的那一刻起，她就注意到这里的极度贫困。就像许多美国人那样，这是一对外表看上去并不相配的夫妻——她年方二十，身高仅五英尺；而他大她六岁，高大魁梧，足足有六英尺四英寸——他们抵达后就住进有名的阿德隆酒店。酒店的外部已经被机枪扫射得千疮百孔，甚至在大堂都可以看到一些明显的弹孔。但是据凯回忆，总的来说，"酒店内饰奢华，接待员彬彬有礼，大堂里外国人济济一堂。"然而，只需踏出酒店大门，她马上就会发现酒店里的小世界是多么与世隔绝。

她决定出去走一走。她十分确定，自己几乎是"盛装"出行的。"我穿着一件米、蓝相间的花色薄纱礼服，外面套一件有米色狐狸领的米色外套，蹬着米色麂皮高跟鞋，配上米色长筒袜，再搭配一顶深蓝色的帽子"，她仔细地回顾道。她从酒店出来，沿着菩提树下大街走着，偶尔会驻足欣赏路边橱窗里陈列的瓷器。突然，她听到身后有人在喃喃低语，转过头来，却看到一群衣衫褴褛的人，排成两队，目不转睛地注视着她，还不时交头接耳。"他们一定以为我来自火星！"她回忆道。

其中一人问了一些她不是很懂的问题，她回答说她是美国人。"啊！"对方发出这样的反应。当她继续往前走的时候，人群立刻为她让出道来。她匆忙返回酒店，将那套"最不合时宜"的装扮换成了普通的黑色衣裤。"这是一次奇怪而有启发性的经历"，她总结道。

搬到公寓的过程也令她印象深刻。搬进来不久，她就和跳蚤展开了一场大战，因为那时候全柏林城都跳蚤泛滥。她随后雇了一名女佣，而她们早期的一次对话让她大吃一惊。当时女佣端着一个碟子，里面剩有杜鲁门没有吃完的一点儿鸡蛋，她问凯自己可不可以把它吃掉。"吃掉那个冷掉的脏兮兮的鸡蛋！？"凯非常震惊，"为什么？"女佣解释说：自从"一战"开始后，她就再也没尝过鸡蛋的味道了。凯让她想吃多少鸡蛋就吃多少，这下轮到女佣震惊了。在其他人家里，仆人是不允许和主人吃一样的食物的——而且食物一般都会被锁起来。

很快事实就证明，凯是一名敏锐的社会观察员。那段时期，杜鲁门在完成分内的武官工作之外，也同样专注于研究德国的政治前景。如果你对他出色的个人履历有所了解的话，你就不会觉得有什么可惊讶的了。1919年，杜鲁门毕业于耶鲁大学（迪恩·艾奇逊和阿奇博尔德·麦克利什这两位名人是他的同班同学）；他参加了"一战"并获得勇士银星勋章；他对德国的语言、政治和历史求知若渴。和威尔逊一样，他之前已在德国工作过。自1919年3月起他就在科布伦茨的美国军队担任政治顾问，直至1920年6月转至柏林。事实上，在20世纪30年代希特勒当权以后，他又再度重返德国。他的女儿凯特坚信，假如父亲当年没有从哥伦比亚大学退学，转而投入长达三十年的军旅生涯的话，现在肯定是一名历史学教授了。

对于那些像威尔逊夫妇和史密斯夫妇这样在战后不久就抵达德国的美国人来说，疯狂贬值的马克让物价变得越来越便宜——当然，只有当外国人在兑换货币后就立刻花掉的情况下。"作为战胜的一方，大家在闲暇时会纵情狂欢。"威尔逊写道。很多外国人沉醉于结伴取乐，虽然那时候美国的外交人员数量较今天而言还很少。"所有的大使馆都有庞大的队伍，人们在一起肆意狂欢。协约国政府组建了一个管理委员会，成员就包括数百名外交官和他们的妻子。"威尔逊补充道，"那时候常常可以看到，协约国政府的成员们穿着统一的制服在柏林街头抛头露面。"

在写给母亲的信件以及未出版的回忆录里，凯·史密斯记述了无休止的外交聚会和社交活动。1921年，威尔逊和妻子凯特以及其他美国同事主办了一个假面舞会，邀请函中包含了如下文字：

席设三月十九，吾等翘首恭候
抛开门第尊严，卸下雍容体面
着上盛装华服，教世人开开眼

待到九点过半，且听爵士婉转
您那厢歌舞翩跹，纵情挥汗
我这里熏肉美酒，杯盘碟满

美国人在柏林并非享有特殊地位，只不过他们是外国人，可以用稳定的货币来购买任何想要的东西，故而颇显特殊。不过他们也意识到，战争中的对手却出乎意料地对他们报以欢迎。"1920年的德国想和全世界结好，尤其是和美国，"威尔逊写道，"说来奇怪，德国人对勇士的崇拜居然在这个时候表现出来。这种近乎可悲的友谊的来源之一，是他们对1917年至1918年间美国付出的巨大努力以及美军雄伟的气魄和力量心生敬意……"

也许威尔逊夸张了德国人对美军的崇拜，但从整体上说，他关于亲美情绪的描述是正确的。正如凯·史密斯所说的那样："人们几乎是在竭尽全力地讨好美国人。"杜鲁门买了一顶宽檐的博尔萨利诺毡帽，当走在他常去的菩提树下大街和其他街道时，简直如同鹤立鸡群，人们一眼就认出了他。"他成了名人，大家都称他为'那个美国人'，"凯自豪地回忆道，"德国人大都对高大魁梧者青睐有加。"

这样看来，美国人似乎是善良的胜利者。

## 美国是朋友，法国是敌人

美国人在这里颇受欢迎的一个原因是他们对德国人给予的好感投桃报李，还一起对德国人眼中的邪恶胜利者——法国人同仇敌忾。"一战"刚刚结束，华盛顿和巴黎就在如何处置战败的德国问题上争端频起。在军队部署上，美英倾向于给柏林足够的自由，以镇压左派或右派的起义。此外，美国人坚决反对法国索取过高的战争赔款。而法国则抗议任何破坏《凡尔赛和约》的行为，并以此为借口侵占更多的德国领土。在卡普政变后，他们跨过了莱茵河，1923年又以德国无力支付赔款为由占领了鲁尔工业区。

"法国人是欧洲最军国主义的民族……他们在战争中没有吸取到一点儿教训。"在1920年3月20日凯·史密斯写给母亲的一封信里，她这样抱怨道，"德国肯定不会主动挑起下一场战争，它希望拉拢英国和美国，而且它也正在竭尽全力重塑自己，以达到结盟的目的。"在另外一封信里，她这样写道："法国害怕德国再次发动进攻，所以它的策略是尽可能地压制德国。"

正如威尔逊所指出的那样，法国人的做法只会让事情进一步恶化，在跨过莱茵河的那一年，法国派遣了塞内加尔和其他黑人驻军，而这很快催生了多起关于强奸和暴力事件的报道。"对法国仇恨的怒火迅速燃遍了整个德国"，他写道。

面对那些令人震惊的犯罪指控，美国国务院要求美国军官展开一次调查。随着调查的深入，少将亨利·T.艾伦——美国驻德军队的司令官——向华盛顿汇报称，这是德国媒体在故意歪曲事实，以助长民族偏见和煽动海外各国对法国的反感，"尤其是美国这样对黑人问题极其敏感的国家。"他写给国务院的报告被转交到了国会。在报告中，法国当局确认收到了66起性犯罪的上报，但同时他也指出，法国的军事法庭对其中28起案件的嫌疑人进行了定罪，仅有11起被无罪开释——这意味着，法国方面正在采取行动来严肃军纪。

"德国媒体所宣传的法国黑人殖民军队的大规模暴行，比如所谓的绑架、强奸、残害、谋杀，然后掩埋被害者的尸体，都是虚假的，意在政治宣传。"他总结道。

艾伦补充说，这样的夸张报道盛行的一部分原因是"某些阶层的德国妇女对黑人军队的态度"。他解释道，战后的经济危机导致大量的妇女开始卖淫，"许多放纵的德国妇女开始公然打入黑人军队内部。"他指出，漫天飞舞的情书和照片可以证明这一点。他声称，在路德维希港，巡逻队员常常被派去"开车送德国妇女离开军营，她们透过窗户隔栏亲吻黑人战士"。

更为明显的是，艾伦注意到了几起异族通婚的事件，其中一个当事人还是一位有名的莱茵兰官员的女儿。"法国人或者德国人在看待黑人问题时，并不像我们美国人那样非要坚持白种人的纯粹。"虽然他并没有否认很多起记录在案的性侵事件的存在，但艾伦认为，德国妇女本身的行为才是"煽动犯罪"的导火索。

但是许多身处德国的美国人都已经认定，这一切应该归咎于法国的报复性政策，而与德国无干。他们认为德国是受害方，这与当地的政治修辞颇为一致。"我所担心的是，我们中有许多在'一战'后来到德国当差的人都被蒙蔽了，"《芝加哥论坛报》的记者西格瑞德·舒尔茨在很久以后这样写道，"我们不经意地被同情心所驱使，成了德国的支持者。"

卡尔·亨利·冯·韦根是赫斯特出版集团的明星记者。在1921年1月29日写给在法国的同事C.F.贝尔特利的信中，他表达了对法国人的恼怒，"你的法国朋友们仍然像战争临近结束时那样疯狂"。提到法国刚刚提出的赔款要求时，他更是怒不可遏，"法国人是不是永远都不会醒来，看看真实的欧洲是什么样子？"他认为很多美国人和欧洲人都"越来越疲于听到法国人哀嚎他们在战争中损失有多惨重"。

## "婚介"记者与社交舞会

韦根是一名对德国和欧洲其他国家有很强归属感的记者。他于1874年出生在德国黑森州，年幼时移居美国，在爱荷华的农场里长大，从德国移民过来的父亲勉力维持生计，常常入不敷出，两个农场相继关闭。当父亲"正要失去第三个农场"时，不足14岁的卡尔决定要自己去闯荡世界。他并没有告诉父母或兄弟姐妹们他将一去不返。"这对我那亲爱的父母来说是件残忍的事情"，多年以后他在自己未完成的自传笔记里这样写道。

他声称，自己曾在水牛比尔的农场工作过——但近距离接触后才发现，水牛比尔并非他在廉价小说中读到的那个浪漫的拓荒英雄。他继续往西，终于在旧金山的美联社找到了工作。在美联社，他瞅准机会将自己的德语技能派上了用场：他为对手合众社报道了第一次世界大战，愉快地告别了案头工作。三个月后，他获得独家采访威廉二世的儿子弗里德里希·威廉王储的机会。这位王储最有名的事件是，他告诉美国人他曾预先警告过自己的父亲，战争已经失败了。这次独家采访很快就占据了头版头条，对韦根早期的事业起到了极大的推动作用。此后他再次跳槽——来到了赫斯特报业。

如同其他的优秀记者一样，韦根认识到他必须为编辑和读者们提供有关战后德国的全方位报道。除了尽职尽责地报道每一场政治危机、持续的街头巷战以及食品短缺问题（如1922年5月23日的头条新闻"德国食品短缺全面拉响警钟"）以外，他对那些能撩拨读者神经的话题也时刻保持敏感——甚至是他的编辑和同事们都不愿触碰的露骨话题。

以战后德国声名渐长的性放荡问题为例。韦根与远在巴黎的贝尔特利一直保持着隐秘通信，互相交换对这一问题的看法。而在1921年的一封信里，贝尔特利敦促韦根写更多文章来披露可卡因和"所谓的德国这座古堡的堕落"。他补充道，关于这些主题的出彩报道将"让整个美国大陆燃起愤怒的火焰……以及贪婪的渴望！"严肃之余，贝尔特利也会调侃韦根应该怎样去做实地调研。"在你的夜间暗访（当然这一切都是为了我们的未来一代着想）中，你也许会偶然遇到你的女神维纳斯……注意记得采取必要的措施……"

在韦根的家乡美国，一个读者认为他也许可以帮助自己解决个人问题。"我在寻找我未来的妻子"，R. C. 布鲁赫曼在1921年1月14日从伊利诺伊州的丹维尔写信到德国，"我想象在柏林一定有大把大把的漂亮姑娘，可以娶回家做老婆。"他随信附来1.5美元，请求韦根在柏林的报纸上给他登一则征婚广告，征婚词是：一名35岁的德裔美国绅士"欲娶一名年龄在18至25岁之间的女子为妻"。

因为觉得有趣，韦根应承了下来，他也意识到，这是自己第一次被要求做婚姻中介人。"因为德国的女性比男人至少多出一百万，所以你可以尽情挑选，我也确信你肯定会收到很多回复，"他在回信中写道，"确实很多优雅的有教养的德国女人以前家境殷实，现在却一朝破落。"

韦根也会参加柏林的外交聚会，偶尔也会写一些相关的专题报道，尤其是关于那些美国人扮演主角的聚会。1922年12月30日，《华盛顿时报》刊登了由他撰写的《霍顿女孩柏林首秀》的报道，副标题为"举办奢华派对欢迎美国公使女儿初登社交舞台"。阿兰森·B. 霍顿是实业家出身，后当选为共和党议员，转而从事外交事业，他是"一战"后第一位美国驻柏林公使。他对当时德国的整体局势深感忧虑，他屡次警告华盛顿当局，德国的经济困境和政治动荡将使得整个欧洲大陆都岌岌可危。然而这些担忧并没有影响他举办一些极为奢华的派对，韦根也热衷于报道这些宴会。

在一场为女儿和侄女举办的舞会上，霍顿夫妇邀请了"四百名外交官和德国高官，还有多位美国上流阶层的代表，"韦根这样写道。他称，这场"盛宴"极大地提高了美国人的声望。可以推测，他们女儿（身穿银线织锦礼服）和侄女（身穿金色礼服外套和金带、网纱）的盛装出席也是晚会成功的重要因素——事实上，这两位年轻的少女还"手持玫瑰色的羽毛扇"。另外，还有一个美国爵士乐队在现场演奏，"一台放映机不时地将斑斓的灯光投射到舞动的人群里，为舞会增色不少"。这一切都比迪斯科时代早了半个世纪。

尽管韦根十分热衷于报道此类活动，但他知道编辑更想要的是有关德国动荡政局的报道——他自己也非常重视这项工作。事实上，韦根是首位采访以激情洋溢的演说而出名的一位慕尼黑街头煽动者的美国记者。这名煽动者的名字叫作阿道夫·希特勒。

## 激昂的演说家——希特勒

韦根称，他第一次见到希特勒是在1921年，但直到一年后他才在报道中大篇幅地增加对他的特写。考虑到巴伐利亚州极端分子的急速增加，这也不足为奇。因为他不可能对每一位左派或右派激进分子都进行独家报道，有些人甚至都不值一提。但是到了1922年11月，随着本尼托·墨索里尼在意大利的崛起，越来越多的人意识到整个欧洲的右派分子在激增，这也给了记者们一个理由去找这名德国"法西斯党"的首领作专题报道。

1922年11月12日，韦根在赫斯特报业旗下的《纽约美国人报》上发表了题为"希特勒效仿墨索里尼引发日耳曼危机"的头条新闻。"法西斯党的阴影在德国迅速蔓延"，韦根写道。希特勒正在"领导一场运动，这在共产党和社会主义阵营中与在柏林和慕尼黑政府中引发了同样的恐慌"。那天希特勒向韦根阐述了他的蓝图，但是普通读者却很难从韦根据此写出的摘要里读懂这场新的政治运动的真正内涵。

尽管希特勒一面痛斥《凡尔赛和约》，但却仍坚持要和法国和解。

他告诉韦根，战争"如果不是白痴做法，就是自杀行为"。在对内政策方面，他呼吁德国人每天加班两小时，以支付战争赔款和还清债务。对于任何恢复君主制或推动巴伐利亚分裂的企图，他都坚决反对。并且，他还正面攻击马克思主义者。"真正的社会主义是为了全体人民的福利，而不是为了一个阶级的利益而牺牲其他阶级。因此我们反对阶级战争"，他这样宣称。

但是对于几乎还没听说过这位新政客的美国读者而言，在韦根的文章里笔墨最多的是他个人对希特勒的描述。韦根称希特勒是"一介平民"，曾在"一战"的战壕里冲锋陷阵，战后离开军队做了一名木匠，后来转行成为一名工程队队长（显然是对希特勒早年间做杂役工的夸张说法）。韦根将他描述成"一位有魔力的演说家，一名具备非凡组织能力的天才"。他详尽描述了这位被他称之为"德国的墨索里尼"的人物：

"34岁，中等个子，身材清瘦，黑头发，胡须就像被整齐修剪过的牙刷，眼睛有时像喷出火来，鼻梁笔挺，轮廓分明，拥有让很多女人都羡慕的细腻肤色，他的行为举止让人产生这样的印象：他是一个能量充沛又很有节制的人……"

"这就是希特勒——很多个月以来我见过的最有意思的人。"

"希特勒那信徒般的狂热、极具说服力的口才和磁石般的个人魅力，令他的追随者们从共产主义和社会主义的阵营中脱离出来。希特勒是个天生的领导者。他将仅仅领导一支队伍还是一场伟大的运动，只有时间会告诉我们答案。"

"他坚信他的使命就是唤醒和拯救处于危难之中的德国……"

在报道的结尾处，韦根这样写道："巴伐利亚的法西斯党，像意大利人那样，偷偷潜伏在国防军和警察的队伍里。人们都在恐惧，终有一天希特勒将宣布自己就是巴伐利亚的统治者。"

## 预测纳粹是否将干预巴伐利亚局势

在提交报道以前,韦根已经向霍顿大使汇报过德国南部的混乱局势,也警告称埃里希·鲁登道夫将军意图推翻政府,实施右翼独裁统治。在"一战"后期,他曾指挥德军作战。经过短期的流亡后,他重返德国,开始与希特勒和其他慕尼黑的煽动者为伍。他不但拒绝为德国在军事上的失败负责,反而归咎于社会主义者、左翼人士以及犹太人。这就是他所谓的"背后捅刀子"的理论。

霍顿想要获得更多有关南部的消息。"某些东西正在巴伐利亚酝酿,没有人知道它具体是什么。"他在日记里写道,"也许任何事情都不会发生,但目前是紧要关头,我们绝不能铤而走险。"他派了年轻的武官助理卡普特·史密斯去了解情况。此时,韦根正在起草第一篇关于希特勒的报道,史密斯也准备追随他的足迹——他将成为第一位正式会见这位未来纳粹德国领袖的美国官员。

史密斯后来指出,那时柏林大部分外交官都贬损全称为"民族社会主义党"的纳粹党"无足轻重,而他们的领袖阿道夫·希特勒,只是一个没有教养的疯子"。相比之下,霍顿"在很早的时候就已经预感到,这场运动及其领袖将在20世纪20年代混乱的德国扮演重要的角色"。美国大使和武官爱德华·戴维斯中校,也就是史密斯的直接上级,要求他"与希特勒本人建立良好的私人关系,并对他的个性和能力做一个评估"。

自11月15日抵达慕尼黑后,以柏林外交官热烈讨论的话题为基础,史密斯列出了一系列清晰的问题。首先,从"慕尼黑反动政府"对"较为'左倾'的柏林帝国政府"所表明的公然敌意来看,巴伐利亚有没有宣布独立的可能性?其次,巴伐利亚的共产党会不会卷土重来("巴伐利亚苏维埃共和国"曾在1919年短暂成立)?第三,"希特勒领导的纳粹党有没有可能强大到攫取巴伐利亚的政权？"此外，史密斯还很想了解国防军（德国陆军的称呼）第七师的忠诚度，以及盟军军事管制委员会（在战后依然还在行使权力）与巴伐利亚之间一些零星事件背后的真相。

为了完成任务，史密斯尽量接触更多的人，把对话内容和对他们的印象记录在笔记本里。他做的笔记具有典型的军事化风格：用第三人称指代自己。

刚抵达德国南部，史密斯直奔美国领事馆，会见了当时的代理领事罗伯特·墨菲。领事馆于1921年重新启用，因此现有的四名领事馆官员整日忙于文书工作，平均每天要签发400张签证。"在我们看来，似乎所有的巴伐利亚人都想移民"，墨菲回忆道。尽管如此，领事馆还是竭力关注着当地混乱的政局，并留意希特勒和其他激进分子的举动。"为了给国务院提供有用的情报，我们很乐意化身成政治记者，这也正好让我们从日常的琐事里解放一会儿。"墨菲这样写道。

墨菲告诉史密斯，新的巴伐利亚州州长欧根·冯·克尼林并没有实权，他的意志很容易被右翼政客所操纵。随后，他们的话题转向了希特勒和纳粹党。对于墨菲的观点，史密斯这样总结道："德国纳粹党正在迅速增强实力。他们的首领——奥地利裔的希特勒，是一名不折不扣的冒险家。不过，他是一个厉害的角色，他正在煽动人们所有潜在的怨愤以增强他们的队伍。"

墨菲也跟风传播了一个谣言。据说希特勒有"一段阴暗的过去"，他在奥地利时曾滥用政府资金。而在现在的德国，他领导着一支四万人的队伍——"大部分都是忠于他们的领导者的流氓无赖"。有些报道则暗示，他手下的成员多达二十万。墨菲说，假如指挥得当，星星之火完全可以燎原。"希特勒十分了解巴伐利亚人民的心理，但他是否足够强大到足以领导一场德国民族运动，则是另外一回事，也许他还办不到。"他补充说，巴伐利亚州政府注意到德国纳粹党与"其他君主主义团体"各自为战，因此放任他们"为所欲为"。墨菲也承认，很难对全部的竞争党派都做出评估。"所有的民族主义团体内部都混乱不堪，确实很难去明确区分它们。"

这才仅仅是史密斯南巡之旅的开始，他向每一个见过希特勒的人了解情况。尽管第七师的炮兵司令克雷斯·冯·科伊茨斯坦将军还没有见过希特勒，但是他称这次民族主义运动是"一场与社会主义截然不同的健康运动"。科伊茨斯坦将军称，希特勒是"一个演说天才"，但他觉得"希特勒本人并不像他的演说那样偏激"。他的反犹太主义也"在一个可以忍受的范围内"，因为他只是想将犹太人从政府机构里排除出去。他向史密斯预言，如果没有意外状况，这场运动将有"一个很好的未来"。他还补充道，希特勒的纳粹党更想要"循序渐进式的发展，而不是骤然革命"。

《慕尼黑新闻》的总编弗里德里希·特雷夫茨也认为，德国民族社会主义党是一支日益强大的力量。"希特勒是一名了不起的演说家。没有人能超越他"，史密斯将他的话记录下来。特雷夫茨告诉史密斯，他曾参加过纳粹党的一次会议，当时他坐在一名将军和一名共产党员之间，两人都是出于好奇前来旁听——但是，会后两人都报名加入了纳粹党。特雷夫茨这样总结："德国民族社会主义党不会对政府造成紧迫的威胁，可他们有着牢固的基础，这个政党一定会逐渐壮大。"

最后，史密斯去了纳粹党在乔治街42号的临时总部。在那里，史密斯第一次见到了希特勒的早期密友马克斯·埃尔温·冯·施勃纳-里希特。他告诉史密斯，纳粹在慕尼黑有35000名成员，200000名支持者，以及一个装备有棍棒和手枪的地下"军事化组织"。至于反犹主义，他反复告诉这位美国来访者，那"纯粹只是为了宣传"。

在对话中间，发生了一段插曲。德国民族社会主义党原本计划在当晚的雷根斯堡举行一场会议，但德国铁道部拒绝派遣专列将希特勒的人员运至雷根斯堡。施勃纳-里希特解释说，雷根斯堡的会议不得不推迟，但是希特勒打算就近检阅他的军队——纳粹冲锋队。史密斯也受邀在纳粹思想家阿尔弗雷德·罗森堡的陪同下一起参加检阅。

"确实非常壮观，"史密斯记录道，"我生平第一次看到1200名粗犷大汉佩戴纳粹十字袖章、高举帝国国旗正步走过希特勒面前。"

希特勒向他的追随者们解释，德国政府阻止了他们去雷根斯堡，纳粹党将在下周"对整个城镇进行大清理"。史密斯在笔记本里补充道："然后他大吼着'犹太人去死'等等，人群一阵疯狂的欢呼。我毕生从未见过这样的情景。"之后，史密斯被引见给希特勒，后者答应两天后与他见面。

在等待的间隙，史密斯前往鲁登道夫将军家中进行拜会。这位有名的司令官直言相告："协约国必须支持德国政府抵御马克思主义。"他非常坚持这一点。至于这场法西斯运动，他赞许其为"欧洲觉醒的开端"。鲁登道夫将军的结论是："美国必须理解，只有一个强大的民族政府才能使国家在乱世中得以保存，才能保证履行对协约国的赔款约定。"

11月21日，星期一，史密斯回到纳粹总部，准备在下午4点与希特勒会面。见到希特勒的住所时，史密斯吓了一跳，因为这让他想起了自己在纽约出租房内的那间密闭的储物间。后来，史密斯很后悔地表示，他当时过于专注希特勒的政治观点而忽略了对他性格的观察。一回到玛丽巴德酒店的房间，他就在笔记本里记录下对希特勒的印象，而且十分中肯。"一个了不起的政治煽动者，"他写道，"我极少听到这么狂热而又有逻辑的演说。他在暴民中的影响力一定是很强大的。"希特勒的观点毫不含糊："议会和代议制政体必须消失。议会制已经无法统治德国了，只有专制才能让德国重新站立起来。"在返回柏林后，史密斯撰写了一篇报道，除了重复上述观点之外，他还添加了以下评价：

> 希特勒的德国纳粹党之于德国是否相当于法西斯党之于意大利，对于这个问题，目前还没有任何确定的答案。但是在多瑙河南部这狭小的巴伐利亚地区，希特勒的成功是不可否认的。德国纳粹党已经小有成就，这将它与其他极端社会主义政党区别开来。人们相信，只要曾经主导所有民族主义运动的君主制观点被彻底抛开，那么不仅是慕尼黑，甚至是整个德国，都会有滋生一场新的民族主

义运动的广阔沃土。此外，从目前的进展来看，传播民族专政理念并不缺乏资金支持。除此以外，德国纳粹领袖的个人魅力和雄辩天才，将成就德国"法西斯党"快速而持续的发展。

"二战"结束很多年以后，史密斯撰写了一部题为《生活的真相》的自传性著作，他曾尝试出版，但没有成功。在那本书里，他回忆了与希特勒1922年的那次会面。"我在慕尼黑写下的日记表明了我对他的个性印象深刻，心想他可能会在未来的德国政坛扮演重要角色。然而，我必须承认，我没有想到他竟会成为大半个欧洲的统治者。"

11月17日，当史密斯还在慕尼黑巡回执行任务时，韦根再一次来到柏林的大使馆看望霍顿大使。他向霍顿汇报了他与希特勒的会面，讲述了这位纳粹领袖如何声称要与法国寻求"某种安排"，并表示他可能会发动政变实施独裁统治。

由于这份关于希特勒的汇报"让人不安"，所以在11月21日那天霍顿大使就决定给时任美国国务卿的查尔斯·埃文斯·休斯写一封密函，而不再等当天正在会见希特勒的史密斯的报告。尽管霍顿误把希特勒与君主主义者混在一起，但他信中的大部分内容却出乎意料地准确。

"最为活跃的一个君主主义团体是由一个名叫希特勒的年轻奥地利人领导的。据估计，他掌控着30000名武装人员。而且，凭借他狂热的激情，果断而又有魅力的人格，他很快将成为整个运动的领袖。"霍顿这样汇报道。他还提及，他已经派遣了一名武官去对希特勒做更深入的调查。

在把纳粹党等同于意大利的法西斯党后，霍顿大使继续说道："这次法西斯运动毫无疑问将席卷整个德国……它为这个保守的民族提供了一种聚集和组织各方面政治力量的方法和手段，以应对和抵御社会主义的侵袭……它很有可能吸引一大批人加入到队伍中去。"

然而慕尼黑的代理领事墨菲并没有这么早就觉察到希特勒的危险性。他后来也承认，他刚开始误以为纳粹的首领是保罗·德莱。德莱是慕尼黑领事馆的一名雇员，他来自一个显赫的犹太家庭，有着深远的巴伐利亚血统。墨菲和德莱都参加过希特勒早期召开的一些会议。在第一次会议结束的时候，德莱愤怒地告诉墨菲："凭什么要这个奥地利的暴发户来告诉我们德国人该做什么？"

在目睹了希特勒各方面的表现之后，墨菲问德莱："你认为这些煽动者能成大事吗？"

"当然不会！"德莱回答，"德国人这么聪明，才不会被这帮流氓给骗了。"

这名德国雇员非常守旧——他对日渐强大的纳粹党的看法也十分迂腐。有一次，他和墨菲去一个裁缝铺订制一套西服。裁缝的态度非常粗鲁。墨菲想知道发生了什么事，就问裁缝是不是纳粹党成员之一。"是的，我是希特勒先生的追随者"，他骄傲地回答。当他们走出裁缝铺，德莱问墨菲是否注意到他有多么鄙视这名纳粹裁缝。这位美国人坦诚地说没有。"我们离开的时候我没有脱帽致意！"德莱这样解释，似乎这样一个举动可以摧毁他的对手。

墨菲只在1923年与希特勒有过一次直接对话，而且那时他可能受了德莱的影响，并没有很重视那次的见面。在1923年3月17日发给华盛顿的题为"巴伐利亚的政治形势"的报告里，墨菲长篇累牍地描述了一个君主主义者的阴谋。在报告最后，他还加了一个题为"采访阿道夫·希特勒"的小节。美国人探寻与希特勒会面的目的，是要证实关于著名的反犹人士亨利·福特为纳粹运动提供了经济支持的谣言是否属实。

"希特勒先生对于这一问题的回答是热忱而肯定的，他说很不幸的是，福特的组织至今还没有给纳粹提供任何经济上的支持，"墨菲在报告里这样写道，"他说他的资金主要来源于身居海外的爱国人士。"

作为对德国无力支付战争赔款的惩罚，法国和比利时决定在那年的1月占领工业重镇鲁尔山谷。围绕着因此而起的紧张氛围，墨菲和德莱展开了讨论。墨菲报告称，希特勒认为这样的侵占"事关德国政治经济存亡，绝不能妥协"。纳粹首领明显支持已经开始的消极抵抗，并且暗示，如果法国军队跨过莱茵河进入巴伐利亚，"必将采取积极行动"。墨菲在援引这些观点时未加评论,并表示自己对此并不特别担忧。

但墨菲在国务院的上级并不赞赏他为了解当地不稳定的政局而做出的努力。1924年4月8日,在威尔伯·J.凯尔代表国务卿写给墨菲的信里,就抱怨称去年"从慕尼黑发回的大部分报告都是关于政治或者政治经济主题的"。虽然他承认"动乱的政治形势确实可能让商业发展蒙上阴影",但他还是敦促领事馆的官员们应该把更多的精力放在"拓展美国商务"上。

墨菲时刻牢记这一要求,至少之后他更加专注于商业方面的工作。与此同时,他也对希特勒更加关注,尽管德莱还是将他和纳粹贬斥为疯子——即使在希特勒上台之后。1938年,当墨菲惊闻慕尼黑的一座犹太教堂被烧毁时,重新飞回那座城市劝说这位曾经的同事逃离这个国家。并且,他向德莱保证会为他在美国国务院安排一份工作。德莱对他的关心表示感谢,但他称自己不会离开。"不,这种疯狂只是暂时的,有自尊心的德国人是不会长久忍受这些流氓的。"他坚持道。

保罗·德莱后来死于达豪集中营。


## 汉夫丹格:哈佛与希特勒的联结者

当卡普特·史密斯准备前往慕尼黑的时候,他在柏林大使馆的同事沃伦·罗宾斯给在慕尼黑的恩斯特·汉夫丹格打了一通电话,大意是史密斯将去往南部,希望他能帮个忙:"请照顾好他,并为他引见一些人。"事实证明,这个看上去微不足道的请求后来起了巨大的作用。

罗宾斯知道汉夫丹格会很乐于帮忙。他和汉夫丹格是在哈佛的同班同学,曾一起参演过哈佛速成布丁俱乐部出品的一部名为《苦行僧的命运》(*Fate Fakirs*)的戏剧。汉夫丹格——和史密斯差不多高,约6英尺4英寸——在剧中反串扮演一个名叫格雷琴·施博特费尔芬的荷兰女孩。

"那时候我是女高音领唱——不过是假声",他回忆道。这个魁梧而又强壮的男人很享受被众人关注的感觉。

1887年,汉夫丹格出生于巴伐利亚,用他自己的话说,他是"半个美国人"。他的父亲是德国人,母亲是美国人,并且他们都家世显赫。"普奇"(在巴伐利亚方言里是"小男人"的意思,从很小开始就一直是他的绰号)很骄傲地描述了他的父系家族:"汉夫丹格家的人都是大个子,曾连续三代担任萨克森—科堡—哥达王室公爵枢密院的成员,而且是有名艺术鉴赏家和资助者。"普奇的祖父以精湛的工艺品复刻手艺而闻名,并且是最早使用摄影技术的先驱之一。普奇的父亲继承并拓展了家族生意,在伦敦和纽约都开了画廊。

普奇的母亲名叫凯瑟琳,出嫁前的本姓是赛奇威克,来自新英格兰一个真正显赫的家族。她的舅舅约翰·赛奇威克将军是一名内战英雄,父亲威廉·海涅是一名建筑师,曾收过在1848年革命后逃出德累斯顿的起义者为徒,并为巴黎歌剧院做过装修,后来才移民到了美国。在美国,他成为上将佩里远征日本舰队的官方插画师。在内战中,他也当上了将军。在亚伯拉罕·林肯的葬礼上,他还是护棺者之一。因此,普奇在1905年被派到哈佛大学深造也不足为奇——一来可以让他更多地了解自己的美国血统,二来也是为他今后接管位于纽约第五大道的家族画廊做准备。

谈及在哈佛的日子时,普奇总喜欢停留在他的名气和人际关系上。"我讨厌自己这样说,但我在班上很受欢迎。"他迫不及待地指出。虽然非常虚荣,但汉夫丹格在这点上没错:无论是弹奏瓦格纳钢琴曲还是为足球队高奏进行曲,他总能在哈佛校园里吸引大批观众,而且他总能轻易地和T. S.艾略特、沃尔特·李普曼、罗伯特·本奇利和约翰·里德等人打成一片。

但最让他声名大噪的却是校外的一次经历。1906年春天一个寒冷的早晨,他在查尔斯河畔等待船队选拔赛的训练。据普奇回忆,"皮划艇队的一个傻瓜在激流中遇到了麻烦,他的船翻了。"普奇毫不犹豫夺过身边的一条船，划至正在奋力挣扎的落水者身边。他来不及脱衣，就一头扎进冰冷的水中，把那人推上了船。第二天《波士顿先驱报》就刊登了题为《汉夫丹格，哈佛的英雄》的头条新闻。

普奇坚持认为，这个事件让他结识了另外一位有名的哈佛校友、罗斯福总统的长子——小西奥多·罗斯福。1908年冬天，罗斯福的父亲——普奇描述为"一个性格外向的人"——邀请他去华盛顿作客。在与西奥多·罗斯福几次会面中，他对第一次见面的印象最为深刻：在白宫地下办公室举行的一次无女伴的聚会上，他"毁坏了那架施坦威大钢琴的7根低音弦"。

从哈佛毕业后，汉夫丹格返回德国，在巴伐利亚皇家步兵团服了一年的兵役，主要就是为王宫站岗。他渐渐觉得自己被困在一个落伍的世界里。之后他又去格勒诺布尔、维也纳和罗马等地学习了一年，然后回到美国接管在第五大道的家族画廊生意。因为经常在哈佛私人会所吃饭，所以他认识了另一位罗斯福——那会儿还只是一位年轻的纽约州参议员的富兰克林·德兰诺·罗斯福。当然他也和西奥多·罗斯福恢复了联络。这位前总统告诉他，服兵役的经历对他来说一定会是件好事："我了解过你们在邓伯立兹的皇家军队，那样的训练对你有百利而无一害，以那样的标准去要求自己的民族，是永远不会堕落的。"

之后，他们的话题转到艺术和政治。"汉夫丹格，你的工作就是挑选最好的画作，但是你要记住，在政治里，选择往往是两害相权取其轻。"这位前总统这样告诉他。毫不讽刺的是，普奇——在后来竭力帮助希特勒攫取权力的过程中——意识到这句话"自此几乎成了他的人生信条"。

在第一次世界大战期间，汉夫丹格感觉到有一种力量在牵引他去效忠自己出生的祖国。在美国参战之前，他通过邀请那些被阻滞在纽约港的德国船只上的乐队来自家的画廊表演，以达到帮助他们的目的。而在美国加入"一战"之后，普奇不得不找来一名律师——前参议员伊莱休·鲁特，也是西奥多·罗斯福政府的国务卿，并承诺不再从事任何反美活动才被免于拘留。

1917年2月，美国司法部在报告中提到了对汉夫丹格的评估。显然，调查员对他进行过仔细的观察："他没有犯罪动机，但如果德国和美国开战，最好还是将他拘留，因为他完全具备领导美国或者墨西哥军队的能力。"尼古拉斯·罗斯福——罗斯福家族的另一位名人，在给有关当局的信中称普奇有"强烈的反美倾向"，并宣称直到德国大使馆关闭前他都与其保持着密切联系。他还直言，普奇"是他的祖国的狂热拥护者"和"一名危险分子"。

无论这份报告的准确性如何，汉夫丹格——刚刚结婚并育有第一个孩子——决定在1921年回到德国。回国后，他发现那是一个"几乎被内讧和贫苦撕裂"了的国家。他称，"很显然，从政治上来说，德国就是个疯人院……"，这与本·赫克特认为这个国家正在经历一次精神崩溃的观点遥相呼应。正当普奇苦于在这个面目全非的国家找不到方向时，他接到了时任美国驻柏林大使馆官员的前哈佛同学罗宾斯的电话。

当史密斯抵达慕尼黑时，普奇尽可能地为他多引见一些人。普奇在回忆录里写道，史密斯是"一位年约30岁的随和军官，毕业于耶鲁。尽管不是校友，我对他还是十分友好。"普奇对追随丈夫来到慕尼黑的凯也很友善。尽管后来因为沉迷女色而声名狼藉，但他在凯面前却是一个十足的绅士。有一次下着小雪，他带凯去看风景。来到圣母大教堂时，这位美国客人显然为中世纪的艺术所倾倒。当他们来到他自家的艺术品商店时，他将一幅教堂内壁的雕塑作品送给了凯。"这是我了解慕尼黑的一个有趣的方式，"凯在后来的文章里写道，"也许这一天就是我为什么一直喜欢这座城市的原因。"

事实证明，凯的丈夫并不需要普奇太多的帮忙。在普奇的印象里，杜鲁门"工作起来像海狸一样卖力"，他几乎见到了所有的大小政要。"很快他对巴伐利亚政治的了解就超越了我"，普奇承认。

史密斯待在慕尼黑的最后那天，两人相约共进午餐。"今天上午我见到了有史以来最了不起的人物"，史密斯禁不住赞叹道。

普奇问他指的是谁。"阿道夫·希特勒，"史密斯回答说。

"你肯定弄错了,"普奇说,"你不是在说德国的民族主义者希尔佩特吧,尽管我不敢说我觉得他有多了不起。"

史密斯这才意识到普奇从没有听说过希特勒,于是他开门见山地说:"外面贴满了关于今晚集会的布告,"他指出:"据说他贴了'犹太人不得入内'的标志,但对于国家荣耀、工人权利和新的社会秩序,他倒有一套很具说服力的理论……我有这样的预感,他将来会是个举足轻重的人物,不管你喜不喜欢他,他非常确定自己想要什么。"

史密斯有一张记者通行证,当晚可以在慕尼黑一家名为"儿童酒窖"的著名啤酒馆里见到希特勒。但他必须赶夜班火车返回柏林,所以他问普奇是否可以代他参加。"你能不能去见见他,然后告诉我你对他的印象?"他补充道。

汉夫丹格完全不知道将会发生什么,出于好奇,他答应了。"从哈佛到希特勒,中间隔着千山万水,但在我身上,两者的联系就这样发生了。"他在多年以后这样写道。在后来的一次采访中,当他回忆起一系列牵引他来到希特勒面前的事件时,他这样总结:"这一切都是命运的艺术。"

第2章

# 悬而未决

## ——德国将何去何从

"他看上去并无特别之处：一双笨重的靴子，深色套装加皮质马甲，硬邦邦的白色衣领，加上略显怪异的小胡须——活像火车站餐馆里的服务生。"

但即便如此，现场人群还是如"触电"般为他着迷。"还在他早年的时候，他的语气和用词里就有了一种常人无法企及的威严，而那天晚上的演讲更是无懈可击。"

## 领袖的魔力

1922年11月22日晚,当普奇·汉夫丹格走进那家叫"儿童酒窖"的啤酒馆时,里面早已挤满了店铺老板、公职人员、青年人和工匠模样的人们,很多穿着巴伐利亚州的传统服饰。普奇艰难地挤到记者席,请身边的一位记者帮忙指认一下哪位是希特勒。汉夫丹格坦言,他对这位日后的德国领袖的第一印象并不深刻。他回忆道:"他看上去并无特别之处:一双笨重的靴子,深色套装加皮质马甲,发硬了的白色衣领,加上略显怪异的小胡须——像极了火车站餐馆里的服务生。"

在一片热烈的掌声过后,希特勒直起了身子,普奇说道,"一位永远也不会犯错的士兵,穿着日常的衣服,以敏捷而克制的步伐"经过记者席,来到了距他仅有8英尺远的演讲台前。希特勒不久前刚因煽动罪而短暂入狱,因此他十分清楚警察们就混在人群中间,他必须非常谨慎地选择措辞。但即便如此,现场人群还是如"触电"般为他着迷。普奇发现,希特勒是一位善用"影射和反讽"的大演说家。在回忆第一次目睹希特勒的演讲时,他说:"还在他早年的时候,他的语气和用词里就有了一种常人无法企及的威严,而那天晚上的演讲更是无懈可击。"

在娓娓的对话式开场之后,希特勒开始转入正题,并很快展现出他的辩才。他抨击犹太人投机倒把,造成了在场人们的诸多不幸——"这样的煽动极易获得认同"。汉夫丹格说道,他谴责共产党和社会民主党丢弃了德意志的传统美德,并声称任何一个与民为敌的人都将遭到惩罚。

普奇观察到,在场的人们无不沉浸在他的演说里——"尤其是女人们"。当希特勒谈及日常生活时,普奇注意到有一位年轻的女士始终热切注视着他。"仿佛是中了某种魔咒,她不再是平日里的自己,而是完全迷醉在希特勒所编织的伟大德国的设想里。"当希特勒取过旁人递过来的啤酒杯豪饮时，人群再次报以热烈掌声。显然，他们已被他牢牢迷住。

"无与伦比的精彩"，他"显然会大有前途"。普奇声称，当时他已经在思考如何指引和教导这位高超的演说者。他仔细观察了希特勒的随行人员，并未发现有人能"帮助他了解他所缺乏认知的外部世界，而在这点上，我自认可以帮忙"。他还特别指出，当时的希特勒并不清楚美国在"一战"中的决定性作用，也不晓得美国已成了欧洲不可小觑的新兴强国。作为"半个美国人"，他自然将此事视作他的职责。

普奇来到希特勒所站的演讲台前，后者虽然大汗淋漓，但显然很享受这样的氛围。普奇做了自我介绍，并向希特勒传达了史密斯的问候。"幸会，原来您是今早打电话来的那位上尉的朋友。"希特勒一边答话，一边拿帕子擦了擦额头的汗水。

在一番恭维之后，普奇说道："对于您刚才的演讲，我赞同其中的95%，希望今后有机会与您一起探讨剩余的那5%。"在战后的一次采访中，普奇表示他所指的5%"自然是关于犹太人的那个部分"，但他当时并未和希特勒直言，以免坏了他的兴致。

"是吗？当然没问题，"希特勒说道，"希望我们不会为这小小的5%而争辩。"

普奇跟他握手道别的时候，觉得他"谦逊而友善"。到家以后，普奇很久都无法入睡，他一直在回想当晚所发生的这一切以及它可能带来的结果。他认为，希特勒凭借自我奋斗，以一种非共产主义式的愿景赢得了德国普通民众的拥护。而他看上去又绝不像他的那些追随者们，例如"多疑型"的代表、党派理论家阿尔弗雷德·罗森伯格——"一个面色蜡黄的邋遢家伙，长了一副让人讨厌的半犹太式嘴脸。"

不过，普奇从尼采的一句名言里找到了慰藉："任何运动的首批追随者都不能证明它的谬误。"

## 美丽女主人家的常客

普奇的妻子海伦，也就是德国人所熟知的海琳，在希特勒的崛起过程中扮演了十分特殊的角色。在她未公开的零碎笔录里，记述了和这位纳粹领袖的诸多往来。她写道：丈夫与希特勒首次会面回来的那天晚上兴奋异常，滔滔不绝地跟她谈论这位"热情而充满魅力的年轻人"。普奇称，当他第二次去听希特勒的演讲时，"没有第一次那样深刻的印象"，但他还是很快地把自己的命运和这位被他认为前途无量的演说者绑定在一起。他当起了希特勒的宣传员和舆论顾问，但在初期，普奇这些行为所包含的社会性和政治性是同等的。另需提到的一点是，希特勒对海伦怀有明显的好感——而且不因她的美国人身份而受丝毫影响。

普奇称，他是在带海伦去看希特勒的一次演讲之后介绍他们认识的。根据普奇的描述，这位日后的独裁者"十分乐意见到我那金发而美貌的美国妻子"。但海伦却另执一词，她坚称自己和希特勒的初次见面发生在电车上。当时，她正要和丈夫进城，而希特勒在中途上车时和他们偶遇，并由普奇作了引见。在简短的攀谈之后，她邀请希特勒在闲暇时来家中作客。无论上述哪个版本才是事实真相，在两人的讲述里都有一个共同点：即在分别时，海伦向希特勒发出了上门的邀请。汉夫丹格夫妇和他们年幼的儿子埃贡住在根茨街的一处公寓，希特勒很快便成了这里的常客，后来汉夫丹格夫妇将它戏称为根茨咖啡屋。

海伦回忆道："从那天起他便成了我们家中的常客，他很喜欢这种安宁舒适的感觉。他不停地和我们谈论他要复兴德意志帝国的雄心和计划，还会在休息的间隙和埃贡一同玩耍。"在海伦战后的记述中，她还不无骄傲地表示"在所有邀他上门的家庭里，他似乎最喜欢我们家"。

据海伦描述，希特勒穿一件廉价的白色衬衫，打黑色领带，一身穿旧了的深蓝套装，搭配一件"极不协调"的棕色牛皮背心，外头套一件"已经磨损得不适合再穿"的米色军用上衣，头戴一顶老气而耷拉下来的灰色圆帽，脚下是一双劣质皮鞋。她写道："他的外貌确实引人同情。"但即便如此，她还是在他身上发现了与众不同的地方，"当时他还是一个十分瘦弱和腼腆的年轻人，但他蓝色的眼睛里总是带着一种深邃"。

海伦声称，她对希特勒的看法与后来人们对他的评判"截然不同"。"他是一个富于温情的人，"她在1971年的一次采访中说道，"有一件事可以说明这一点。他非常喜欢小孩子，至少看起来是这样，他是埃贡很好的玩伴。"有天下午，小埃贡跑向来访的希特勒时不小心跌倒，头磕到了一把椅子上。希特勒见状，先是作势痛打这把椅子，然后厉声斥责它弄疼了"可爱的小埃贡"。海伦回想这一幕时，觉得"又惊又喜"。后来，每次希特勒来家里时，埃贡总会央求他再责罚那把椅子："求求您，阿道夫叔叔，再去揍一顿那把调皮的椅子吧。"

海伦痴迷于希特勒的"滔滔不绝"，如她自己所言，"别人休想有机会说话。我清楚地记得，他最不能忍受的就是那些试图插话的人。他总是一个人说，让其他人都听着，所以他最无法容忍插嘴的人，因为他自己太爱说话了。"海伦继续道，在早期时，无论是在她家还是在政治集会上，"他的声音里总是充满着活力和煽动性，后来这一特质慢慢消失了，大概是说得太多了的缘故……很多传言称，他的嗓音有一种迷人的魔力，我以自己的亲身经历作证，这句话一点不假。"

她对希特勒的痴迷程度并没有受到他讲话内容的影响。她承认："他一直在攻击犹太民族。"他常常把他在维也纳时被犹太人剥夺了饭碗的事情挂在嘴边。海伦认为，正是那段时期的经历造成了他对犹太人的仇视，她称："这本该是个人私事，却被他提升到了政治层面。"

这位定期在家招待希特勒用餐并为他炮制最爱的黑咖啡加巧克力，却对他的人生阴暗面几乎无视的美国人究竟是何方神圣？海伦·米美亚1893年生于纽约市，父母均是德国移民。自小海伦就被要求会说德语，并牢记自己的德国血统。但在许多生活照里，我们可以看到她"不羁"

的打扮，将她的美国人性格彰显无遗——以自由女神像的造型手持星条旗，站在霍博肯的市政厅的台阶前。在日期为1912年至1913年的多张照片中，这个年方二十的少女，同许多穿着白裙、系着绣有美国各州名字的腰带的小女孩们站在一起。

不久之后，海伦和希特勒就开始在公开场合见面。希特勒问她："作为一个美国人，你是怎样适应这里的生活的？"海伦向他讲述了自己的家族史，并称自己的德语能说得跟英语一样流利，虽然她拥有美国护照，但按种族来说，她认为自己是"一半美国人，一半德国人"。

普奇曾告诉凯·史密斯，某一天海伦走进他们家开在第五大道的商店时，他一下子就被她所吸引。根据凯的回忆："他对她一见钟情，那天竟一直尾随她回家。"海伦并不属于电影明星的那种美貌：身高五尺九寸，骨架宽大，看上去还带点与年纪不符的主妇气质。但那双伶俐的蓝眼睛仿佛会说话，她喜欢把头发扎在后面，穿那些略显保守但却十分考究的华服。海伦和普奇于1920年2月11日完婚，一名皇后区的地方法官为他们颁发了结婚证。他们的儿子埃贡于次年降生，随后他们举家迁到了慕尼黑。

两人的婚后生活一开始并不尽如人意。在前往柏林游览时，他们借宿在史密斯夫妇家中。但很快，凯就发现普奇聒噪不已，以至于她不得不对他采取措施。在两对夫妇都出席的某次聚会上，普奇极为精彩地弹奏了一首钢琴曲。凯不无感慨地说："如果他愿勤加练习，他一定能到音乐会上演奏……可惜他做任何事都三心二意。"聚会散场后，四人回到史密斯夫妇位于奥利维尔广场的住处，而此时普奇又躁动起来。身旁摆一瓶白兰地，普奇又开始弹起"哈佛啊，美丽的哈佛"，同时高呼："啊，无人可比肩瓦格纳。"

此时的杜鲁门和海伦都已回到各自的卧室睡下，唯独凯直到凌晨四点才终于让普奇安静下来。凯后来回忆说，只要他一弹琴，她就再也无法入睡。她随手披上件衣服起来，去劝说普奇停止弹奏，并告诉他杜鲁门和海伦都还在睡觉。为了防止他再次弹奏，她还劝服普奇一起在清寒的凌晨时分到空荡荡的蒂尔加滕去散步,并告诫他必须让他的妻子和她得到一些休息时间。

"啊,可怜的海伦总是一副疲倦不堪的样子。"他和她说。

"这一点也不奇怪,因为你太令人伤神了。"凯回答道。在十多年后的某一天,海伦终于离开了普奇。凯评价说,一定是海伦发觉他实在太"令人伤神"了。

但在初到德国时,海伦与丈夫有着诸多相同感受。她惊愕于"一战"之后德国的经济衰弱和政局动荡。"在如此混乱无序的国度里,像阿道夫·希特勒这样的人很轻易就能吸引绝望的德国民众的注意力,"她清楚地写道,"他的复兴德国计划对大多数的民众来说都充满着诱惑力……"

## 明眼人

但当时身处德国的诸多美国记者并非全都步调一致地看好希特勒,其中最知名的要数休伯特·伦弗洛·尼克博克。1923年,当这个一头红发、脾气火爆的得克萨斯人来到柏林时,年仅25岁,但此时的他已经有了在莫斯科工作的经历。在扎根于此的十年间,他先后受雇于《国际新闻社》、《费城公报》和《纽约晚报》,并以H. R.尼克博克的署名发表了6部著作,同时担任多家德国报纸的专栏作者。正如当时另一位知名的巡回作者约翰·冈瑟所言,尼克博克是"德国政治领域里一位不容忽视的公众人物"。

尼克博克第一次见到希特勒是在1923年8月,当时他正在慕尼黑的克朗马戏团和他的支持者们举行集会。据尼克博克回忆,他见到希特勒本人的第一感觉是滑稽和质疑:"任何一位外国人见到他,第一印象一定都是滑稽……我当时就忍不住笑了出来。""即便你从未听说过这个人,在看见他时也一定会说'他长得就像讽刺漫画里的人物'。"除了胡子和头发令他觉得可笑以外，还有"他的表情，尤其是那空洞的眼神和他不讲话时嘴巴的角度……在其他时候，他嘴唇紧闭，下巴外凸，有一种滑稽的坚毅，仿佛在演话剧。"

此外，尼克博克和他的许多同事还发现了希特勒的其他特征。他写道："他的胯部微宽，令他的身材显得有些女性化"，"也许正是因为性格中阴柔的一面，造成了他的暴虐倾向"。

普奇·汉夫丹格却和妻子海伦一样认为希特勒魅力非凡，并且前途无量。很快，普奇就成为希特勒的心腹，并时常为他演奏钢琴，尤其是在这位纳粹领袖与警察发生一番口角之后，因为当局开始越来越密切地监视他的活动。第一次演奏时，普奇选择了巴赫的一首赋格曲，但希特勒似乎并不感兴趣。于是，普奇换了理查德·瓦格纳的《名歌手》，这下希特勒马上来了精神。普奇回忆道："他完全记熟了这首曲子，能用他极具穿透力的口哨声准确地吹奏出每一个音符。"希特勒会在房间里来回走动，像一名指挥家那样挥舞双臂。"这首曲子深刻感染了他，当我弹到结尾部分时，他已经烦忧尽去、红光满面，雄心勃勃地要和检察官一较高下。"

汉夫丹格还为希特勒演奏了《哈佛进行曲》，并向他解释啦啦队长们是如何在这音乐声中将人群的情绪推向"兴奋的极点"。他还弹奏苏泽的进行曲以及一些融合了德、美两国曲调的即兴创作。"汉夫丹格，这就是我们所需要的音乐，简直太棒了！"希特勒惊呼着，在房间里昂首阔步，像极了鼓乐队队长。后来，普奇为纳粹创作了多首进行曲，其中包括1933年希特勒上台时纳粹军队通过勃兰登堡门时演奏的曲子。"呼，呼，呼！胜利，胜利！这便是这首曲子的由来。我想我对战争也负有一份责任。"普奇在他的自传中这样写道。实际上，我们能明显地读出他语气里那身为原作者的自豪。

除了音乐之外，普奇也在其他方面为纳粹运动做出过贡献。在将位于纽约的艺术馆里属于自己的份额出让给另一位合伙人之后，普奇拿出其中的1000美金，将原本四页的纳粹宣传周报《人民观察家报》改成了日报。希特勒常常抱怨正规报业对他的忽视，而这样的转变将有效地解决这个问题。除了提供资金以外，普奇还雇了一位漫画师来设计新的报头，并声称自己第一个提出了"工作和面包"的口号。尽管普奇向希特勒说明过，这1000美金只作为无息借款，但最终他没能要回来。

作为希特勒顾问团的成员之一，普奇执行着他最初的设想，即向这位年轻领袖介绍世界大势——尤其是日趋重要的美利坚。他告诉希特勒，美国的参战直接左右了第一次世界大战的战局，"假如战争再次爆发，那么美国所在的一方必然是胜利者。"他建议希特勒奉行与美国修好的外交策略。尽管没有当面反驳，但希特勒并未把普奇的话放在心上。普奇自己也称，希特勒对于美国的了解仍停留在"异常肤浅"的程度。唯一令希特勒感兴趣的美国人是亨利·福特，因为他们都是反犹分子，并且福特能够为纳粹的活动提供资金上的支持。普奇说，希特勒对三K党也十分钟情，"他似乎认为三K党从事的是和他类似的政治运动"。

1923年秋天，希特勒开始公开呼吁推翻现任政府。此时的德国物价飞涨，已远远超出政府的掌控。据普奇回忆，11月8日那天，也就是后来被称为"啤酒馆政变"的事件发生的当晚，他走进比格布劳凯勒啤酒店，要了三杯啤酒，竟然需支付30亿马克。普奇把其中一杯酒递给了希特勒。尽管已决心戒酒，但希特勒还是喝了一口。当时，巴伐利亚州的三巨头都坐在讲台上，而希特勒——穿着别有一级铁十字勋章的军用上衣，手握长鞭——命令他的纳粹党人控制现场。"肃静！"希特勒大吼一声。当人们还在一片混乱中谈论不休时，他跳上一把椅子，朝天花板放了一枪，大声宣告："国民革命已经开始，大厅现已被包围！"

人群陷入了更大的骚乱。希特勒将三位要员带到旁边的一间屋子里，并告诉他们，除了支持他政变以外，别无他选。他许诺，只要他们点头，就将被委以重用；否则，就将面临凄惨的下场。他警告他们："先生们，没人可以活着离开这个房间！我这里有四发子弹，假如我失败了，那我们就同归于尽！"在某些记述里，希特勒在说这些话的时候，一直拿枪对着自己的脑袋。但这招似乎并没有奏效。事件发生以后，身着皇家陆军制服的鲁登道夫将军姗姗来迟。据说三位要员在对他做出了投诚的承诺以后，就获得了释放。

事发后，汉夫丹格举行了一个临时新闻发布会，向国外记者宣告了新政府的成立。韦根信以为真，当即从柏林发回电报。于是，在1923年11月9日的《旧金山观察家报》上，巨大的标题"叛军已占领巴伐利亚州，开始进军柏林"占据了头版头条。韦根在报道中称，在发动"筹谋已久的政变"后，纳粹军队已控制了慕尼黑的主要通信设施，并切断了和柏林的联系；鲁登道夫已接管了政府军队，而且希特勒宣布共和国的末日已经降临。

但事实并非如此。在三名巴伐利亚要员逃离啤酒馆以后，希特勒和鲁登道夫就失去了对局势的掌控。这三人连夜部署，誓将叛军镇压下去。尽管他们对希特勒作了很大的忍让，而且还赞同希特勒的某些主张，但他们并不准备让希特勒夺权。11月9日中午时分，当希特勒和鲁登道夫带领着部队从啤酒馆行进至慕尼黑市中心时，州府警察早已严阵以待，并架起了两挺机关枪对准他们。由于鲁登道夫在"一战"中为国家立下过赫赫战功，因此他和希特勒都坚信当局不敢朝他开枪。然而，当他们继续率队前进时，枪声响起。十四名纳粹党徒被当场击毙，四名警察也在战斗中殒命。

美国领事罗伯特·墨菲和他的德国同事保罗·德莱赶到现场，目睹了事件的发生。墨菲称："我可以证实，当时希特勒和鲁登道夫的态度同样坚决，就像两位久经沙场的老兵，但是两人都没能躲过疯狂射来的子弹。"在这段时间的混乱之中，确实很难看清现场发生的什么——希特勒很可能由于其他原因而倒地。真正中弹的人之一是希特勒的亲密助手施勃纳-里希特，当时他和希特勒臂挽臂走在游行队伍里。他被当场射杀，在倒下时把希特勒带倒在地。无论上述哪种说法属实，希特勒最终带着一条脱了臼的肩膀逃离了现场。

很快，多名纳粹党的高官遭到逮捕，鲁登道夫也向当局投降，不过在承诺绝对不会逃避审判后，他便被释放了。普奇没能在第一时间赶到事发现场，他在途中遇到了一名纳粹卫生员，后者告诉他，希特勒、鲁登道夫和戈林都已身亡。"天啊，汉夫丹格先生，实在太可怕了，"他说，"这简直就是德意志的末日。"普奇信以为真，告诉沿途所有遇到的纳粹党人即刻离开慕尼黑，前往奥地利躲避。随后，他自己也这样做了。

实际上，希特勒和首席医师沃尔特·舒尔茨一同乘坐安排好的汽车逃离了现场。但与普奇不同的是，希特勒选择了距离慕尼黑仅1小时车程的、汉夫丹格夫妇位于欧芬的乡间的房子作为避难之处。普奇后来说道："在我看来，当时最不应该去的地方就是我在欧芬的家，因为警察一定会去那里搜查。"

但希特勒还是选择了那里，虽然是事出紧急的匆忙决定。如普奇所言，希特勒这样做的另一层原因是他对海伦怀有的"假想的恋情"。不过普奇很快说明，希特勒是个没有性能力的男人，他对海伦的痴迷也仅限于吻手礼和送花，"他没有正常的性生活……也从没有人认为他对她的爱慕是出于肉欲"。海伦本人也称，希特勒很可能是"性无能"，但她承认他对自己怀有强烈的好感。

无论出于何种原因，在11月9日晚上，一名不速之客造访了海伦的家。之前她已听说了有关政变的报道和希特勒、鲁登道夫等人身亡的传言，但她并不知真假。当女佣告诉她有人在敲门时，海伦和埃贡正在楼上的客厅里，刚刚吃完饭。海伦下了楼，但并未立刻开门，而是询问来者的身份。她回忆道："令我意想不到的是，我听到了一个虚弱但确实属于希特勒的声音。"

海伦开了门，看到了一个和平时截然不同的希特勒。"他站在门口，面色煞白，平日里戴着的那顶圆帽已经不在，脸和衣服都沾满了泥巴，左臂从他异常歪斜的肩膀上耷拉着。"一名医生和一名卫生员分别从两侧扶住他，但这两人也是"狼狈不堪"。进门后，海伦向希特勒询问丈夫普奇的情况。希特勒告诉她，事发时普奇正忙于党报的印发工作，所以并不在现场，应该很快就会和她取得联系。他不停地讲，为鲁登道夫和助手的身亡而沮丧，为三名巴伐利亚要员的言而无信而愤慨，并誓言"只要还有一口气，他就将继续为他的理想而奋斗。"

肩膀脱臼令希特勒疼痛难忍，还使他发起了高烧。医生和卫生员小心翼翼地把他扶到楼上的卧室里。之后，在他们为希特勒进行肩膀复位时，海伦听到了从房间里传出的痛苦呻吟。

当天深夜，医生向海伦解释了事情的经过。原本，他们的目的地也是奥地利，可汽车在半途抛锚。在得知司机在短时间内无力修复后，希特勒提出步行前往汉夫丹格夫妇家中，虽然对于三个筋疲力尽的人来说，这同样意味着一段漫长而艰辛的旅程。然而，医生并没有解释，为何希特勒会认为，藏在他最亲信的心腹之一的家中能够躲避警察的追捕。

翌日清晨，希特勒将医生打发到慕尼黑城里，去看看是否可以找到另一辆车子送他去奥地利。他的胳膊悬吊在脖子上，看得出疼痛已经舒缓了很多。他穿着蓝色的浴袍，十分焦虑地在房间里踱步，不时地问车子几点能到。海伦接到婆婆打来的电话，被告知警察已经搜查到了附近。突然，电话被打断，一名警察告诉海伦，下一站就是她家。

海伦立刻上楼把这个消息告诉了希特勒。他呆立在走廊上，仿佛已濒临崩溃。"一切都完了——全部都结束了。"他大叫着，用力甩动双手。然后，他忽然走到一个壁柜旁，取出一把手枪。"当时我很警觉，一把就抓住了他的胳膊，把枪抢了下来。"海伦后来回忆道。

意识到他可能会自杀，海伦冲他大喊："你知道你在干什么吗？有这么多人愿意支持你去实现救国理想，到头来你却弃他们于不顾，宁可自我了断……他们期待的是你能继续领导他们前进。"

在海伦动手去抢他手里的枪时，希特勒并没有反抗。随后，他坍倒在一把椅子上，将脸深埋进自己的双手里。在他这样坐着的时候，海伦迅速把枪丢进一个盛满面粉的箱子，并把它掩埋起来。然后，她转向希特勒，催促他在警察抵达前把对纳粹党人的指示告诉她。这样，即使他身处监狱，他的追随者们也知道该何去何从。她还建议希特勒在这些指示后面签字，并承诺会将它们送到他的律师手中。"他感谢我提醒了他所肩负的责任，然后向我口述他的工作部署，这些指令对于纳粹事业的延续至关重要。"海伦回忆道。

不久，警察就带着警犬包围了海伦的屋子。海伦开了门，看到一位腼腆的陆军中尉和两名警察站在门口。中尉用抱歉的语气告诉她，他们必须搜查她的屋子。海伦让他们跟她上楼，直接来到了希特勒所在的房间。三人都吃了一惊，不觉向后退了一步。此时的希特勒已经恢复了往日的信心，他大声呵斥眼前的这位中尉，尤其是得知自己将会以高等叛国罪被逮捕时。

但即便是希特勒自己，也知道徒说无益。他拒绝了海伦递给他御寒的衣服，仍旧穿着那件蓝色浴袍，披着自己的外套，准备跟三人下楼。这时，小埃贡跑了出来，喊着："你们这些大坏蛋，要带我的阿道夫叔叔去哪里？"希特勒有些感动，轻轻拍了拍他的脸颊。然后，他与海伦和女佣们握手道别，跟着警察走出了屋子。海伦看到希特勒的最后一眼是他坐进警车里，她回忆道，他看上去"面如死灰"。

很快，国内外媒体大肆报道了希特勒和纳粹党的失败。"啤酒馆政变"成了人们的笑谈，而等待着纳粹领导者们的只有审判和定罪。

很少有人能想到，这次入狱竟然帮了希特勒的忙；也只有少数知情者才知道，是希特勒的一名早期追随者的妻子、一位年轻的美国女人，阻止了他的自我了断——与他东山再起后所掀起的腥风血雨相比，这一举动充满了人道主义精神。就这样，海伦·汉夫丹格或许以最坏的方式，改变了人类历史的轨迹。

## 艺术化的魏玛

和尼克博克一样，《芝加哥每日新闻报》的记者埃德加·安塞尔·莫勒也于1923年来到柏林，并在此工作十年。他和尼克博克成了亲密好友，一同目睹了希特勒逐步掌权的过程。而且，他与尼克博克、韦根等人都被德国首都在艺术和政治领域散发出来的勃勃生机所吸引。他回忆道，整个城市"陷于文化的漩涡之中，没有根深蒂固的传统文化，在巴黎和伦敦之间游移不定"。很快，莫勒便和他的英国妻子莉莲一起融入了这股漩涡之中。

在动物园餐厅举办的年度新闻界舞会上，莫勒夫妇结识了几乎所有的德国政府高官和上流人物。这其中包括剧作家贝尔托·布莱希特和卡尔·楚克迈尔、从维也纳赶来指挥歌剧的作曲家理查德·施特劳斯，以及指挥家威廉·富特文格勒。莫勒写道，这次盛会汇聚了"不同领域的精英和领袖人物"，"它好比一场融合了爱丽舍宫、歌剧院和化装舞会的大聚会，以尊贵和高雅开场，在纵酒和狂欢中结束。"

起初，莉莲·莫勒对柏林并无好感。她的上一个任务是和丈夫一起在罗马报道八卦韵事。1924年3月初到德国时，这里的萧条和严寒令她失望透顶，因为此时的意大利正值百花齐放的春天。她写道："柏林蒂尔加滕公园的池塘还结着冰，整个城市呆滞而凝重。"另外，"丑陋的城市面貌"，笨拙的维多利亚时期的建筑、浮华的公共大楼，甚至连"人们臃肿的身材"都令她沮丧万分。

在他们租住的公寓里，莉莲发现了几张房东画的油画，"狂放和杂乱无序的德国印象主义学派"的裸体女性残肢和背部。她抱怨道："难道我们在街头看到的恐怖还不够吗？"接下来是饮食的问题。她油滑地写道："德国有太多的美食需要我去慢慢适应。"甚至在通货膨胀已趋于平稳以后，她仍在念叨：如今外国人在德国买东西可比前几年贵多了。

但很快，莉莲开始重新审视她的新生活。尽管德国印象主义学派仍然令她困惑，"但那些肆意扭曲的身体和表情似乎慢慢引起了我的兴趣"。她热爱意大利的艺术，却突然意识到，在罗马时她纯粹只是活在"老掉牙了的"艺术世界里。这里则截然不同。"现代的德国艺术，一半形而上学，一半粗犷原始，和传统艺术分庭抗礼。"而德国的剧院被她称为"全欧洲最富有活力"，德意志民族是"全欧洲最伟大的戏剧观众"。此外，她还十分欣赏柏林对外来文化的包容，从法国的喜剧到新潮大胆的苏联斯坦尼斯拉夫斯基和梅尔赫德的作品，都令她兴奋不已。"世界上没有一个地方能像德国这样，对国外的天才们张开双臂。"她这样写道。

不过，最令莉莲感到高兴的，不是德国人对舞台上的外国人无比包容，而是在日常生活中。"魏玛共和国的人们是如此好客。他们不仅在宴席和聚会上对你恭敬客气，还会以最友好的态度请你到家里吃家常菜。"她发觉，所有的银行家、政客和作家都十分随和、豪爽和风趣。

莉莲称，魏玛政府时期让她印象深刻的另外一个方面是女性的地位。在她初来乍到时，德国国会就以拥有36位女性议员而引以为荣——这个数字多于当时的任何其他国家。在大学期间，女性有多种专业可以选择攻读——法律、经济学、历史、工学等等——并且可以从事以前只有男性才能从事的行业。莉莲甚至还在柏林认识了一名"体态丰润的屠宰手"：玛格丽特·科恩，她能一锤子击毙一头阉割后的公牛。"在魏玛德国，女性可以从事任何她喜爱的工作。"她这样总结道。

当然，莉莲来到德国，并不只是来体验这里的生活。她为《城市与乡村》撰写文章，并出演了德国首部有声电影《爱的华尔兹》，发行了英文和法文两种版本。这个角色最初的扮演者并非莉莲，而是一名德国女演员，但在拍摄过程中，剧组发现她的英语并没有她声称的那样流利，于是莉莲才被邀请加盟。她毫不费力就通过了试镜，但她的兴奋劲儿很快就被单调而无休止的重拍磨灭了。不过，也有令她感到快慰的事情。在另一间影棚里，玛琳·黛德丽正在拍电影《蓝天使》，莉莲发现她们经常在同一家餐馆用餐。她是在舞台上认识黛德丽的，当时后者还在出演"高端的"音乐剧和歌舞喜剧。《蓝天使》令黛德丽名声大噪，但莉莲却不以为然。"她在拍摄时浪费了无数的胶片，应该被永久谴责才对。"莉莲这样写道。

莉莲和埃德加认识诸多居住在柏林的名人，其中包括艺术家乔治·格罗兹和物理学家阿尔伯特·爱因斯坦。在见到爱因斯坦时，埃德加向他求教相对论里一个他认为不符合逻辑的地方。爱因斯坦微笑着答道："别再折磨你的脑袋了：相对论是数学的理论，而不是逻辑的理论。

来……"接着，他拿出他的小提琴，拉起了巴赫。

很快莉莲就不得不承认："我慢慢为柏林这座城市所倾倒。"

## 美国支持下的经济复苏

在德国经济复苏的过程中，美国官员发挥了极为重要的作用，连莫勒夫妇这样初到德国的人也很快就注意到这一点。美国大使霍顿不仅对德国的困境深表同情，还公然驳斥国内孤立主义分子的主张。他认为，美国应该为未向德国民主政府提供强有力的支持而负责。"总之，整个欧洲都处于糟糕的困境之中"，在1923年2月12日给国务院欧洲司司长威廉·卡索的报告中，他这样写道："我们曾有能力去维持这里的稳定……除非奇迹发生，否则我们难以坚定而欣慰地相信，这片残存的欧洲文明不会孕育下一次战争的种子。"

看着德国在恶性通胀中煎熬，加上此起彼伏的罢工、骚乱和左右翼极端分子冲突，在一次次说服华盛顿"拯救柏林和德国经济"的努力无果后，霍顿已濒临绝望。1923年夏天，他目睹了威廉·坤洛斯总理执掌的政府在组建后不到一年就垮台。在向国务卿休斯的报告中，他这样写道："我感觉到，虽然我走进的是同一栋大楼，但它的大梁和橡木正逐渐腐坏，它的地板越发松垮，除非马上采取修补措施，否则天花板和墙壁将不可避免地倒塌下来。"

霍顿的诉求最终获得了回应。在柯立芝政府的支持下，他开始着手推进新的战争赔款方案和其他一系列措施，旨在稳定德国的经济形势。在公开发言时，霍顿避免开罪法国，他称自己从未企图阻止法国"公正的诉求"。但他强调，德国经济的复苏是整个欧洲大陆经济复苏的关键。通过与德国人古斯塔夫·施特雷泽曼的亲密合作——后者在1923年短暂兼任德国总理和外交部长，此后连续八届担任外交部长——霍顿为美国在德国的经济复苏中发挥更加重要的作用赢得了柏林和欧洲各国的支持。

于是，道威斯计划应运而生。该计划以芝加哥银行家查尔斯·G.道威斯的名字命名，他是就德国的战争赔款问题进行讨论的多名美国专家之一。这一计划并不削减德国应支付的赔款总额，但允许德国减少每年需支付的数额，直到经济好转为止。道威斯计划于1924年8月获得通过，很快就导致大量美国贷款涌入德国，一直持续到大萧条的爆发。德国货币趋于稳定和经济状况明显改善是这一计划的最直接结果。在1925年5月18日向国会进行汇报时，施特雷泽曼清楚地指明了发生如此变化的原因。"在重建德国经济和安抚欧洲各国的过程中，美国向我们提供了最为重要的帮助"，他声称，"没有国家比德国更需要美国的帮助。"

美国的贷款和直接投资，加上德美贸易的日益繁荣，使两国都感受到彼此越来越紧密的联系。德国不仅对美国开放，并且在经济、社会和文化各方面受到美国的影响。"整个欧洲都在快速地美国化"，在1925年6月14日的《华盛顿先驱者报》上，韦根撰写的专题报道格外醒目，"带着一半惊奇、一半抵制，这群古老的国度正日益受到大洋彼岸神奇的'美元大陆'的支配。"

正如文中提到的那样，德国人对全新的金钱文化、规模化生产和大众化娱乐展现出了极度的狂热，大批美国电影在这一时期涌入德国。韦根写道，他们起初"憎恶这突然闯入的异国步调打乱了他们简单安逸的生活，他们抱怨、咒骂自己的文明正在被美国同化"，"但随着美国爵士乐那原生态的手鼓声遍及各地，德国人逐渐忘却了这一困扰"。韦根补充道，喜欢那支演唱"我的爱人已远走"的爵士乐队的德国人，往往穿着"裁剪成耶鲁风格"的崭新套装。

当时德国人很热衷去一个叫作"斯卡拉演艺场"的地方，追捧在那里演出的一个美国剧团，韦根将其形容为"18位像格特鲁德·霍夫曼那样翩翩起舞的女孩"。在1925年发表的一篇文章中，韦根指出了这些女孩大受欢迎的原因。他写道："她们的长腿和细腰不同于柏林人通常会喜欢的那种身材。"

柏林也开始出现和美国同样的交通拥堵问题。韦根报道称，柏林的第一个红绿灯安装在波茨坦广场，"它眨着轻浮的美国大眼睛，看着电车售票员、出租车司机和私家车司机惊慌地经过这片五路交会的区域。"

莫勒也有相似的感受，他写道："20年代早期，美国化的迹象已经遍布全欧，但在德国这里最为明显。"在多篇报道里，他都将1925年称为"欧洲的第一个美国年"，并详细阐述了"各种复杂因素、个人民主、生产技术和行为的标准化"，以及街头闪烁的广告牌是如何"深深扎根于德国的土壤"的。他甚至还援引了美国一位经济学家的话，称规模化生产正在将德国变成"欧洲合众国"。

对于那些被驱逐出美国国境的人们来说，柏林所发生的变化已使得它成了一个理想的去处。尽管巴黎仍然是这些人的首选，但在19世纪20年代有很多人选择了柏林。演员约瑟芬·贝克和她所在的黑人活报剧团[1]来到柏林，于1925年12月31日在库达姆大街的纳尔逊剧院举行了首演。虽然有抗议者聚集在剧院门口谴责这些黑人演员，有纳粹分子咒骂他们为次等人种，但柏林观众的热情仍然令贝克兴奋不已。她说道："实在太疯狂了，演出获得了巨大的成功！观众把我举到了他们的肩膀上！"

柏林也是贝克收到礼物最多的城市，观众向她送去了数量惊人的首饰、香水和皮草。在她的巡演结束以后，纳尔逊剧院被改造成了夜总会，但贝克仍继续在这里表演。她也乐于出席各种聚会，有时只裹一片缠腰布。她十分热爱柏林的夜生活，她称这里有"一种巴黎所不具备的刺激感"。她甚至考虑过在柏林定居，但最终还是选择回到法国，开始在著名的"疯狂牧羊女"剧场里表演。

对于美国的观光客和移民来说，德国社会开放的性观念是吸引他们前来的一个重要原因。正如埃德加·莫勒所言："'一战'以后的一段时期内，全世界都出现了性开放的浪潮，而在德国更是达到了放纵无度的

---

[1] 活报剧，是一种以应时性、时事性为特征的戏剧类型，多在街头、广场演出，也可在剧场演出。演出时，常常把人物漫画化，并插有宣传性的议论，以达到反映时事的宣传目的，就像"活的报纸"。——编者注

程度……尤其是德国女人的豪放。在这里，道德、贞洁、婚姻，甚至品味，都被视为偏见。"至于"性变态"，莫勒惊愕地说道，原本的法律规定已名存实亡，"实在难以想象有比德国更有忍耐力的社会了"。

本·赫克特是早些年时《芝加哥每日新闻报》派驻在柏林的记者，他具体地描述了他的继任者莫勒的言中之意。在一家军官俱乐部里，他遇到了一群同性恋飞行员。"他们举止优雅，搽着香水，戴着单片眼镜，在一起吸食海洛因或可卡因，"他回忆道，"他们毫不隐讳自己的性取向，公然在咖啡间里接吻，然后在凌晨两点左右离开，前往其中一人的住处继续开派对。"通常会有一两个女人混迹在他们中间——嘴唇丰厚、涂着浓重眼妆的浪荡女人，虽然有着皇家血统，但她们的腰间布满了不堪的伤疤。有时候，一些抹着胭脂、穿着闪亮皮靴和超短裙、常在午夜过后徘徊在弗里德里希大街的十一二岁的小女孩也会被召入公寓的派对中。

尽管赫克特有可能在自传中添加了一些夸张的成分，但当时的柏林"同志盛行"却是不争的事实。对于像菲利普·约翰逊这样来自美国的年轻同性恋者来说，来到柏林是一段极为激动人心的经历。约翰逊受到20世纪20年代在德国兴起的鲍豪斯建筑学派和其他新兴流派的吸引慕名来到柏林，但这位日后声名鹊起的建筑师却很快将注意力投向了专业之外的事物。"我们呼吸的空气、我们结识的人、餐馆、库达姆大街和这里的性生活，一切都是全新的体验，柏林足以让一个年轻的美国人为之倾倒，"他回忆道，"在这里，一个崭新的世界正在被创造出来。"

在给家人的一封信中，约翰逊写道："我觉得，能在柏林的夜总会上说出来的话，也可以写给自己的母亲看。瞧我现在多么迂腐，天哪！最近，柏林似乎将取消反对同性间发生关系的法律。讲演者还说，到今年的复活节时，反对人和动物发生关系的法律也将被废止，而正常的两性关系将遭到禁止。观众们都觉得这一段很好笑，我也这样觉得，但我自然不会承认这一点。"

和其他美国人一样，约翰逊发现德国人极为热情，无论你的性取向如何。"美国人曾经征服过德国，所以年轻一代的德国人渴望伺候好美国人,"他回忆道,"但法国人就从来不会这么友善。"

## 牢狱生涯与声名式微

啤酒馆政变失败以后,纳粹党就不再为世人所看好。1924年初,希特勒和鲁登道夫一道,因叛国罪被送上法庭。希特勒借此机会,公开阐明了想要推翻魏玛共和国的宏愿,并声称德国在"一战"中的可耻失败以及随之而来的经济衰弱是由于政客们的背信弃义和不负责任造成的。他坚称:"对魏玛政府的背叛不等于对德意志的背叛。"

法官们给了希特勒充分的辩解机会,使他得以主导这场诉讼会,甚至包括证人的问讯环节。希特勒气势如虹,对起初支持他政变而后又将他出卖的巴伐利亚州当局进行了一番冷嘲热讽。由于巴伐利亚州的领导者们曾在无数的场合表达过对中央政府的不满和反抗,因此当希特勒说他们"曾和我们有着相同的目标——即摆脱魏玛政府"时,在场的听众都深信不疑。他补充道:在政变发生前,他还和他们在一起探讨这一目标。

希特勒所传达的信息很明确:他实践了诸多蔑视魏玛政府的德国人所怀有的信念,而巴伐利亚州当局却耍起了两面派。"阁下您可以宣判我们有罪千遍万遍,但永恒的历史法庭之神将微微一笑,然后将今天的起诉书撕个粉碎,"希特勒和法官说道,"因为,她会还我们一个清白。"

莫勒报道了这次审判。尽管他是首次见到希特勒本人,但这位纳粹领袖令他印象深刻。"他的发言幽默、激情而充满反讽,"莫勒在报道中写道,"他个子不高,看起来有时像一名德国军事训练官,有时又像一名维也纳商场巡视员。"他的雄辩把巴伐利亚当局的申诉"驳斥得体无完肤"。当他完成热情洋溢的讲话以后,"几乎所有在场的听众和记者都禁不住要鼓起掌来"。

最后,希特勒被判处五年监禁,这已是叛国罪名的最低刑罚。鲁登道夫则被无罪释放。美国领事墨菲在1924年3月10日写给华盛顿的一份报告中总结道："虽然1923年11月的政变就像一出荒唐的闹剧，但巴伐利亚的民族主义运动并未就此结束，只是被暂时延后……当局考虑在希特勒服刑期满后，将他驱逐出境。至少从目前看来，希特勒所领导的民族主义活动似乎转入了一个低潮期。"

在出版于1964年的回忆录中，墨菲称自己上述的这段总结"并不算糟糕"，尤其是在对比了达勃农勋爵的回忆录之后。达勃农是英国在1920年至1926年期间的驻德大使，在他的回忆录里，希特勒的名字仅仅在一处脚注中出现了一次。书中写道：出狱以后，希特勒"很快就被世人所遗忘"。

希特勒在兰兹贝格监狱里服刑不到九个月就重获自由了。而即使在狱中，他也享受了很好的优待，他甚至还在此期间口述了他的自传《我的奋斗》。负责看守他的狱卒将他奉为上宾，不仅分给他一间宽敞舒适、窗景怡人的房间，还允许他接待前来探访的亲友和接收寄来的信件包裹。出狱以后，他也没有被赶回自己的老家奥地利。

但在希特勒服刑的这段时间里，纳粹党的力量由于内部分化而受到削弱。尽管政府已经解除了对纳粹党的封杀令，但当希特勒要重新集结他的追随者时，德国日趋改善的经济局面令他的号召力大打折扣。在1924年12月的国会选举中，极端右倾的社会民主党获得了131个席位，有右倾倾向的德国民族主义党获得103个席位，而希特勒的纳粹党仅获可怜的14席。

在1925年4月举行的总统大选中，已经77岁高龄的陆军元帅保罗·冯·兴登堡在右翼党派的支持下轻松获胜。正如当时身在德国的知名刊物《外交事务》的编辑汉密尔顿·费斯·阿姆斯特朗在回忆录中写的那样，这次大选最有趣的地方是纳粹党"甚至没有被当成威胁看待"。虽然希特勒已经出狱，但当局仍禁止他在公开场合演讲。阿姆斯特朗补充说："就我所知，无论是德国人还是美国人，都没有对我提起过希特勒的名字。"

在1928年5月的国会选举中，纳粹党的席数再次下跌，仅剩余12席。社会党大获全胜，他们赢得了152个席位。民族主义党的席数也有所下跌，但仍拥有78席。因此，那些曾关注希特勒从早期活动到啤酒馆政变再到庭审的美国外交官和记者们都渐渐将他遗忘，也就不足为奇了。这一时期，我们找不到任何关于希特勒的采访。华盛顿并不急于从美国外交家们那里打探有关希特勒的情报，各大新闻媒体的总部也不急于要求驻德记者们去访问这位纳粹领导人。

## 错把他乡当故乡——旅德美国人的错觉

有的时候，在柏林定居或短暂停留的美国人也会对同胞表现出不亚于对周遭环境的关注度。在1927年11月14日写给一位友人的信中，尼克博克打趣道："海明威此刻正在柏林，与辛克来·刘易斯亲密交谈。"刘易斯是1930年诺贝尔文学奖的获得者，也是第一位获此荣誉的美国作家，他为了多萝西·汤普森而在柏林停留了很长一段时间。汤普森于1925年来到柏林。作为最早的知名驻外女记者之一，汤普森为《费城大众公志》和《纽约晚报》撰写报道，并且和莫勒夫妇同住在汉德尔大街的一间复式公寓里。

尼克博克后来接替汤普森，在柏林继续为费城和纽约这两家报纸工作。有一次，在和德国外长一起喝茶时，尼克博克顺便引见汤普森和刘易斯认识。但有意思的是，有消息称汤普森和尼克博克之间也不仅是单纯的同事关系，还有男女的暧昧。

汤普森刚刚和自己花心的匈牙利籍丈夫约瑟夫·巴德离婚，而刘易斯和妻子格蕾丝·海格的婚姻也已走到尽头。很快，这位驻外女记者的先驱和这位蜚声国际的作家之间就擦出了火花。有天晚上，汤普森打电话给莉莲·莫勒："上来坐坐吧，我这儿来了些有趣的朋友。"当莫勒来到这间复式公寓的另一边时，看到因为刚刚出版了大受欢迎的《埃尔默·甘特利》（*Elmer Gantry*）而神采奕奕的刘易斯，他正以"他书中那位牧师的方式"给一群人布道。他正了正自己的领子，然后开始滔滔不绝地讲起来。他谴责了在场的人们所犯下的罪恶。莉莲回忆道："这次奇妙的布道令人惊叹不已，同时我们也因意识到了自己的缺陷而感到满足。"刘易斯和汤普森不久便确立了恋爱关系。1928年，在刘易斯办理完离婚手续后，他就和汤普森结了婚。

这样的社交氛围，加上德国人对"美国化"的包容，使得待在柏林的美国人完全没有身处异乡的感觉。1928年，即便是希特勒——尽管他领导的纳粹党仍被认为无足轻重——也认为"美国化"的印记无处不在。他指出："现在科技和通信使得国与国之间的联系变得如此便捷而紧密，以至于在不知不觉中，欧洲已经把美国当作了自己的参考标准。"这是希特勒罕有的对新事物的认可，而不是立即加以抨击。

"美国化"的说法也就是我们今天所说的全球化，当时的德国毫无保留地向世界敞开了大门。和其他的美式特征相比，这一点才是柏林真正的魅力所在。"那是一个美好而炽烈的年代，从文化的角度说，柏林可以说是当时的世界中心。"汤普森这样写道，并表达了跟五弦琴鉴赏家迈克尔·丹姿和其他艺术家同样的感受："那个时期的德国人乐于接纳来自全世界任何角落的任何一种思潮，聆听来到柏林的任何一种节奏。"

尽管美国的记者们一直在报道德国的政治和经济形势，但这一时期最引人注目、也最激动人心的新闻，还是来自那些题材轻松的专题故事。而这其中最著名的要数1928年10月的"齐柏林伯爵号"飞艇首次载人飞越大西洋的航程。这段历时112个小时的硬式飞艇之旅始发于德国腓特烈港，目的地是美国新泽西州的莱克赫斯特。芝加哥《先驱者报》和《观察家报》还专门为此发行了一份小手册，里面收录了当时乘坐飞艇的两位赫斯特集团的记者所写的全部文章，它的简介部分是这样写的："真实记录了迄今为止仅次于哥伦布发现之旅的伟大航程。"

韦根是当时乘坐飞艇的两位记者之一，另一位则是被誉为史上首位从空中穿越大西洋的德拉蒙德-海茵夫人。两人都为此番经历撰写了大量报道，而他们交相辉映的叙述更是为这次旅程增添了一些惊险和浪漫。德拉蒙德-海茵夫人的描写令人如身临其境："齐柏林伯爵号并不只是机械装置、帆布和铝合金的简单组合，"她写道，"它具有灵魂——来自每一个建造了它的人，每一个将它升空的人，每一个为了这次旅程付出了劳动的人，还有每一个使这架空中巨物拥有了灵魂的人。我为它而着迷，仿佛它是一具富有生命力的个体……我为自己能登上齐柏林伯爵号而倍感荣幸，这次的旅程令我激动不已。"

也有读者猜测德拉蒙德-海茵夫人之所以如此激动的另一个原因：即她和她的同事韦根之间的罗曼史。1923年时，这位28岁的英国女人嫁给了英国的前外交官、比她年长50岁的罗伯特·海茵·德拉蒙德-海茵爵士。三年后，德拉蒙德-海茵爵士逝世，这位年轻的贵族遗孀开始投身新闻行业。在为赫斯特集团工作期间，她结识了韦根。很快，两人就超越了纯粹的同事关系。尽管当时韦根已经有了家庭，但作为一名四海为家的驻外记者，他经常与妻子两地分居。

在1926年两人相遇之后，他们就尽可能在一起做新闻报道——包括1929年齐柏林伯爵号的首次环球航行。在分隔两地时，两人也会保持密切的书信往来。他们的信件极其清楚地表明了两人之间的关系："你是真心对我好的，亲爱的大熊，你的小熊囡很感激，她会一直依偎在你身边让你疼爱和呵护，她也会爱你一生……我由衷而热切地爱你。"她在1926年的一封给韦根的信中这样写道，并且最后的落款为"爱你的小熊囡"。

赫斯特集团很乐于采纳这位"杰出的英国女性"和这位"国际知名的新闻记者"韦根的报道。而当地面上不再有像战时那样多的新闻可以挖掘时，两人都毫不犹豫地把眼光投向了报道空中旅行。正如多萝西·汤普森后来描述的那样，1924年到1929年似乎"充满了希望……在这短短的五年里，德国取得了显著的进步"。我们似乎也很有理由期待，未来会发生更多关于人类横越海洋的动人故事，会迎来一个更加安定和谐的世界。

## 日耳曼式的精神世界

很多身在德国的美国人注意到，在这段充满希望的时期里，尽管德国人已经和美国人有着诸多表面上的相似，但从根本上来说，他们与美国人或欧洲其他国家的公民仍存在很大的差异。"虽然从表象看来，美国式的生活方式在德国日益流行——快餐店、大广告牌、摩天大楼，甚至口香糖——但德国人的精神世界仍然是十足的'日耳曼式'。"莉莲·莫勒评价道。在外人看来，这种"日耳曼式"的特征有时很古怪，有时很滑稽，但有时也显得邪恶和令人忧虑。

莫勒夫妇对存在于德国的、令人第一眼看到时会有点面红心跳的某种社会现象进行了调查。埃德加写道："除了在这里以外，你还能在哪里看到15万名有组织的裸体主义者？"但在走访了多个裸体主义者的聚居地后，莉莲指出："这里并不淫乱，反而有一种团结坚定的氛围。"她称，那些描绘这里乌烟瘴气的报道纯属是耸人听闻；她甚至还在此感受到了一种哲思的意味："这些德国人在人类的原始本性和宗教信仰之间摇摆不定，他们期待未来能有一种大智慧为他们指明方向。"

而裸体主义者表现出来的"无度的热情"和对"变化所怀有的狂热渴望"，却令莉莲感到担忧。她遇到的大部分年轻人都表示支持共产主义，他们认为那才是提升人类整体福祉的途径。她总结道，这样的情绪"很容易被导入歧途，某些居心叵测的政治家很可能利用它来为自己谋取利益"。

汤普森则惊讶于德国民众对可怕的犯罪行为所表现出的痴迷，德国警方频频将那些轰动一时谋杀案现场展示给公众的行为就是有力的证明。其中最广为人知的是汉诺威火车站连环杀人案，警方还原了这位曾在车站洗手间内杀害了26名男性的凶手的卧室。汤普森评论道："假如你想看一眼这位变态杀手行凶的巢穴，或者他扼死那些受害人的那张小床、他用来分尸的那张桌子、他存放尸体的那些水桶，那你就得乖乖地排上一个半小时的队。"

德国人在其他方面的极端行为同样使美国人吃惊。莫勒夫妇就被《每日新闻报》的一位助理吓得不轻。此人信奉一种所谓"天然的"饮食习惯：他几乎从不摄入任何液体。他声称，这样做可以使他获得比普通人更长的寿命。他对此事充满了狂热，以至于他的体重减轻了40磅，生理机能下降了一半，看上去"简直像一副骷髅架子"。但他终于体力不支而被要求吃了一顿包括猪肉、土豆色拉、苹果馅饼和啤酒在内的餐点后，他的身体开始剧烈浮肿，最后不得不被送往医院救治。但在6周康复以后，他仍坚持认为他只是暂时没有找到延长寿命的正确方法。"假如我能用毕生的时间去寻找这种秘方该多好啊……"他说。

"你觉不觉得德国人比其他民族更疯狂？"莉莲问她丈夫，"他们是如此没有节制……如此歇斯底里。"

"他们确实反差很大，"埃德加回答道，"他们智力超群，但却缺乏基本的常识，这个世界上几乎不存在他们不能去信奉的东西。"

## 从亨利·福特身上汲取"反犹"灵感？

在反犹主义盛行的这一时期，魏玛政府的行为也算不得什么新鲜事。但事实上，声称自己是1918年至1920年期间唯一一名犹太血统的驻德美国记者的赫克特，却陈述了一种截然不同的说法："我必须要说的一点是，作为一名犹太人，在我身处德国的两年间，我从未耳闻目睹任何反犹迹象，也未曾听人污蔑过犹太人……与任何时期的美国相比，你在'一战'后的德国所能听到的、看到的、感觉到的反犹情绪都要轻得多。"

赫克特故意对当时德国如此明显的反犹现象避而不谈，可能出于几个原因。首先，他不希望美国在这方面太有优越感。其次，上述言论是在"二战"和犹太人大屠杀之后不久发表的，他试图说明的观点是，造成这次灾难的原因是德国人的国民性格。赫克特称，无论从外表看起来德国人是多么有教养和头脑，"他们始终把服从上级摆在价值观念的第一位"。换言之，人们追随一位领袖并非是因为他有多么崇高的理想，而纯粹是因为他要求人们效忠，而人们盲目地服从了。

不可否认的是，在"一战"以后，反犹主义思潮在美国大行其道。某些狂热的美国人不仅对反犹主义张开怀抱，而且竭力将它推而广之。这其中最突出的人物要数亨利·福特。这位著名的汽车业大亨也是一名激进的和平主义者，早在1915年时他就发表过自己的看法。"我知道战争是谁造成的——就是那些德裔的犹太银行家们，"他对和平主义者、匈牙利裔犹太人罗西卡·施威墨说道，"我有证据。事实就摆在那里！"

1919年，福特买下了《德宝独立报》(*Dearborn Independent*)。不久后，这份小型周报就发起了一项针对犹太人的运动，并发布《犹太人贤士议定书》(*Protocols of the Learned Elders of Zion*)，意在愚弄国民，揭露犹太人企图统治全世界的阴谋，并称消息终于从欧洲传到了大洋彼岸的美国。随后，这些文章被集结成册，并被冠以"国际犹太人"的标题进行出版。1931年12月28日，当《底特律新闻报》的专栏记者安妮塔·安东娜在慕尼黑的纳粹总部"棕屋"对希特勒进行采访时，发现他办公桌上摆着一具很大的福特的塑像。希特勒告诉她："亨利·福特给了我很多启发。"

从这位未来德国领导人的话中，我们可以读出很多深意。在听闻福特的观点以前，希特勒早就已经是一位反犹主义的践行者。他对于福特的反犹思想和他在汽车行业的创举怀有同等的钦佩。在掌权以后，希特勒将把"Volkswagen"——大众汽车——变为现实，并大肆赞扬"福特先生的智慧"：汽车是一种可以用来团结各阶层人民而不是分化他们的工具。

但是，福特和其他美国人的反犹言论仍然证明了，20世纪20年代的德国并非唯一一个反犹主义盛行的国家。在1921年2月23日写给美国著名歌唱家薇薇安·狄龙的一封信中，韦根表达了对她正考虑嫁给"一个富有而上进的犹太经理人"的震惊。他质问道："为何非得嫁给犹太人？难道除了犹太人以外，世界上就再也没有其他既富有又上进的人了吗？"

然而，反犹主义在德国并不仅限于一种观念上的偏见而已。1922年6月24日，德国外交部长瓦尔特·拉特瑙——当时身居最显要职务的犹太人——在柏林遭到暗杀。此后，右翼分子的暴力活动愈演愈烈。外交官休·威尔逊将原因归结到各个方面：数以百万计的德国士兵在战后离开部队，在就业机会稀少的国内无所事事；而有钱有权的群体中，有"很大一部分是犹太人"。他指出，布尔什维克主义以及国会中的某些民主党派，都被认为是犹太人在幕后操纵。"你很容易就能感受到，一种不满和仇恨的情绪在蔓延"，他这样写道。

20世纪20年代中期，德国经济似乎又慢慢回到了正轨，虽然来自纳粹和其他极端主义分子的反犹主义声音已不再令那些身处德国的美国人高度紧张，但也远远不像赫克特数年前所声称的那样不值一提。尤其是当着犹太人的面时，那种凝重的氛围变得更加强烈和明显。

1928年的某天晚上，《巴尔的摩太阳报》的驻柏林记者S.迈尔斯·波顿与汤普森和刘易斯两人在柏林歌剧院不期而遇。当时和波顿在一起的还有跟他住在同一栋大楼的一户犹太人家的女儿。因为波顿和刘易斯是初次见面，因此在幕间休息时由汤普森作了引见。考虑到这位犹太女孩不会说英语，所以刘易斯在说话时也改用德语。交谈期间，他提到了犹太民族，尽管他并未发表任何具有批判性的言论，但仍然令波顿十分紧张。他悄声地用英语提醒刘易斯："小心点，我身旁的这位女孩就是犹太人！"

刘易斯似乎没有听到，只是在后来随口说了句："知道吗？说出来你们也许不信，我的父亲是拉比。"这个女孩一下子就有了兴趣，"您父亲真的是拉比吗？"她问刘易斯。

在多年以后记录这次会面时，波顿回忆道："虽然当时还没有任何征兆表明，五年后将会发生一系列将德国的名声葬送殆尽的事件，但当时身着统一服装的示威者已经开始在街头高唱要铲除犹太人的歌曲，那象征着对犹太人的仇视的'⋩'标记，也愈发显得分明。"对于那名犹太女孩来说，当晚的重点并非是见到了大名鼎鼎的美国作家——实际上刘易斯的父亲是威斯康星州的一名乡村医生——而是听到了他自称是犹太人的那句善意的谎言。"但愿她永远也不会发现真相，"波顿总结道，"尽管那是句假话，但刘易斯的敏锐和善良所带给这个女孩的喜悦，是他永远也无法知晓的。"

## 经济崩溃的政治后果

1925年，雅各布·古尔德·舒尔曼接替霍顿出任驻德大使。这位来自纽约的政客曾在德国求学，能说一口流利的德语，并在上任后发奋工作，力图维护前任大使所赢得的赞誉。舒尔曼所采取的重要举措之一是从美国富人那里募集修建海德堡大学所需的资金。约翰·D.洛克菲勒也是其中一位募捐者，他一人就出资20万美元，占到了总额的四成。舒尔曼也因此而赢得了德国民众的好感。

当然，极力称赞德国政府在维护和平和民主方面所作出的努力，也是他受德国人欢迎的一个原因。在任职早期，他声称"战争的意愿已在德国消亡"；在德国签订《非战公约》后，他更是对此事大肆宣扬。在当年访问纽约时，他宣称："德国政府顺应民心，并在各方面展现出了蓬勃的生机和活力，她将长此以往地稳定下去。"

尽管舒尔曼在公开场合对德国大加赞誉，但他并非对其国内潜在的危险一无所知。在来到柏林的第一年，他就发现，美国的金融机构竭力向德国推行高利息的贷款，全然无视由此带来的风险。他在一份报告中写道："他们试图将数以百万计的美钞倾洒到德国，这种渴望变得越来越病态。"

像莫勒这样的美国记者也开始思考究竟发生了什么。莫勒在密歇根大学期间的导师之一、经济学家大卫·弗莱德作为一家迫切希望向德国输入资金的投资公司的谈判代表，也来到了柏林。在与莫勒夫妇一同吃完晚饭后，弗莱德一边抽着雪茄，一边谈起了他此行的使命："我们认为这里的人民值得投资：勤劳、可靠……我们将帮助他们重整旗鼓。"

"以每年9%的利息？"莫勒问道。

"这个嘛，你也知道，我们并非慈善家。"弗莱德说道。

正如莉莲·莫勒指出的那样，美国和其他国家的这些看似来得轻松的金钱大量涌入德国，造成了"恣意的花销"。在为《城镇和乡村》撰写文章期间，莉莲经常需要到德国各地收集素材，她提到了这样一个事例："崭新的高速列车就像流线型的钢铁怪物，在国家铁路上呼啸而过。"她还注意到，"德国国内所有的火车都安装了全新的克诺尔制动系统，仅这一项的花费就将近一亿美元。"她补充道，英国也曾考虑过为其国内的火车加装该制动系统，但最后不得不因其巨额的费用而作罢。

德国也拿这些贷款去偿还战争赔款，连舒尔曼也对德国难以为继的财政负担公开表示同情。而在华尔街股市崩溃之前，德国经济也出现了诸多摇摇欲坠的迹象。1929年3月，舒尔曼收到了一份来自德国国会预算委员会主席的危机报告。报告中称，这个国家的财政正处于自1923年濒临崩溃以来的最差状况。

不久后，道威斯计划就被杨格计划所取代。该计划是以另外一个银行家团体的主席欧文·D.杨格的名字命名的。该团体于1929年提出：进一步削减德国的战争赔款，并将偿还时间延长到1988年。美国专家中对德国财政最为了解的斐迪南·艾伯斯塔特，在与法国和其他国家的商议会上，就直截了当地告诉杨格："嘿，这纯粹是个幌子——这个计划不会成功，因为他们都是政客，没有人会关心这样的经济问题。"德国官员抱怨，新计划所制定的赔付额度仍然难以承受，而希特勒和其他反对派则强烈谴责整个计划。

1929年10月，华尔街的股市暴跌改变了一切。尽管德国政府于1930年3月正式通过了杨格计划，从美国那里获得了约三亿美金的新贷款，但事实上，该计划几乎没有施行。面对国外资本的突然抽离和国内信贷市场崩溃引发的直线上升的失业率，社会民主党政府在当月即宣布垮台。继任的是以海因里希·布鲁宁领导的中央党为首的联合政府，但布鲁宁也无法争取到国会大多数议员批准他的财政计划。面对僵局，他不得不要求在9月重新举行大选。

至此，历史的舞台已搭建就绪，静候那位政治鼓动家从慕尼黑归来。

## 第3章

# 大象还是老鼠？

## ——如何定位纳粹势力

伤痛的记忆尚未褪去，德国经济又再度崩溃，引发了人们新的焦虑和不安。这时，纳粹党开始笼络人心。到1928年末，虽然纳粹面临的困难已初现端倪，但他们还是号称招募到了108000名缴纳党费的成员。到1929年末，这个数字已经跃升到178000。尽管这时候的希特勒还只是政坛上一个边缘化的角色，但他却一直吸引着大批狂热的人们加入他的队伍。在地方选举中，纳粹党也赢得了较大的优势。

## 纳粹崭露头角

和很多德国人一样，贝拉·弗洛姆发现自己的生活被"一战"搅得天翻地覆。1890年，她出生在巴伐利亚一个富裕的犹太家庭，"一战"期间她在红十字会当志愿者。父母早亡，战后给她留下了一笔还算可观的遗产——即便在一段短暂的不幸婚姻之后，也足以维持她的义工生涯。但是发生在20世纪20年代初的恶性通货膨胀让她一下失去了倚靠，不得不去寻求一份带薪的工作。"我打算开始新的生活。"她在1928年10月1日的日记里写道。

十岁开始，贝拉·弗洛姆就坚持写日记，不过现在她打算不仅为自己，也开始为别人写作。她成了乌尔斯坦因出版社的记者，主要负责报道柏林的社会和外交活动。

这位初出茅庐的记者很快就在工作中独树一帜。"我们用美式风格来做社会新闻吧，"她向《福斯日报》（一份以柏林为基地的自由主义报纸，一日两期）的编辑建议，"那样很生动，可配上大量图片。"编辑同意让她试一试。很快，不仅她的报道变成了美式风格，她本人也开始与美国人有了频繁的往来。在从未中断的个人日记里，她小心谨慎地记录下自己的所见所闻。

在1929年7月16日的日记里，她记述了在柏林格鲁内瓦尔德区举行的德国对阵英国的戴维斯杯网球赛。那里绿树成荫，久负盛名。美国网球冠军"大比尔"威廉·蒂尔登也到场观看德国顶尖选手丹尼尔·普瑞恩的比赛。普瑞恩是犹太人，他的对手是英国球星邦尼·奥斯汀。弗洛姆注意到，当普瑞恩获胜时，"大比尔"满脸堆笑，因为冠军用的球拍是他特意从美国带去的礼物。

但弗洛姆也从弗里德里希·维尔纳·舒伦堡伯爵那里听到了不同的声

音。舒伦堡伯爵是网球协会的成员之一，也是希特勒入侵苏联之前最后一届驻莫斯科的德国大使。"当然，总是那些犹太人获胜！"他这样说道。

"您这么说是什么意思？"弗洛姆生气地问道。

"犹太人当然会赢。"他心虚地回应。据弗洛姆的记录，至少"他还算有些羞耻心，知道脸红"。

弗洛姆争辩到底："他为德国赢得了胜利。难道你更想让英国人赢吗？"

也许恰恰是因为她所见的美国人与她的同胞有这样的对比，弗洛姆在日记里对身居德国的美国人几乎都是正面的描述。1930年2月2日，她去火车站迎接新上任的美国驻德大使、前肯塔基州参议员弗里德里克·M.萨基特。她在日记里这样描写："看上去彬彬有礼，显然出身名门。"至于他妻子，"是一位迷人而又出众的女性"。

在同年的日记里她还写道，萨基特大使夫妇所展现出来的美式娱乐风格令人惊讶。"甚至连各国的外交官们都感到震惊，"她写道，"萨基特大使夫妇在喝下午茶的时候居然搭配大龙虾，这样的奢侈行为在柏林简直闻所未闻。"

但弗洛姆也注意到，对目前德国和其他国家在华尔街股灾后所面临的经济危机，这位新大使其实了然于胸。在捷克公使馆主办的一场晚宴和歌剧独奏会上，她就坐在大使旁边，这也是她第一次有机会和他攀谈。"我喜欢柏林，他能给人启发，"他这样告诉她，"美国人渴望帮助欧洲克服这次经济危机。我们希望用和平而不是战争的方式来解决国家之间的差异。"

当然，喜欢柏林的并不只是新来的萨基特。尽管德国人困扰于新的危机感，但弗洛姆和很多德国官员都欢迎美国人的到来。在1930年回费城总部的路上，有人向尼克博克了解德国人对美国记者的态度。

"幸运的是，我们在柏林享有很高的声望，"他回答说，"人们对我们总是谦恭有礼，而且有问必答。每周五的下午三点，外交部都会供应下午茶，世界主要国家的记者都会参加。"他继续说，在那里，高级官员们会提供简报，记者们也可以趁机加强联络。"据我所知，德国是唯一一个自世界大战以来从未驱逐过外国记者的欧洲国家。"

当被问到哪个欧洲国家对一名记者来说最有意思时，他回答说："目前来说是德国。我认为柏林是欧洲最重要的首都。目前（请注意我一再强调这个词组），德国和苏联是欧洲最爱好和平的国家。苏联经不起战争，而德国厌恶战争。但是我们永远不知道未来会发生什么。"

## 希特勒"重装归来"

在上一次经济危机中，很多人的生活被摧毁。但伤痛的记忆尚未褪去，德国经济又再度崩溃，引发了人们新的焦虑和不安。这时，纳粹党开始笼络人心。到1928年末，虽然纳粹面临的困难已初现端倪，但他们还是号称招募到了108000名缴纳党费的成员。到1929年末，这个数字已经跃升到178000名。尽管这时候的希特勒还只是政坛上一个边缘化的角色，但他却一直吸引着大批狂热的人们加入他的队伍。在地方选举中，纳粹党也赢得了较大的优势。

在对这名煽动政治家忽略多年以后，韦根是第一个认为他具有采访价值的美国记者。最终，他成了20世纪20年代首位撰写希特勒报道的美国记者，并且他对希特勒的迅速崛起和骤然陨落记忆犹新。他清楚地记得，希特勒很善于利用民众的愤怒——随着民怨的不断高涨，希特勒能否再次站上时代的浪尖？

自1923年啤酒馆政变后，希特勒就遭到了监禁，因此韦根也就没再费心留意他。但1929年12月，当他前往慕尼黑时，他再次见到了希特勒。"现在他又活跃起来了，有一大帮追随者。"韦根在1930年1月5日的《纽约美国人报》上写道。这篇报道的大部分内容是对希特勒采访原文的大段援引，希特勒"表达有力，具有鲜明的个人特色"。

希特勒在采访中主要谈到了布尔什维克主义的威胁——并指出纳粹党才是唯一能阻止它的力量。"德国正在稳步地、缓慢地并且确定无疑地滑入共产主义的深渊。"他宣称。在历数了德国的经济困境——尤其是上涨的破产企业和失业人数以及"对德国当前政党制度的厌恶和公职人员的不信任"后,希特勒警告称:"这一切都会导致国将不国。"

"德国大众的心理也是一片混沌,"希特勒继续说道,"正是在这样的情况下,我们德国民族社会主义党站了出来,替家庭、国家和民族发出对马克思主义政党的国际主义口号的抗议。"他解释说,他们的目标是"一方面阻止德国遭到外国列强的奴役,另一方面也防止德国被全盘赤化从而陷入混乱和堕落"。

韦根提到了希特勒早前失败的政变经历,问他是否仍打算以武力推翻政府。"不,我们没有革命的想法。"他回答说,并坚称纳粹运动的人数在迅猛增长,"我们需要的只是合法途径"。他宣称,当前有250万德国人支持纳粹党,而且来年这个数字将会飙升到400万人。

但当被追问他更倾向于何种政治体制时,希特勒却避而不谈。他称,德国的议会制和多党制之争是"一场彻头彻尾的闹剧"。他表示,他看到了美国政体的一些优势,美国总统不是只会签字盖章的橡皮图章,而是决策过程中的关键人物,并且内阁也不是在朝夕之间就能被推翻的。他补充道,那样的体制拥有德国非常缺乏的"稳定性因素"。但在言辞之间,希特勒也暗示那也并非完美的解决办法。

希特勒没有清楚地阐述他支持什么,却表明了他反对什么,包括如他所说的拥有过分权力与影响力的犹太人。"我并非要剥夺犹太人在德国的权利,但我坚持认为,我们这些非犹太人的权利不能少于他们。"他声称,任何关于犹太人的法规与美国的移民法并无差异,美国移民法要求新移民在准入前必须提交体检报告以证明他们身体健康。"德国就没有类似的保护措施,"他抱怨道,"犹太人的政治影响力阻止了此类措施的实行。很多你们很早就摒弃的做法,在我们这里却大行其道。"

最后,希特勒告诉韦根,他对德、英、美之间签订"协约或协议"

持开放态度。但他表示，对于法国改变对德国的仇恨态度"不抱希望"，尽管当时两国的紧张关系已经有所缓和。

虽然希特勒试图表现得不像在集会上那么尖锐，但他所传达的信息还是毋庸置疑的：他坚决反对德国当下的政体。即使不再策划在柏林的游行，他也仍然希望看到德国政府垮台。

在文章的结尾处，韦根注意到很多德国民众对希特勒的东山再起感到惊讶："似乎没有人关心，希特勒在未来的德国会具有多大的影响力"，他这样写道。韦根将很多笔墨用在希特勒和他的观点上，他似乎是在发出这样一个信号：这名纳粹领袖即将卷土重来，而这次，他将一鸣惊人。

在某一个问题上，希特勒的言论正中要害，那就是德国人正在经历"全面的混乱"。这种混乱是由恶化的经济形势、民众对频繁更迭的政府以及对争论不休的柏林政客的愤怒引发的。"德国人民已经厌倦了这一切，"埃德加·莫勒写道，"《凡尔赛和约》的履行并没有给这个国家带来复苏，苏联的布尔什维克主义也毫无吸引力可言，战争还远远不可能，可这悲惨的现状却必须有所改变。"

对当局的不满弥漫到了社会的每一个阶层。"二战"之前和之后，查尔斯·赛耶都在美国驻柏林的大使馆里工作。他指出，并不仅仅是极右势力、大商人和前任军官们憎恶魏玛共和国。"很多教授也不支持——这是在德国很具影响力的一个群体。在德国，衡量一个人的社会地位时，学位的分量仅次于军衔，"他写道，"他们公开蔑视魏玛共和国的那些小社会主义者们，因为他们的名字前面连一个'博士'的称号都没有。"查尔斯·赛耶补充说，教授的学生们也对政府相当不满，他们认为魏玛政府对"一战"后德国割让领土的耻辱难辞其咎。而且当大萧条来临时，他们的工作机会也会大大缩水，"他们都成群结队地加入了纳粹"。

莫勒坚持认为，即使那些魏玛政府表面上的捍卫者，也开始不信任自由民主主义。"德国自由共和党最显著的特点就是人员匮乏。"他写道。魏玛政府不仅纵容大量"爱国的"私人军队存在，并且还利用他们去镇压左翼分子的叛乱。希特勒在1921年成立纳粹冲锋队（缩写为

SA），即褐衫党，以及精英纳粹党卫军（缩写为SS），即黑衫党，并非独创之举。

来到德国后不久的一个周末，莫勒夫妇乘坐夜间列车从东普鲁士返回柏林，途中突然被叫喊声惊醒。列车在一个小站停了下来，这时有两个年轻人上了车，并将莫勒夫妇等人所在车厢的灯打开了。当时乘客们正准备入睡，但这两人随后又将窗户也打开了。站台上，一名穿着风衣、系着细窄皮带的中年男人"用教官一样的沙哑声音"冲着这两名年轻男子叫喊，莉莲回忆道。她起来把灯关掉，但是其中一个年轻人又粗鲁地重新把灯打开，还拖着"咔嗒"作响的皮靴回到了窗户旁。埃德加伸出手指放到唇边，示意莉莲不要惹他们。随后，他向她解释称，这些人属于"一支政府允许存在却不愿承认的秘密军队"。

直到20世纪20年代末期，希特勒的政治权力——显然是凭借他已然半公开化的军队——极速上升。当德国遭到经济危机的强烈冲击时，纳粹更是受益非凡。在1930年9月的议会选举中，纳粹党赢得了577个席位中的107个，这与两年前那可怜的12个相比简直是天壤之别。在参与投票的3500万德国人中，有将近650万人投给了希特勒的纳粹党，这使得纳粹一下跃居议会中仅次于社会民主党的第二大党。而在1928年，仅有80万德国人把选票投给了纳粹党。这样看来，就如希特勒早前和韦根预言的那样，他有理由相信自己可以以"合法的途径"来获取权力。这位赫斯特集团的大记者一直对新闻保有敏锐的嗅觉，这一次，他决定是时候再次采访希特勒了。

## 直指"军国主义"

在德国生活的美国人也发现，日渐强大的纳粹已经不容忽视。伯克利的交换学生伊妮德·凯斯在1931年秋天来到柏林，凭借着奖学金得以在柏林大学交换学习。10月30日，她陪伴着房东的小儿子拉尔斯·梅奈特去参加一场在户外体育馆里举行的纳粹集会。体育馆外警察一字排开，以防有动乱发生，再加上馆内的景象，这一切都让伊妮德着迷。"体育馆内座无虚席，全部都是效忠于希特勒和纳粹党的老老少少。"她在寄给远在加利福尼亚的母亲的信中写道。她还提到，纳粹从默默无名迅速成长为如今德国最大的反对党，一些募捐的女孩抱着红色罐子四处"为穷人和被囚禁的纳粹党人筹款，人们纷纷慷慨解囊"。

让凯斯印象最深刻的是集会的氛围。"喧闹声、自发的欢呼声、乐队，这些都让我想起足球赛的观众，"她写道，"然而这里凝聚的感情比一场周六下午的足球赛更加深刻，更加牢固，也更有意义。德国人全心全意地关注着祖国的政治命运。当号角吹响，希特勒的大旗首先入场，然后不同的军队行进至看台上各自的方阵区域，全体观众一致起立，这是激动人心的一幕。"人群对着褐衫党行纳粹军礼，"屋顶几乎都要被朗朗上口的纳粹军歌声给掀翻了"。尽管凯斯听不懂演讲的内容，但是人群的狂热却无须翻译她也完全可以感受得到。她在给母亲的信里写道，"年轻的拉尔斯"戴着纳粹的胸徽，披着纳粹的军旗回家了，"就像所有德国的年轻人一样，他也是一名狂热的纳粹党员"，她下了这样一个结论。

纳粹的崛起不仅仅只是美国人观察到的一种现象，它也对他们的生活开始产生直接的影响。埃德加·莫勒讲述了一个13岁美国男孩的故事。他只简单地记得男孩的名字叫作亚瑟。亚瑟在柏林的耶稣会学校上学，1931年冬季里的一天，他问了父亲这样一个问题："爸爸，你怎么看待德国民族社会主义？"

"我没想过。"父亲有意回避，因为他知道这是一个危险的问题。"德国民族社会主义是德国人的问题，与我们无关。"

但是亚瑟并没有放弃。几天后，他换了一种方式又问起这个问题："爸爸，如果你是一个德国人，你愿意加入德国纳粹党吗？"

父亲问他为什么会问这个问题。"你看，几乎我所有的朋友都是德国纳粹党，"亚瑟解释说，"我也很想加入他们。因为如果你不是的话，那么很多有意思的事情就与你绝缘了。"

父亲忧心忡忡地告诉亚瑟，天主教主教曾谴责过纳粹。"天主教男孩怎么能加入一个如此忌讳的组织？"

"我不知道，爸爸，"亚瑟接着说，"但是他们都加入了。因为在学校里，如果你不是一个纳粹党党员，那么你什么都不是。你认为作为一个外国人，我应该加入吗？"

据莫勒报道，亚瑟在这个问题上并没有坚持到底。但是到1932年底，他所在的班级约有一半的学生都表示公开支持希特勒的纳粹党。尽管耶稣会尽力阻止学校被政治化，但男孩们所玩的游戏中处处反映着周围正在发生的斗争。其中一个最流行的游戏叫作"战车相撞"。男孩们模仿1925年的黑白默片《宾虚》(*Ben-Hur*)，假装驾着战车，然后撞向彼此。刚开始的时候，游戏里的对立双方被贴上"罗马人"和"犹太人"的标签，后来就变成了"中央党"和"纳粹党"，而游戏的剧烈程度也在不断升级，男孩们都明显想要伤害自己的对手。

美国记者们在发回的新闻报道里，都不愿公开预测希特勒在这种日渐强大的支持下究竟能走到多远。但在与编辑的私下交流中，他们却很愿意直率地指出日益恶化的经济环境对政治局势的影响。在1931年12月28日写给《费城大众纪事报》的编辑C. M. 莫里森的信中，尼克博克描绘了他现在驻在的德国是怎样一片萧条景象。为了撰写某个专题的文章，尼克博克走遍了整个德国。"我之前从未见过这般无边无际的贫穷。"他在报道里写道。他警告称，这种情形很有可能导致另一场灾难的发生。

但即使身处那样一个贫穷和绝望的时代，像尼克博克和莫勒这样的记者还是能找到片刻的轻松和欢愉。一天，两人在沿着弗里德里希大街上散步时，拦下了两个街头妓女。尼克博克先是自我介绍了一番，然后问她们对最新的政治动态——也就是社会民主党遭遇重大挫折、保守派们开始掌权的情况，有什么看法。

"我们支持新上任的那位绅士。"其中一个女人这样回答。

尼克博克和莫勒都吃了一惊，赶忙追问原因。

她说:"这些该死的社会党主张自由性爱,这让我们这些老实巴交的小姐很难挣得一个体面的生计。如果绅士们上台,一切就会改观,我们就还有一条活路!"

颇具讽刺意味的是,当莫勒和尼克博克把这段私密的对话写进报道里时,《芝加哥每日新闻报》的编辑却认为"尺度太大,不能刊登"。

然而,在这些身处德国的美国人眼中,普通德国人的生活远没有那么有趣。1931年11月17日,那名伯克利的交换生伊妮德·凯斯在给家里的信中,写到了柏林生活"悲惨的一面":"每走过一个街区都能见到盲人、跛子或老妇人穿着塞满报纸的橡胶雨鞋,满头白发的退伍军人在乞讨或在卖火柴和鞋带。老人们双手粗糙,身体佝偻,脸色因为寒冷而发青,慢慢蠕动着想找点活干,在破旧的公园里捡树枝,或在垃圾桶里捡些废纸。"在接下来的一个月里,她注意到人们看上去甚至更加沮丧,"街上的乞丐也在成倍增加"。妇女向过路的行人乞讨,哀求说她们很饿,而且家中还有"嗷嗷待哺"的婴孩。

尼克博克在给莫里森的信里称,从目前的情况来看,德国不仅暂时无力偿还战争赔款,"而且永远都无力偿还"。法国任何强制性的举动都会适得其反,他补充说:"德国就好像桑普森。她准备单方面撕毁协议,而不再向法国'纳贡',因为全国上下,从共产党到纳粹党,都觉得并不欠法国什么。"

尼克博克大胆预测:"如果德国真的摆脱了战争赔款,真的扛起了希特勒的大旗(他们似乎很有可能会这样做),而且真的随着早晚都会复苏的全球经济恢复了元气,那么希特勒所领导的德国也早晚会重整军备。我们给欧洲的汇款在某种情况下是为他们增加军备的。当然,其实这只是换了种表达方式:欧洲大陆将再次陷入战争。"

1932年1月8日,在写给尼克博克的回信中,莫里森感谢他提供的信息,尤其是关于德国在赔款问题上的态度。莫里森预测,这可能会减少美国对德国当前困境的同情。"你可以看到,德国对和平条款的漠视引来了大西洋彼岸对其同等的漠视。"他这样写道。但是,莫里森忽视了尼克博克关于即将发生一场新的重大冲突的警告，而将注意力放在了希特勒迅速崛起所引发的经济状况的变化。"整个国家都期待希特勒能在下个月就夺权，如果真是这样，那丝毫不是什么让人震惊的事情，尽管那可能会给整个国家的经济和财政状况带来灾难性的后果。"他补充道。相比于尼克博克警示性的预言来说，莫里森的忧虑看上去不像什么坏消息。

在20世纪30年代早期，随着纳粹继续得势，尼克博克甚至都无法判断希特勒到底将成为多大的威胁。在1932年6月18日写给《纽约晚邮报》编辑珀西·维拉的信中，他指出，越来越多的人相信希特勒会在下个月的议会选举中胜出。尽管如此，尼克博克还是认为，希特勒远不如墨索里尼那般有影响力，部分原因在于他性格中"阴柔"的一面。他认为兴登堡总统仍能完全制约住他。

他写道："希特勒是一名同性恋，这个阴柔的下士有着超敏感的政治嗅觉神经；而兴登堡是一名陆军元帅，脸盘坚毅，声音低沉，威严无比，往那一站纹丝不动。"

随后他预言："如果希特勒对兴登堡说：'是时候推翻共和政府了。'兴登堡会大吼一声：'什么！'然后这个小下士就会像热水里的莴苣叶一样吓蔫了。"

信件没有到此结束，尼克博克还对希特勒煽动民怨的能力给予了很高的评价。"希特勒像个软木塞，"他写道，"他总是能浮在每一波民意的波峰。在德国，无人能像希特勒那样顺应大众的情绪并据此做出反应。"他继续道，希特勒的这种能力让他成了纳粹不可或缺的一分子，但在纳粹内部，"他被他的中尉以最不可思议的速度提拔上来"。

最后，尼克博克指出，目前德国发生的一切都直指"军国主义"。他补充说，将德国纳粹党纳入一个联盟政府将导致"其'社会主义'特质的消失"，只剩下民族性。他坚持认为，希特勒的角色仍然非常重要，但其重要性是有限的。他将继续充当"纳粹的嗅觉器官，但是我不认为他将成为德国的墨索里尼，尽管他一直以来都是纳粹的首领"。

## 向总统宝座发起"冲锋"

令尼克博克没有想到的是，1932年春，当年迈的保罗·冯·兴登堡总统进行连任竞选的时候，希特勒成了他最强的对手。尽管希特勒在第一轮中略逊一筹，但他紧随其后。于是，他们不得不在下一个月展开决胜轮的竞选。在那一轮，兴登堡赢得超过1900万德国人的支持，而希特勒则获得1300万张选票。兴登堡承诺，要解散纳粹冲锋队和党卫军，以此来削减纳粹的暴力行为。但是他并没能抑制更广泛的动荡。随着经济环境的持续恶化，起义和抗议事件成倍增长。很快总统就决定解散海因里希·布鲁宁政府，转而任命弗朗茨·冯·帕彭继任总理，并举行新的选举。帕彭是一名天主教中央党员，他坚信自己能控制纳粹党。他还劝兴登堡总统放开对纳粹冲锋队和党卫军的禁令，因为这一做法只会加剧他们与共产党之间的流血冲突。

在1932年7月31日的选举中，纳粹党大获全胜，赢得230个席位，比两年前的两倍还多，这让其一跃成为议会中最大的党派。社会民主党以133个席位屈居第二，紧随其后的是获得97个席位的中央党和89个席位的共产党。与此同时，冯·帕彭总理——莫勒等记者为他贴上了独裁和反动的标签——将社会民主党员排除出最高决策层，从而进一步削减左翼分子的实力。此外，他派遣国防部长库特·冯·施莱谢尔去与希特勒进行谈判。但是纳粹在选举中赢得的惊人结果让希特勒尝到了甜头，他拒绝接受任何协议条款，除非让他坐上帕彭总理的位置。这次谈判以失败告终。新的选举于1931年11月6日拉开序幕，这一次纳粹党再次领先。尽管失去了34个席位和200万张选票，他们还是总共赢得了196个席位，社会民主党以121个席位排名第二，而共产党也有所进步，获得100个席位。

在魏玛共和国濒临垮台的时候，很多观察人士注意到纳粹的支持率开始下降，他们认为这是纳粹运动即将失势的标志。纳粹的暴力言行开始引发一些选民的反感，而且党内高层之间也出现分裂的迹象。施莱谢尔在12月初接替帕彭成为总理，他打算利用纳粹的内部矛盾，诱导相对温和的"社会主义"派系的领袖格雷戈尔·施特哈瑟加入政府，担任他的副总理。事实证明，这一举动对施特哈瑟是致命的，希特勒原本就一直视其为潜在的对手。最终，施特哈瑟不但没有加入政府，反而不得不从纳粹党内辞职。

美国人试图厘清这一系列选举和政治活动的意义，但他们常常无法确定到底是什么导致了这一切的发生。美籍犹太人亚伯拉罕·普洛特金是一名劳工组织者，他于1932年11月抵达柏林。他曾公开承诺，要认真研究德国工人的状况以及工人运动。可后来他只在德国呆了六个月，目睹了魏玛共和国的衰亡，也亲历了头一个月的纳粹统治。但在他刚来柏林时，他绝不相信希特勒将会占上风。

和记者尼克博克以及交换学生凯斯等人一样，普洛特金对德国工人阶级的贫困感到震惊。在美国，他曾是国际妇女服装工人联合会（ILGWU）西海岸片区的组织者。1931年末，联合会决定裁员，普洛特金因而失业了。所以他对大萧条给自己国家带来的后果有最直接的感受，可到了德国以后他才发现，这里的生活条件甚至更加恶劣。

在德国期间，他一直坚持写日记。他在1932年11月22日的日记中写道，第一印象也许具有误导性。他指出，在科隆和柏林的街头，人们"将贫困隐藏得很好"，每个人看上去都衣冠楚楚。"从表面上看你很难相信，上一份失业数据显示，每100人中有44人失业，有些人甚至失业长达三年之久。"

他开始走访当地的一些工会组织，想了解德国人真实的生活。尽管失业者能收到一定数额的失业补助和生活福利，但那仅仅是杯水车薪，根本不足以缓解困境。"你们每个人的公寓里都有浴室——是不是？"一名叫汉斯的陪同人员这样问他。汉斯带他参观了一栋居民楼，一共有120人居住，却没有一间浴室。"他们告诉我，纽约的每一间公寓都有独立卫生间,"汉斯补充说,"来,我带你看看我们有什么。"汉斯领着普洛特金来到一间地下室,推开门,点上火柴,好让他看清那间用木板做成的简易厕所。"你知道有多少家庭使用这个厕所吗?"他说道,"九户人家。光是房间里夜壶的臭味就够呛死你了。回去美国,告诉他们你所见到的这一切吧。"

普洛特金又随汉斯参观了一处出租屋,他观察了一户人家的饮食:一家四口的主餐是土豆拌青鱼或者人造奶油拌土豆。即使是礼拜天,也见不着一星点黄油和肉末。区卫生部门的负责人告诉他,由于不断恶化的卫生环境,传染病正大肆蔓延。他解释说,柏林的公共卫生间已经流失了三分之二的顾客,因为他们再也给不起小费了。即使是安装了浴盆的家庭也会重复利用洗澡水以节省暖气费用。

普洛特金也"对街头女郎和她们的轻佻做派印象深刻"。有一次他在亚历山大广场喝啤酒,一位年轻的女士向他走来,问他是否需要特殊服务,只需要两马克——仅相当于50美分。他拒绝后,她追问他喜不喜欢隔壁桌她的四个朋友,他可以任意挑选。他再次拒绝了,但是提议可以给她买啤酒和香肠。她迫不及待地答应了。但当普洛特金问起有名的穷人区维丁区时,她却嗤之以鼻。她抱怨说那里的女人并不专业,因为他们只"为了一片面包"就可以出卖自己。

在交谈中,这位女士很惊讶普洛特金居然读过阿尔弗雷德·德布林最近出版的小说《柏林:亚历山大广场》(*Berlin Alexander-platz*),该书描写了这个城市穷困潦倒的生活。"你是否记得德布林说过,时间就是一个屠户,人人都在拼命逃离她手中的屠刀?"她问道。"是的,我就如此,我们所有人都是如此。"

见到德国的犹太人时,普洛特金发现自己总被同样的问题包围着:美国犹太人的境况是怎样的?"你们美国也有法西斯党派吗?"有人问道。"不,还没有——我们曾有过三K党,但是现在也不复存在了。"他回答说,言辞间还暗示三K党也曾有过巅峰时期。

"那么在美国的犹太人是幸运的,"其中一名德国犹太人这样说道,

"在这里我们深受反犹主义之苦,这是我们所知的最为严重的反犹主义。"当普洛特金宣称美国也有反犹主义时,他们不屑一顾,认为二者完全不可相提并论。"在纽约你们会把犹太人扔出地铁吗?"他们反诘,"你们会跑到犹太人开的商店摧毁货物、毁掉商铺吗?"他们指出,联合抵制和威胁犹太人的事件每天都在上演。他还引用了一个说法:"大部分在德国的犹太人都被逼到这样一个境地:几乎没有哪个礼拜五夜晚的祷告不是在战栗中进行的。"

尽管耳闻目睹了德国的贫困和反犹主义,普洛特金对希特勒夺取政权的可能还是深表怀疑——或者说,即便希特勒真的夺权了,他又能维持多久呢。他见过的许多工会领袖都深信,纳粹运动已经到了巅峰。"希特勒主义很快就会分崩离析。"其中一个人这样和普洛特金说道,并称共产党的队伍正在逐渐壮大。"一个希特勒主义者在任何时候离开纳粹,都会直接投奔共产党,因为共产党的实力正在日益增强。"

普洛特金决定亲眼去看看纳粹到底是何方神圣。1932年12月16日,他注意到一张宣传海报,纳粹将在柏林体育宫举行一次集会,由宣传家约瑟夫·戈培尔担任演讲嘉宾。他提前一个小时到场,发现预计可以容纳15000人的大厅只来了几千人。这名穿着制服的年轻纳粹党人看上去有些沮丧。等到集会开始时,陆续进来了更多的人,但还是有很多座位空着。开场军乐演奏完毕后,也只有寥寥的一些掌声。"好像灵魂出窍一般。"普洛特金在日记里这样写道。尽管人们对戈培尔的"表演才能"给予了高度评价,但当天晚上的集会还是显得有些虎头蛇尾。"所以这就是所谓的对德国和全世界的最大威胁,"他写道,"我承认我很失望……我是特意赶来看大象的,结果却只看到了老鼠。"

在这一时期造访德国的美籍犹太人也不确定,那些口口声声反对犹太人的纳粹党到底有多危险。诺曼·科温是来自马萨诸塞州的一名年轻记者,在后来的广播黄金时代成为非常成功的作家、导演和制片人。1931年,他来到欧洲旅行。他住在海德堡的一个廉租屋里,房东毫不关心政治,但他17岁的金发儿子却是一名忠诚的纳粹党员。他对科温很感兴趣。科温只比他大四岁，也是他见过的第一个美国人。他跟着科温到处跑，用科温的话说，"像一条忠实的狗"。

他们在城里边走边看。科温和他的同伴聊起美国的生活，这位年轻的德国人也阐述了他对自己国家未来的看法。他坚持认为，纳粹将会把德国带领到一个适当的高度，并清洗掉"民族的污点"。科温静静地听着。直到他在德国的最后一天，当他们一起站在海德堡城堡上时，他才告诉这个男孩他也是犹太人，说完后两人都沉默了。在走回廉租屋的一路上，谁都没有主动打破这种沉默。

但这次经历并没有给科温离开德国造成麻烦。在法国北部旅行的时候，他碰到一位年轻的女性。他试图说服她，对新一轮战争的恐惧是毫无事实依据的。他告诉她："我们还远没有进入到将战争作为谋取政治私利的工具的时代。"

## 对领袖的好奇

身处柏林的美国外交家和记者也开始对这位广受议论的纳粹领袖越来越好奇。1931年12月5日，星期六，萨基特大使在三年的任期里第一次也是唯一一次会见了希特勒。为了避免泄露要与一名反动派会面的消息，经过精心的安排后，大使选择在支持纳粹党的德意志银行主管埃米尔·格奥尔格·冯·施特斯的家中约见希特勒。萨基特的德语水平有限，所以由大使馆的第一秘书阿尔弗雷德·克利佛思从旁陪同。而希特勒的随行人员中有鲁道夫·赫斯、赫尔曼·戈林和普奇·汉夫丹格。

作为主人，冯·施特斯首先将话题导入到德国"困难的"经济状况——希特勒马上接过话题开始他标志性的独白。萨基特后来写道，他说起话来"就好像有一大群听众一样"。这名纳粹领袖声称，国家的困境是由殖民地的划分和领土的割让造成的，并且要求修正《凡尔赛和约》

的条款,包括将波兰走廊[1]归还德国。他强烈谴责了他认为武装过度的法国,并警告称法国的过激行为可能迫使德国拒绝偿还私债。此外他还坚称,纳粹的准军事部队只是"为了维持德国的秩序和镇压共产主义"。

在给国务卿亨利·L. 斯廷森的信中,萨基特大使称当天的会面给他留下了不错的感觉。"希特勒给我的印象是一名狂热的十字军,"他汇报说,"他话语中有一种力量,这使他在人群中极具威望,人们对他演讲的内容根本不加思考。他就是个十足的机会主义者。当他精力充沛地演讲时,他从来不会看我的眼睛。"许多德国人都"在绝望中"投奔了纳粹党,因为"之前对别的党派的政治忠诚并没有让他们从当前的困境中解脱出来",萨基特大使坦诚地说。但他预测,"一旦希特勒当权,他就会很快发现自己在诸多国内外的难题上碰壁。他明显没有按一名正常的政治家的套路在出牌"。

汉夫丹格出现在希特勒与美国大使的会面上并非偶然。这个自称"半个美国人"的哈佛毕业生开始作为希特勒的随行人员频繁地出现在人们的视野里,尤其是在希特勒会见美国记者时。在希特勒1924年出狱后的几年里,普奇和海伦仍会定期去看望他。但随着希特勒的政治影响力逐渐减弱,他们之间的联系也越来越少。

希特勒显然还在为海伦着迷。有一次,他去汉夫丹格家拜访,当时普奇出门在外。希特勒突然在海伦面前双膝跪地,哀求道:"如果有人能照顾我……"后来据海伦回忆,当时她正坐在沙发上,"他双膝跪地,头埋在膝盖里,简直就像个小男孩"。普奇后来在回忆录里写道,这是一次示爱吗?他真的爱上她了吗?"我认为从某个方面来说,他是爱上了我,"海伦解释说,"假如他真的爱上过任何人,也许我就是其中一个。"

所有海伦用到的限定词都是可以理解的。毕竟,她和丈夫跟其他美国记者一样,都揣测过希特勒的性取向。普奇在他的回忆录里写道:"在性取向的问题上,我觉得希特勒有点不伦不类,他既不是绝对的同性恋

---

[1] 波兰走廊,也叫"但泽走廊",是德国在1919年根据《凡尔赛和约》割让给波兰的一块狭长领土,现属波兰。——编者注

者,也非完全的异性恋者……不过我坚信他是一个性无能的压抑者,只能靠自慰解决生理需求。"

海伦曾经问过希特勒:"为什么你不找一个可爱的老婆结婚呢?"他回答说,他将终身不娶,因为他此生都将献身自己的祖国。然而有些证据表明,不管希特勒的性能力和性倾向如何,他在其一生中至少还是喜欢过几个女人的,只不过海伦也许是其中唯一一个在年龄上和他接近的。通常,较为年长的妇女会为希特勒的魅力所折服,但他性渴望的对象常常是年轻女性。

在经济危机的直接作用下,希特勒的政治生涯再次蓬勃发展,这时普奇与希特勒的往来又密切了起来。他发现,自己角色中的一个重要部分就是隐瞒和封锁信息。而近期最大的丑闻就是希特勒与其同母异父的姐姐的女儿吉莉·拉包尔的关系。吉莉从维也纳来到慕尼黑时,还只是个一心想要求学的十几岁的少女。可是没过多久,她就完全被这位大她将近20岁的舅舅给迷住了。她和他一同出现在咖啡馆、饭店、歌剧院和其他各色公共场所。随后,她搬进了由希特勒的支持者出资新建的、位于普令茨雷根坦广场的宽敞公寓。尽管她有自己单独的房间,但关于她和希特勒的谣言还是在纳粹党内盛传。

普奇称吉莉是沐浴在他舅舅光环之下的"没头脑的小贱人",而海伦的观点则相对要温和一些。"我常常感觉他在试图操纵她的生活,很专横,而她或多或少受到他的压迫。"海伦在回顾那段时间时这样说。其他人——尤其是希特勒在党内的主要对手格雷戈尔·施特哈瑟的兄弟奥特·施特哈瑟——后来揭露称,希特勒通过强行对吉莉实施某些羞辱性的性行为以唤起性欲,因为他无法进行正常的性生活。不管他们之间发生了什么,1931年9月18日,吉莉被发现死在自己的房中,胸部中枪,年仅23岁。死前,曾有人偷听到他们大声地争吵。她的死亡被官方鉴定为自杀,但普奇和其他公关人士不得不努力平息一些当地左翼报纸的报道,很可能就是要掩人耳目。"整个事件都被尽可能地掩盖起来。"他写道。

当时普奇正忙于加强与美国记者的联系,但在这一事件上他当然不会让他们掺和进来，无论是早期关于希特勒和吉莉出双入对的流言蜚语还是后来吉莉的离奇死亡。他更愿意充当美国记者的中介人，为他们采访希特勒牵线搭桥。但即使当家庭的闹剧在幕后秘密上演时，希特勒还是不忘利用不断上涨的民怨以吸引更多民众改变立场，投入到他的大业中来。为了提高希特勒的国际地位，普奇总是敦促他多接触美国记者，尤其是那些知名的大记者。

## 来自美国记者的两次著名采访

多萝西·汤普森理所应当在最有名的记者之列。尽管当时她已经不在柏林生活，但她也没有在真正意义上随丈夫辛克来·刘易斯定居纽约。当她为《星期六晚邮报》撰写一些长篇报道时，也常常会来到欧洲——尤其是德国。早在1923年啤酒馆政变失败之后，她就一直想见希特勒。当听说他避居在汉夫丹格慕尼黑之外的住处时，汤普森冲到"一个美国女人"的家里，却从海伦那得知希特勒已经离开。她回忆起"一战"期间在纽约与海伦的会面，并宣称早在那时海伦就已经变成了"一名德国的宣传者"。在希特勒从监狱获释后，汤普森又几次尝试采访希特勒，但均以失败告终。她将原因归咎于"他对外国人太傲慢和疏远了"。

和很多美国记者一样，汤普森发现普奇·汉夫丹格是希特勒的随从人员中最惹人注目的一个。"挑剔，幽默，他是你能想象到的最为古怪的一位独裁者的首席新闻官。"她写道。和她的许多同事一样，汤普森也嘲笑他是"一个魁梧的、敏感的、语无伦次的小丑"。但可以肯定的是，当《大都会》杂志在1931年11月安排她去采访希特勒时，这些都没有影响她将普奇列为求助对象。辛普森为即将见到希特勒而兴奋不已。入住阿德隆酒店后，她遇到了纽约法勒与莱茵哈特出版社的约翰·法勒。两人很快达成协议：如果她对希特勒的采访顺利，她将立刻为该出版社撰写一部关于这名纳粹领袖的书。毕竟，对这个古怪人物将来能否成为德国领袖以及他的真实面目感兴趣的不只是《大都会》一家杂志。

汤普森充分利用这个机会，很快就完成了一部短篇著作《我见到了希特勒!》(*I Saw Hitler!*)。此书在1932年出版后，立刻引起了轰动，因为书中内容基本涵盖了所有从德国流出的政治故事。在书本的前言部分，汤普森毫无保留地给出了自己的全面判断，但有人却持相反观点，即认为这部分应该留给历史学家去评说。"我们生活的这个时代前进得太快，来不及让历史学家经过深思熟虑再去记录，"她郑重地宣称，"这个时代太快了，不允许我们用长篇大论去记录转瞬即逝的时刻。我们这个时代就是记者的时代。"

在采访希特勒时，汤普森并不羞于表达自己的感情和快速判断。她简单地解释了希特勒出狱以后在策略上的变化，即他摒弃了关于"背叛"的说法，转而采取一种新的战略："合法化"。她写道："你在柏林再也看不到游行，人们开始'觉醒'，希特勒的纳粹运动将用投票选出党内的独裁者！这本身就是一个奇妙的主意。想象一下，一位准独裁者要说服那些有自主权的人们放弃自己的权利。"而这位准独裁者已经拥有自己的军队并且"威慑一方"。

汤普森的成名理所当然：她用生动而又简洁的文字直击问题核心。她深谙读者的心理，人们想了解希特勒的策略，而且更重要的是想知道这个策略会不会奏效。她也没有辜负读者的期望，没有在文中含糊其辞。

汤普森坦承，这次与希特勒的会面让她非常紧张，她甚至考虑用嗅盐给自己醒脑。在凯瑟霍夫酒店外面，她焦急地等待希特勒的到来。在近一个小时以后，他才姗姗来迟。但随后，她又被要求在普奇的房间里继续等待。汤普森在叙述这些的时候，吊足了读者的胃口。不过没多久，她就用华丽的辞藻，将读者一起带入到希特勒的会客厅，也带进她的内心世界。"当我终于走进阿道夫·希特勒在凯瑟霍夫酒店的会客厅时，我相信眼前这位就是德国未来的独裁者，"她写道，"但是不超过50秒后，我就确信我错了。我只用了那么短的时间，就判断出这个吸引了全世界注意的男人其实不值一提。"

"他不修边幅，甚至让人看不清他的长相。他的外形就仿佛一幅拙劣的漫画，整个人看上去虚弱无力，"她继续写道，"他是一个矛盾综合体，很健谈，却暴躁而缺乏安全感。"随后，她还提到当时一位名为汉斯·法拉达的德国作家的一部畅销小说，并称"他就是这个小说里'小人物'的原型"。

汤普森只用寥寥数语就完成了对希特勒肖像的刻画：一缕头发垂落在"稍微有些后塌的额头上"，"一个奇形怪状却又毫无特色"的大鼻子，他行动起来"有点儿笨拙，丝毫没有军人的威严"。但她指出，他的眼睛却引人注意，因为"它们闪烁着独特的光芒，能一眼分辨出谁是天才，谁是酒鬼和疯子"。同时，她也承认希特勒有着"奥地利男人的阴柔魅力"！

在将希特勒"那张收放自如的……演员般的脸"与冯·兴登堡总统那种"像用岩石雕刻出来"的脸以及布吕宁总理那个"18世纪红衣主教的头"进行对比时，她不禁笑了起来："哦，阿道夫！阿道夫！你不会那么好运的！"

与此同时，汤普森也指出，采访本身并不顺利，同往常那样，希特勒说起话来就像在大会上做报告一样。但采访的内容其实并不重要，重要的是她对这个男人以及他的前途的解读。尽管汤普森带领读者切身体味了希特勒在这次采访和自传《我的奋斗》中所阐释的观点（她总结为："犹太人要对这一切负责。"——并补充道："如果把犹太人排除在希特勒的计划之外，一切……都不能成立。"），而她真正要传达的信息在于她的结论："希特勒的悲剧在于他爬得太高。"她预测："如果希特勒上台，他只会打击最弱势的对手。"她总结称，如果是那样的话，关键就要看由谁来接替他了。

美国读者很可能觉得汤普森的描述和结论的可信度非常高。毕竟她所传达的信息是，希特勒很有可能不会爬到最高位——或者即使他真的上台了，也将是短暂而徒劳的。纳粹活动家库尔特·卢戴克和普奇一样，也试图传授给希特勒一些有关美国的知识，不过他认为首席新闻官普奇就是个骄傲自大的傻子。当《我见到了希特勒！》一书出版时，库尔特·卢戴克告诉希特勒，他要援引"美国最有名的小说家之一的刘易斯夫人"的一些话语。于是，他向希特勒提到了书中关于汤普森认为希特勒不会掌权的那个部分。

"不管怎样，告诉我刘易斯夫人是谁？"希特勒问道。卢戴克回答称，就是普奇引见的那位记者多萝西·汤普森。"是的，是的，我现在记起来了，"希特勒回答说，"又是汉夫丹格！是他把这女人带过来的……"

但对于汤普森的结论，希特勒似乎并不恼怒，反倒觉得有趣。这让卢戴克大失所望。事实上，希特勒有理由欢迎和鼓励那些对他的威胁只是轻描淡写的报道——实际上他常常也是这样做的，尤其是在面对汉夫丹格偶尔利用哈佛背景关系联系过来的美国人时。

日后成为全美知名广播播音员的汉斯·V.卡滕伯恩，是普奇在哈佛的同学和最好的朋友之一。汉斯的父母从德国移民到美国后，定居在密尔沃基，他从家人那里学会了德语。在大学时，他担任德国学生会的副主席，而普奇担任主席。20世纪20年代，卡滕伯恩经常去欧洲。当他来到德国的时候，汉夫丹格安排他会见了许多纳粹党人，但是他一直没有见到希特勒，原因是他不愿为一场不确定的采访等待太久。然而，据卡滕伯恩回忆，普奇当时"觉得任何报刊记者或广播评论员都应至少花费一个星期来虔诚地期待元首能屈尊接见他们"。

但在1932年8月16日那天，当卡滕伯恩在柏林的时候，他接到了当时正在慕尼黑的老同学普奇的一封电报，通知他第二天可以采访希特勒，地点是希特勒位于贝希特斯加登的阿尔卑斯山区的寓所。美联社柏林分社总编路易斯·洛克纳打来电话，说他也接到了同样的电报，所以两人结伴前往。他们乘坐夜间列车前往慕尼黑，普奇在火车站迎接他们。当得知赫斯特的记者韦根也在受邀之列时，两人都有些失望。他们越来越觉得，这并非所谓的独家采访。

普奇派了希特勒的专车将他们接往贝希特斯加登。刚抵达目的地，他们就被邀请在一个小酒店的阳台享用午餐，而普奇则前往被卡滕伯恩称为"瑞士小屋"的希特勒的寓所。韦根争论说，他必须要有一场单独的采访，而另外两名记者在得知普奇按照韦根的要求进行了安排后，也显得很高兴。这位赫斯特的大记者仅仅对希特勒做了15分钟采访后就生气地返回了，令其他两人窃喜不已。"那个人已无药可救了，"韦根告诉他们，"每次见他，他都变得更加恶劣。我什么都没有采访到。你问他一个问题，他就发表一大篇演讲。整趟旅行都是浪费时间。"

卡滕伯恩吸取了韦根的教训，决心直入主题。他问希特勒，对犹太人有着什么样的感情。"和洛克纳不一样，我并不在德国常驻，所以没必要那么小心谨慎担心被驱逐。"后来他这样写道。他们步行至希特勒的寓所时，希特勒出来接见他们。他穿了一身黑，包括领带在内。希特勒的衣服由他同母异父的姐妹安吉拉清洗好，晾在外面，在微风中摇摆。巴伐利亚阿尔卑斯山脉的视野很壮观，尽管门外有纳粹的护卫队驻守，"一切都很平静。"卡滕伯恩写道。但当普奇向希特勒低声介绍他们的时候，卡滕伯恩还是感觉到了一种"潜在的敌意"。

他们一坐下，卡滕伯恩就发问道："为什么您的反犹主义并不将战后涌入德国的犹太人和那些世代都是德国公民的善良犹太家庭区分开来呢？"

"所有的犹太人都是外国佬！"希特勒吼了回去，"你凭什么来问我要怎么样对待外国佬？除非一个人有钱、身体健康、品行良好，否则你们美国人绝不会让他入境。你凭什么来告诉我，哪些人可以进入德国？"

之后，卡滕伯恩继续提出尽可能尖锐的问题，而洛克纳则更多地探问希特勒下一步的政治举措。卡滕伯恩注意到，就像在回答第一个问题时那样，希特勒并没有真正回答他的提问，因为"他根本就没有连贯思维的逻辑能力"。和往常一样，希特勒谴责议会制，他坚持认为，"议会制在欧洲从来就是无用的"，他呼吁独裁统治。希特勒称，他期待在德国人民的支持下取得政权。"如果人民信任他并且请求他来统治整个国家，那么所谓的独裁就是合理的。"他说道。

卡滕伯恩对希特勒的举止和答案有着同样浓厚的兴趣。采访过程中，希特勒的猎狼犬来到走廊，想亲近它的主人。但希特勒没有爱抚它，反而是发出严厉的命令："卧倒！"——这是一句标准的命令退后并躺下的德国驯犬令。猎狼犬很听话，但趁着希特勒沉浸在自己的长篇大论中时偷偷溜走了。"我可以理解，以希特勒的性情、背景和经历可能不屑于对一个美国记者示好。但是看到他对自己的狗也这么严厉冷漠，我觉得很惊讶。"卡滕伯恩写道。

采访持续了45分钟，对于这个人人都在谈论的话题人物，卡滕伯恩明显印象恶劣。而他下的结论则更令人吃惊："在见到希特勒后，我几乎确信，像希特勒这样一个智力有限的奥地利平民不可能赢得绝大多数德国人的效忠。"尽管当时纳粹党已拥有比其他党派都要多的选票和议会席位，卡滕伯恩还是作出了这样一个结论。

值得称赞的是，卡滕伯恩坦承自己并不是什么预言家。后来很多人都试图粉饰和修改他们的回忆录，但卡滕伯恩没有这样做。"在希特勒1933年1月上台之前，大部分见过他的人都会低估他，"卡滕伯恩在自传里写道，"我也不例外。"

第4章

# "我会为他们做示范"

## ——美国人把纳粹领导视为小丑

有的人预见到了德国即将发生的变化,有的人直到变化发生的前一刻才转变原本不屑一顾的态度,但也有人始终固执地认为,希特勒和纳粹党的实力被过分夸大了,尽管事态愈发明显地朝着相反的方向发展。这些人中既有德国人,也有当时生活在德国的美国人。

## 德国政客的对策

有的人预见到了德国即将发生的变化，有的人直到变化发生的前一刻才转变原本不屑一顾的态度，但也有人始终固执地认为，希特勒和纳粹党的实力被过分夸大了，尽管事态愈发明显地朝着相反的方向发展。这些人中既有德国人，也有当时生活在德国的美国人。

在预见到德国即将产生变化的人们当中，还有一个十分特殊的群体：那些坚信自己在智谋和手段上可以完胜希特勒的德国政客。1932年6月1日，新上任的德国总理弗朗茨·冯·帕彭邀请美联社记者路易斯·洛克纳一起在总理府享用午餐。在席间，帕彭很有信心地告诉洛克纳，他已经找到了比前任总理更加高明的对付纳粹党人的方法。他解释道，他将对纳粹党采取放任的策略，而不是打压。"我会给予希特勒的追随者们更多的自由，让他们充分暴露自己的荒谬。"他对眼前的美国记者这样说道。

在帕彭的职务被前国防部长库特·冯·施莱谢尔将军取代后，他又开始采取另一种策略。在与年过八旬的总统冯·兴登堡商定以后——据洛克纳等人描述，当时的兴登堡已是老态龙钟——帕彭认为，想要控制住希特勒的最佳办法是将他任命为德国总理。

施莱谢尔则对希特勒采取了另一种策略。他试图拉拢纳粹党中"社会主义"派别的领导人雷戈尔·施特哈瑟来担任副总理，以此达到分化纳粹的目的。他的如意算盘并没有成功，并且他的想法被证明和帕彭的同样幼稚。在12月初正式上任以后，施莱谢尔就天真地认为，德国已经进入到了一个"安定，安定，安定"的时代。在圣诞节期间，他对洛克纳宣称："如您所见，我做到了，德国已经很久没有像现在这般安定了，甚至连共产党和纳粹党都变得规矩了。这种安定的时间越长久，就越能证明现任政府在维持国内稳定方面所取得的成功。"洛克纳在后来的评论中称,施莱谢尔的想法就像"二年级学生"那般肤浅,他错误地将圣诞期间正常的安定氛围当成了德国进入一个更好时代的信号。

而有关纳粹内部分化的消息和他们在11月6日的选举中下跌的支持率,使得这种安定的假象更加逼真。美国驻德大使萨基特却更担忧德国的第三大党——共产党在这次选举中增加的席位。在他看来,左翼势力远远要比极端保守的右翼势力危险得多。他认为,要应对共产党所带来的威胁,"必须立即组建一个中央集权的军政府"。尽管萨基特曾提醒华盛顿:希特勒似乎一心想"独裁",他和戈培尔"都是以歪曲事实来为自己利益服务的老手,而且都是不知疲倦的演说家",但他的语气中仍包含着一丝轻蔑,他将希特勒称为"自P. T.巴纳姆以来最杰出的马戏团演员"。

11月份来到柏林的美裔犹太人、劳工组织者亚伯拉罕·普洛特金曾多次前往政治集会的现场,试图弄清纳粹的意图。次年1月初,他再一次目睹了戈培尔的演讲。起初,这位纳粹宣传家的讲话并未激起任何波澜,但当他激愤地谴责犹太人无情杀害了一名年轻的纳粹党徒时,整个现场群情激昂。在当天的日记中,普洛特金写道,这一幕令他想起了自己国家的三K党组织。三K党在20世纪20年代中期崛起,随即控制了大片地区,但他们在政治上的辉煌有如昙花一现。"人们告诉我,德国的纳粹党不会轻易垮台,但我觉得,任何一场如我今晚所见那样倚仗煽动民众情感的运动,除非能迅速掌权,否则其仇恨和情绪的基础就会消亡。"他在日记中这样写道。

在次日的日记中,普洛特金记录的仍是同一个主题。他写道:"纳粹的会议死气沉沉,仿佛提前知晓了失败的结局。"但在最后,他补充了一句警告:"唯一令人不安的是政治性谋杀案件的数量。"三天后,他参加了纳粹的又一次集会。会上,戈培尔再次谴责了"该死的犹太人"。现场气氛狂热,令普洛特金一度以为会"失去控制",但集会结束后发生的一幕令他印象深刻:年轻的纳粹士兵们身着军服,等候着长官的命令。他们"就像一群小学生那样,围在热狗店前等店主给他们分发食物"。日记里的措辞也表明了，他很难相信眼前这些吃着热狗的年轻人真的就是危险的杀人工具。

尽管有关这些年轻士兵行凶的报道越来越频繁，但很多富有的德国犹太人似乎并不担心。埃德加·莫勒回忆了他1932年底时在"一位名为安霍特的银行家"家中参加的一次宴请。这里，莫勒很可能把主人的名字拼错了；若真是如此，那这位银行家也许就是汉斯·安霍尔德，他在希特勒掌权后逃离了德国（如今他的宅院已成为美国学会在柏林的所在地）。无论是上述哪种情况，当时在场的人中除了莫勒之外，其他都是犹太人。

在饭后咖啡时，有好几人都声称自己曾在希尔玛·沙赫特和弗里茨·蒂森的要求下向纳粹党捐过钱。沙赫特曾在关键的1923年担任德国的货币理事，并因成功解决了恶性通胀问题而备受赞誉，随后他出任国家银行主席，直至1930年。他跟工业家蒂森一样，都是纳粹坚定的拥护者。

莫勒并未掩饰自己的吃惊，他迫不及待地问这位主人到底在想什么。"我真不明白，以色列人民是如何能够存活几千年的，他们的自杀倾向如此明显。"莫勒说道。

"但你并不看好这个家伙。"这位主人回答道。

"可惜我看好他——而且你也应该这么做。"

"只是说说而已。"这位银行家说道，其他人也都不约而同地点头。莫勒称，他们都"认为我无法理解德国人的本质"。

沙赫特，这个曾站在魏玛共和国民主阵营里的人，却并不准备"只是说说而已"。在圣诞节不久前的一次相遇中，莫勒礼貌地询问他有什么假期安排。"我要去趟慕尼黑，找希特勒谈谈。"他说。

"你也去？亏你自称是个民主党人！"莫勒回应道，完全没有了之前的礼貌态度。

"啊哈，你懂什么？你是个愚蠢的美国佬。"沙赫特立刻予以回击。

"那好。那就请你简单明了地告诉我，你期待从希特勒那儿得到什么？"

"除非希特勒掌权，否则德国将永无宁日。"

三周以后，莫勒又一次见到沙赫特，他询问他与希特勒的谈话是否顺利。"好极了，"这位德国银行家说，"他被我牢牢地握在手心里。"

莫勒后来在回忆录中写道："从那一刻起，我就预见到了最坏的结果。"

但莫勒并非唯一一个有这种想法的人。12月8日在柏林举行的一次宴会上，犹太社会记者贝拉·弗洛姆发现自己身边坐的是大名鼎鼎的韦根。当时，这位赫斯特集团的记者并不长居柏林，但他却有一项特殊的本领，能够出现在"任何政治风暴即将发生的地方"，弗洛姆在日记里写道。

"纳粹党将在什么时候上台？"她开门见山，采用了新闻界一种老套的发问方式暗示对方，自己早已知道问题的答案。

韦根似乎吃了一惊，但他给了一个爽快的答案："不久以后。"

为什么这么说？"希特勒准备撕毁《凡尔赛和约》，"韦根接着说道，并提及他曾和希特勒的多次会面，"他决心团结起各阶层的德国人民。他的野心并不在于收复战争中失去的殖民地，而在于向中欧地区拓展新的生存空间，重振德意志昔日的辉煌。作为希特勒早期的合伙人之一，卡尔·冯·霍斯赫夫教授已经对'生存空间'这个问题研究多年。他已使希特勒相信，无论是以和平的方式还是武力的方式，向东扩张都将是必然之举。"

12月22日，弗洛姆参加了美国总领事乔治·麦瑟史密斯主办的一场宴会。麦瑟史密斯已在柏林驻留两年，在此期间他一直密切关注着纳粹党的动向。虽然美国大使萨基特愈发认为施莱谢尔政府已成功地将纳粹党收服，但麦瑟史密斯却不这么看。"德国政府应该立刻采取强有力的行动，"他在宴会上说，"有众多重要人物已经投向了纳粹阵营，这确实很令人不安。很快，一场政治风暴就会来临，除非我的判断全错了。"

在当天日记的结尾处，弗洛姆加了这样一行字："我认为我的朋友麦瑟史密斯的判断没有错。"

在六天以后的12月28日，冯·施莱谢尔总理和妻子举行了一次"私密的"晚宴，到场的只有12名宾客。席间，弗洛姆向现任总理转述了韦根关于希特勒不久后就将夺权的预言，但施莱谢尔听后只是置之一笑。"你们这些记者都一个样，"他对弗洛姆说道，"你们不能一直活在新闻的世界里。"

弗洛姆指出，持有这种看法的人不在少数，她和韦根只是其中的两个。而且，所有人都知道，帕彭等人正在"帮助纳粹党上台"。

"我想他们仍然在我的控制之中。"施莱谢尔坚称。

"那就希望'老人家'会站在你这边。"弗洛姆提到了已是耄耋之年的德国总统冯·兴登堡。

后来两人在施莱谢尔书房里有一段简短的独处。德国总理提到了准备将雷戈尔·施特哈瑟召入到政府里的计划，但弗洛姆对此表示忧虑。虽然施特哈瑟代表了纳粹党中的左翼势力，但在反犹主义上，他和其他的纳粹领导人们并无二致。"那他们对基督教和犹太人的仇恨怎么办？"弗洛姆问道。

"你应该更了解我的，贝拉，"施莱谢尔回答道，"我会让他们放下这一切的。"

在当天日记的结尾处，弗洛姆又加了这样一行评论："纳粹党从来就不会放下任何有利于他们的东西，要他们抛弃性命都比要他们抛弃信条来得容易。"

但即便是到了影响深远的1933年1月，身在柏林的美国人们经常听到的仍然是关于希特勒和纳粹党的威胁已经被解除的消息。他们也开始相信，冯·施莱谢尔总理确实已将希特勒玩弄于股掌之间，并在这一次的对决中完胜。1月22日，亚伯拉罕·普洛特金与德国服装工人协会的主席马丁·普雷特在柏林的一家人满为患的餐馆里偶遇。普雷特称，希特勒正"被摆弄于四个主子之间，他们中的任何一个都足以置他于死地"。这四个主子指的是两大工业家阵营和纳粹内部的两大派别。因此，普雷特认为，希特勒要么选择自己去现任政府中就职，要么就让他的党内对手施特哈瑟去。"但无论谁去，希特勒都是输家。"他说道。

普雷特推断，施莱谢尔把希特勒当成"马前卒"来用。"走在下坡路上的希特勒，可以帮助施莱谢尔打压共产党的势力，为即将到来的大选扫除障碍。"普洛特金则对此表示怀疑。但普雷特坚持认为，这是一种行之有效的策略。一方面，施莱谢尔能够利用纳粹的力量去消灭共产党；而与此同时，他可以通过吸纳纳粹的一部分领导者加入联合政府，以达到加剧纳粹内部分化的目的。最终，希特勒所领导的将不再是一个纯粹的反对党，纳粹所倚仗的群众基础也将遭到重挫。

但在此之前，德国前任总理帕彭已经采取了先发制人的措施。1月4日，他和希特勒在科隆市一位名为库特·冯·施罗德的银行家家中见面。两人共同商讨了驱逐施莱谢尔的策略，而帕彭要做的就是赢得冯·兴登堡总统的支持。虽然两人此次会面的消息被泄露了出去，但施莱谢尔却"对这一针对他的阴谋丝毫不以为然"。美国大使馆的外交官们也和施莱谢尔抱有同样的心态，他们认为帕彭和希特勒的这次会面旨在解决纳粹党内每况愈下的财政状况。临时代办乔治·戈登称，"急剧增加"的债务已经开始危害纳粹的活动。纳粹党的赞助者们，他补充道，正试图解决这一问题，并鼓励希特勒到政府中就职，而不是推翻它。

在1月的最后几天，上述这些观点都将被证明是大错特错。面对帕彭煽动起来的日益猖獗的反叛活动，施莱谢尔向兴登堡请求支持，以解散国会。但兴登堡拒绝了，这使得心灰意冷的施莱谢尔解散了政府。接着，兴登堡就如何处置各个政党的问题与帕彭进行了商议，这等于为帕彭亮起了绿灯，让他可以尽情地去做他一直在倡导的事情。1月30日，兴登堡正式授权希特勒组建新政府，希特勒被任命为总理，而帕彭担任副总理。萨基特大使将此事称为纳粹党"突然且出乎意料的胜利"。而美联社记者路易斯·洛克纳则称，此时的帕彭仍然坚信希特勒在自己的掌控之中。"希特勒是我们雇来的。"洛克纳总结道，言下之意，就是帕彭依然认为，他才是那个"坐在驾驶室里的人"。

## 美国记者关注些什么？

希特勒的突然得势使得之前关于他是否真能掌权的争论戛然而止，但随之而来的，是身居德国的美国人就他担任总理后所带来的影响莫衷一是。希特勒的演讲和《我的奋斗》真的就是纳粹统治的写照吗？还是说，这些仅仅是他用来骗取民意的工具而已？假如答案是后者，那么人们就有理由相信，大权在握的希特勒将会收敛他的言辞、调整他的策略，并学会去跟国内外那些一直遭到他抨击的人们共处。

所有在德国工作过的美国记者中，没有人的驻留时间能比《巴尔的摩太阳报》的 S. 迈尔斯·波顿更长了。波顿早在1911年就来到了德国，美联社是他所服务的第一家新闻机构。他报道了第一次世界大战，撰写了《德皇退位》（*And the Kaiser Abdicates*）一书，还娶了一位德国妻子。毫无疑问，他将自己视为德国方面的权威人士。在1925年对美国进行访问时，他接受了自己当时所效力的报纸——《巴尔的摩太阳报》的采访："人们能很轻易地明白我的言外之意，我认为那些从德国发往美国新闻界的报道并不值得称道。"他声称，责任并不在记者，而在那些被偏见主导了判断的编辑们。不过，他对自己的同行也作了相当严苛的评价："诚然，他们中也有一些人，不具备一个新闻记者应有的对所处环境的敏感度。"

他强调，不论是在纳粹上台以前还是以后，一个消息灵通的新闻记者都能够迅速找到促使德国发生转变的关键人物。在对伊利诺伊州罗克福德妇女俱乐部的演讲中，波顿把《凡尔赛和约》归结为事件的根源。"看看条约你就能明白今天所发生的一切了，"他说道，"德国遭到了协约国的压迫、羞辱和勒索。"

波顿第一次见到希特勒是在1923年9月，当时令这位纳粹领导人举世闻名的"啤酒馆政变"还没有发生。在纳粹总部，波顿遇到了一位年轻人，他向波顿详细解释了纳粹党将如何把德国从共产党和犹太人手中解救出来，并重塑她昔日的荣耀。"过了好一会儿我才反应过来，眼前的人就是希特勒，只不过他用了第三人称称呼自己，"波顿在一份未公开的手稿中写道，"在此之前和之后，我都没有遇到过像他这样如此笃信自己使命的人。"

大萧条给希特勒制造了契机，但最初波顿仍对纳粹的前途持怀疑态度。在1930年的一篇报道中，他写道："我不认为纳粹有机会成为执政党。"（1935年在佐治亚大学的一次演讲中，他却称自己一直有着极佳的远见："过去的五年间我一再预言，希特勒和纳粹党将上台执政。"）但在1932年3月的一篇报道中，他却称希特勒在总统选举中位居次席的强势表现"代表了他个人的巨大成功，若是考虑到当时的境况，这一结果更加令人吃惊。"他指出，他的那些美国同行们没能在报道中详细描绘"魏玛共和国和州政府针对希特勒所采取的手段，以及这些自称信奉民主的当权者对纳粹活动进行的百般嘲弄"。

换言之，真正需要美国记者们去揭露的，并非是纳粹的野蛮行为和主张，而是魏玛政府针对纳粹的种种禁言措施：纳粹党不得使用广播进行宣传，纳粹党报遭到取缔，诸多纳粹领导人被禁止在公开场合演讲——正如希特勒在出狱不久时那样。当局称"希特勒主义的危害"将会"扰乱整个外部世界，尤其是美国"，但波顿却对这一说法嗤之以鼻。他称，美国人仅仅把希特勒看作"一个微不足道的政治煽动家罢了"，并援引了多萝西·汤普森对希特勒的描述："典型的小人物德行"。他表示，尽管希特勒和他的追随者们被笑称为"冥顽不灵的教条主义者和无药可救的精神病患者的奇怪组合"，但在德国期间的丰富经验告诉他，绝不可贸然下这样的结论。

"我很确定，那些自以为是的批评家们全都错了，"他写道，"所有在德国的美国人中，几乎无人拥有像我这般广泛的交际圈。"并且，他补充道，这个圈子里的人们均接受过良好的教育——"大部分是学者、行业巨头、政府要员等等。"他称，这些人中，80%以上都投票给希特勒。剩余的20%选民中，有一半拒绝投票给兴登堡，另一半则是犹太人。"若不是希特勒的反犹倾向，会有更多的人投票给他。"

在这篇文章的最后，他还抛出了一个被他描述为"值得深思的事实"：他的很多德国朋友的美国妻子"毫无例外都是比丈夫更加狂热的希特勒的支持者"。对此，波顿的解读是："这是一种美国式的爱国主义，它使得马克思主义和国际主义在美国难以兜售。"他要传达的信息是：德国人也会出于同样的"爱国主义"而支持希特勒，因此身在美国的读者们不要被他的同行撰写的那些反纳粹的报道所迷惑。

有一些美国记者总结出了波顿之所以会持有这种独特观点的原因。1932年12月11日，在写给自己还在芝加哥大学上学的女儿贝蒂的信中，美联社记者洛克纳记述了一个由刊登在纳粹党报《观察家画报》上的一张照片所引发的小插曲。照片是总理冯·帕彭与几位记者的合影，其中包括了洛克纳和波顿两人。该照片的标题为：冯·帕彭与犹太新闻界。

"他们把我算在里面也就罢了，但所有人中最生气的一定是迈尔斯·波顿——他本身还是个忠诚的纳粹党人——他的名字竟然被他们写成了'莎莉·波顿-诺普夫'，这让整个美国都笑掉大牙了。"洛克纳写道。

洛克纳解释道，纳粹之所以将波顿的名字改成莎莉，是因为"那是最常见的犹太人名之一"；而他的姓波顿被翻译成了诺普夫（德语"纽扣"的意思），并以连字符与他原本的姓相连。"迈尔斯简直要气炸了，"洛克纳不无调侃地补充道，"他愤怒极了——因为他曾和希特勒一起坐飞机满世界转悠。我们愤怒，并不是因为被称作了犹太人——我们的好朋友中也有不少犹太人，并且我们都不赞成反犹主义——而是因为，从纳粹的整体观念上可以很明显地看出来，他们称我们为犹太人就是为了侮辱我们。"

洛克纳称，他听闻希特勒在知悉此事后，也对《观察家画报》的这一"大错"勃然大怒。多位纳粹高官致电希特勒，称他们对于下属的这一恶作剧"倍感羞愧"。洛克纳曾给该报编辑写信，要求撤销该期报纸。

"后来那位编辑确实这么做了——但却给读者造成了我们拒绝被称为犹太人的印象,而我们要表达的初衷是我们拒绝纳粹的羞辱。"洛克纳在给女儿的信中写道。但不管怎样,洛克纳还是因为纳粹党使得波顿躁动不安而感到满足。"我们因此多了许多乐子。"他总结道。

## 愚弄公众的游戏

纳粹上台后对犹太人所采取的政策,极好地反映了希特勒的意图。在对纳粹党的看法上,埃德加·莫勒和波顿持有截然相反的意见。莫勒多次报道了纳粹党人对"外国人和犹太人"的攻击,有时甚至动用装甲警车。据他的妻子莉莲回忆,那段时间里她经常要在家担惊受怕地等上几小时,直到丈夫从"前线"归来。年轻的纳粹暴徒们踩着笨重的皮靴,握着手枪,"总是傲慢地叫嚣着",她补充道,他们常常聚众来到咖啡店和啤酒馆,然后在这些场所门口挂起一面巨幅的纳粹党旗。店主们都敢怒不敢言,只能默默忍受"这些入侵者"。

在纳粹上台以前,埃德加也经常去这些地方请纳粹党徒们喝酒,并趁机套取他们的想法。据莉莲描述,这些好事的年轻人大都是在"我们唾弃自由"和"把共产党彻底打垮"这样的口号驱使下集结到了一起,他们在互相祝酒时最喜欢说的一句话是"愿德意志觉醒,犹太人灭亡!"

"你们究竟是从哪里得知这么多关于犹太人的事情的呢?"有一次埃德加问他们。

"这个,先生,每一个德国人都知道,犹太人是我们的灾难。"其中一个纳粹党徒答道。

"为什么人们会这么认为呢?"埃德加接着问道。

"他们的人数太多了,而且,犹太人和我们不是同一类人。"

"但在我的国家,犹太人的比例要比在德国高得多。可是我们并没有因此而输掉战争、忍受饥荒或遭到背叛；总而言之，你们归咎于犹太人的那些罪孽，并没有在美国发生。为什么你们要怪罪犹太人吗？"

"我们并没有怪罪他们，我们只知道事实如此。"这位年轻人说道，并开始抱怨犹太人通过"偷窃和欺诈"获取了这个国度里最好的工作岗位。不过，德国人已经觉醒，他补充道："无论犹太人多么勤劳地工作，他们的好日子都已经到头了。"

"这么说，你承认犹太人比你们勤劳？"埃德加问道。

"当然了。"

"那难道不应该由最勤劳的人获得最佳的工作吗？"

对方突然变得闪烁其词起来："是的——这个，不对；假如他是个犹太人的话就不对。"

"你认为这是有逻辑的、清醒的思考吗？"

"啊，思考！"他似乎被激怒了，"我们已经厌倦了思考，那毫无意义！元首告诉过我们，真正的纳粹人用血液思考！"

像这样盲目从流的年轻人普遍存在。有一天，莫勒夫妇的女儿戴安娜·简放学回家后用德语说，她有个问题要问妈妈。和平日一样，莉莲告诉她在家里时必须要说英语。"但是我只听同学们用德语谈论过这些事情，所以我想知道我说得对不对。"小家伙答道。

莉莲同意了。

"妈妈，我是犹太人还是基督徒？"

"你怎么会是犹太人呢？小宝贝。为什么这么问呢？"

小女孩说，学校里到处都在谈论谁是犹太人的话题，使得她也开始怀疑起自己的身份。"当犹太人可不好。"她总结道。

对埃德加·莫勒来说，1932年注定有着非凡的意义。他获得了当年的普利策新闻奖，而对于德国前途的担忧又驱使他写下了《德国让时光倒流》(*Germany Puts the Clock Back*)一书。该书于1932年11月完成，并于次年年初在美国发行，当时正值希特勒上台期间。在书中，他以时间顺序先后记述了魏玛共和国的垮台、德国民众"对一切事物"的厌恶和"大萧条如何令大批投票者倒向希特勒阵营"的过程。而关于这位纳粹领袖如此受欢迎的原因，他写道："一个小人物加倍付出了他成功所需付出的努力。"

但即使是莫勒也不能确定，希特勒究竟意欲何为——他问鼎大权将会带来何种结果？"希特勒相信他自己说的话吗？"莫勒说，"这个问题恐怕不适用于希特勒的性格。在我看来，即便是出尔反尔，阿道夫·希特勒也在主观上投注了全部的诚意。对一个正常人来说，言行一致是一条准则；但在希特勒这样一本正经的人看来，这根本是毫无必要的困扰。对于演员来说，唯一重要的只是演出效果：只要观众信了，那就是成功的。"

芝加哥的另一家报纸——《芝加哥论坛报》的记者西格瑞德·舒尔茨回忆了一个小插曲，证实了莫勒有关希特勒演技出众的说法。当时希特勒的表现成功地讨好了那些素来对他持怀疑态度的人们。1932年，在纳粹赢得一系列选举活动之后，汉夫丹格邀请了数十位美国和英国的记者到凯瑟霍夫酒店与希特勒见面，舒尔茨也在其中。记者们站成一排接受希特勒的接见。当他紧紧握住第一位记者的双手并注视着他时，舒尔茨也在一边全神贯注地看着。走到她跟前时，希特勒只是简单地和她握了握手。随后，希特勒来到了一位素来以讽刺他而著称的记者面前。舒尔茨原以为他们之间会碰撞出一些火花，但事实却并非如此。她回忆道："我能看到那人的脸。令我震惊的是，当希特勒使出他惯用的伎俩时，那双原本愤世嫉俗的眼睛开始热切地回应着希特勒所说的一切。"

令莫勒极为赞赏的一点是，希特勒和纳粹党总是试图利用一切机会去争取民众的支持。"别人还在睡觉的时候，他们已经开始工作了；别人宣传一次，他们就宣传十次，"他写道，"希特勒坚信私交、演讲和个人魅力对于选举的重要性。"他预言："在愚弄公众的游戏里，希特勒是无可匹敌的大师。"

谈到希特勒反犹运动的意图时，莫勒有时显得很恐慌，有时态度又模棱两可。"有人认为，阿道夫·希特勒反犹是因为他混淆了个人情感和政治需要，"他写道，"很多人怀疑，他是不是真的想要发动一场屠杀。"

1933年1月，在完成了他的书和希特勒问鼎大权之后，这位来自《芝加哥每日新闻报》的记者自己也赢得了一次选举：他被推选为外国记者协会主席。而此后发生的一系列事件，最终导致莫勒夫妇以极为戏剧化的方式结束了在柏林的记者生涯。

## "宫廷小丑"汉夫丹格

在战后的回忆录中，普奇·汉夫丹格称他"对于1933年1月纳粹上台时的狂欢和兴奋丝毫无动于衷"。他补充道："那无疑是一个令人激动的时刻，但我极其担忧可能因此引发极端分子的骚乱，所以我难以对事态进展过度乐观。"

假如普奇说的是实话，那么他很好地掩藏了自己的忧虑。在与冯·兴登堡总统会面之后，普奇返回到凯瑟霍夫酒店向希特勒表示了祝贺，并随即接受了闻讯前来的众多外国记者的访问。此后不久，他拍摄了多部纳粹的宣传电影、出版了一本以希特勒为原型的漫画书，并亲自设计了纳粹党的制服。普奇不愿穿希特勒提供的那些呆板的衬衫和长裤。相反，他写道："我让人从伦敦的一位裁缝那里弄来了一批棕褐色的软呢布，并绣上精致的肩章。"

在美联社记者洛克纳和他的德国妻子希尔德组织的一次晚宴上，汉夫丹格吹嘘自己的新制服在首次亮相后就"毫无疑问地成了整个小镇的谈资"。洛克纳依然对这个夜晚记忆犹新。那是1933年4月27日，洛克纳邀请的客人中包括了美国总领事乔治·麦瑟史密斯、西格瑞德·舒尔茨、一些德国前政府官员以及犹太银行家库尔特·索伯恩海姆和他的妻子莉莉。除了普奇以外，所有宾客都遵照德国传统，在8点钟准时来到了宴会现场。8：15分左右，正当希尔德准备招呼大家入席时，这位纳粹新闻官突然出现了。"一个穿着崭新纳粹制服的壮硕身躯迈着大步走了进来，"洛克纳回忆道，"来的正是普奇。他先前一直在挖苦纳粹的制服，从未在正式场合穿过。"

洛克纳补充道，见到普奇时，莉莉·索伯恩海姆——"一位腰围和身高接近的矮胖女士"——几乎晕厥过去。她颤抖着低声道："盖世太保。"普奇先是向希尔德鞠了一躬，为自己的迟到表示歉意。他解释道，因为管家没能提前为他准备好今晚的礼服，所以他只好穿着纳粹的制服就来了。路易斯写道，在场的人都认为他在说谎；而在普奇自己的记述中，明确说明了当晚的穿着是事先设计好的，虽然他省略了说谎的这部分内容和此后发生的事。根据洛克纳的描述，普奇对莉莉·索伯恩海姆也鞠了一躬，并礼貌地亲吻了她的手。她的丈夫库尔特带着一副无辜的表情说道："汉夫丹格先生，我想我们是亲戚。"

普奇显然吃了一惊。毕竟，一个犹太人正在当面告诉他，他们有亲缘关系。"真有意思！您能说具体一些吗？"他问道。

索伯恩海姆解释道，他有一位亲戚和汉夫丹格家族结了姻亲。随后，两人退到一处角落里继续交谈。洛克纳回忆道，大家都在暗自发笑，因为"说一位纳粹党徒是犹太人的亲戚就好比控诉他犯了叛国罪"。

随着宴会的进行，一开始的紧张氛围似乎渐渐消解。汉夫丹格甚至还和前国防部长威廉·格勒纳攀谈起来，后者曾在任期内极力支持取缔纳粹冲锋队。"只有你们这些非政府人员才能组织起这样一场宴会，"美国总领事麦瑟史密斯对洛克纳说道，"应该多举办这样的活动，兴许能对纳粹党产生一些良好的影响。"

在新政府成立初期，汉夫丹格就频繁出席由外交官和记者们举办的各种聚会，但对于不同的主办者他却表现出了迥然相反的态度。麦瑟史密斯领事很快就将他称之为"宫廷小丑"，但他"倚仗希特勒对他的青睐和这身制服，几乎可以为所欲为"。麦瑟史密斯对新政府的不满情绪与日俱增，而汉夫丹格也在美国大使馆的一次晚宴上公开进行了回击。"噢，大名鼎鼎的麦瑟史密斯先生无所不知，但他却从来没有顺心的时候。"他向麦瑟史密斯叫板道。

但这仅仅是普奇无礼行为的冰山一角。席间，他甚至开始抚摸坐在他身旁的一位女士的大腿。正如后来莉莲·莫勒指出的那样："我也耳闻过他的好色，他的两只手总是不老实。"大部分在场的宾客都对普奇的丑行装作无视，唯有麦瑟史密斯站出来公开训斥了他。后来，这位总领事不无得意地称，打那以后普奇表现得像"一位规矩的宾客"了。

但汉夫丹格也在寻求报复的机会。他四处散播谣言，称麦瑟史密斯是一名犹太人。他也用同样的招数去对付埃德加·莫勒，把他称为"隐藏极深的"犹太人，因为莫勒在希特勒上台后的头几个月里多次报道了纳粹对犹太人的袭击。在接见总部设在纽约的外交政策协会的观察团时，汉夫丹格对领队詹姆斯·G.麦克唐纳说道："毫无疑问，他就是犹太人，他的妻子也是。"——随后，他又列举了其他几位记者的名字，并称这些人不是犹太人就是在为犹太人的利益服务。

莫勒的好友尼克博克也从多位纳粹领导人那里听说了这一传言。"埃德加是犹太人吗？他当然是啦！"他回应道。之后，他提到了曾经在"一战"中备受尊敬、在啤酒馆事变中和希特勒一起走在游行队伍里的那位将军："他和鲁登道夫一样，都是犹太人！"

从希特勒执政开始，德国国内紧张的政治局势就在不断升级，因此类似这样的个人恩怨也就显得不值一提了。根据普奇的叙述，希特勒起初很欣赏尼克博克，但并不是因为他写的报道，而是因为他那流利的德语、活跃的性格和红色的头发——当然了，当他的报道越发令纳粹感到恼怒时，所有的这一切都微不足道了。在1933年初发生的所有大事件中，都有尼克博克的身影，其中包括1月30日希特勒当选为德国总理那天"史上最壮观的火把游行"。

"希特勒站在总理大楼一侧的窗台前，兴登堡则在另外一侧，"尼克博克写道，"从晚上8点一直到凌晨，共有35000名纳粹党徒游行通过总理大楼，他们手中熊熊燃烧的火把将整条大街变成了一条火龙。所有的柏林人都试图加入到队伍中去，许多健硕的日耳曼汉子在欢呼声、乐曲声和呐喊声中泪流满面。"

在新政府成立之初，有诸多官员向美国人传达了安抚的信息。"纳粹绝不会施行宣传时提出的那些改革方案。"不久即将复职的德国前国家银行主席希尔玛·沙赫特在一次宴会上对美国大使馆第一秘书阿尔弗雷德·克利佛思说道。而在3月份就将结束任期的驻德大使萨基特也深信，新的政府确实进行了职能的分工：纳粹党只掌管"纯粹的政治和行政部门"，其他党派则继续负责德国的经济、财政和其他日常事务。他认为，副总理帕彭将和新上任的农业与经济部长、国家民主党领导人阿尔弗雷德·胡根伯格一起，在新政府中发挥主要作用，后者更是被他称为"事实上的经济独裁者"。

但事态的发展很快便证明，所有这些有关分权的幻想都过于天真了。2月27日，24岁的共产党青年组织的成员、荷兰人马里努斯·凡·德尔·卢贝将国会大厦付诸一炬。事发后不久，便有传言称纵火者是"被纳粹利用的工具"，目的是为希特勒大规模打压反对派制造借口。也有史学家认为，或许此次事件确实只是这位荷兰青年的个人行为。但无论何种说法属实，希特勒都借此良机解除了共产党和其他反对派对他的威胁，在德国建立起了独裁统治。

凭借"国会纵火案"后仓促推出的"为了保护国家和人民安全"的应急法令，希特勒下令取缔所有反对派的刊物和集会，并逮捕了成千上万名共产党和社会民主党人士，声称他们正在策划新一轮的恐怖袭击。纳粹冲锋队四处横行，他们强行闯入私人住宅，将人们拖出去殴打或拷问。一切都如狂风骤雨般迅速发生，以至于3月5日的大选日期临近时，已经没有反对派能够组织起任何威胁到希特勒获胜的运动了。

2月28日，也就是希特勒成功说服日益昏聩的德国总统冯·兴登堡签署应急法令、并废除魏玛宪法中关于公民自由的几个关键条款的那天，弗洛姆参加了一场在萨基特的住处举行的聚会。人们纷纷猜测着，这一次纳粹将会采取多么严厉的手段去打压反对派。也就是在这次聚会上，弗洛姆得知萨基特已经请求华盛顿将他调回美国工作。这位犹太记者在日记里写道，萨基特对于美国在试图稳定德国经济方面所做的失败努力感到失望,并且"极度不满于德国国内的政局"。

尽管对竞争对手进行了残酷打压,但在3月5日的大选中纳粹党也仅仅赢得了43.9%的选票。虽然他们成为第一大党,但在国会的席位仍不足半数。为此,希特勒不得不与胡根伯格的国民党联手。不过,希特勒并未停止他独掌大权的脚步。3月23日,他迫使国会通过了"授权法案",事实上独揽了立法机构的核心权力:作为总理,他可以让内阁颁布他起草的任何一项法律,法案中甚至还注明,即便"它们可能与宪法相悖"。就这样,希特勒集所有大权于一身,再也没有人能限制他对政敌或犹太人发动的任何攻击。4月1日,德国政府正式开始对犹太企业进行联合抵制,据说这也是为了回应先前在国外的犹太人发起的诽谤德国的运动。在报道中,尼克博克将后来发生的一切称之为"一场灾难",他说:"整个德国都陷入了一场狩猎游戏,在接下去的两周里所有的人们都把精力放在了追捕犹太人上。"

虽然多萝西·汤普森已经回到欧洲,但却并不住在柏林。在国会纵火案发生的当天夜晚,她才抵达德国首都,并在此停留了相当长一段时间,目睹了随后发生的很多大事件。4月1日抵制犹太人运动开始的当天,她在维也纳给身在纽约的丈夫辛克来·刘易斯写信:"事态确实如最耸人听闻的报道所写的那样……冲锋队已经完全变成了一群暴徒,在街头肆意殴打人们……他们将社会党人、共产党人和犹太人带到所谓的'棕色楼层'进行拷打。跟这里比起来,意大利的法西斯主义简直就是小儿科。"她绝望于德国的自由主义者"不可思议的顺从",并表达了想到柏林街头奔走宣传葛底斯堡演说的冲动。同时,她也十分担忧现在仍身处柏林的同事们,尤其是莫勒。"埃德加一直处于危险的境地,但他并没有要离开柏林的打算,也不认为自己真的受到了威胁。"

汤普森另外写了一封信给在伦敦的好友、钢琴家哈理特·科恩,后者与英国首相拉姆塞·麦克唐纳熟识。在信中,汤普森描述了多起亲眼所见的纳粹暴行。她写道,纳粹冲锋队已"完全陷入疯狂",他们四处搜寻新的目标。"他们拿铁棍殴打受害者,用枪把砸碎他们的牙齿,还打断他们的胳膊……他们冲受害者身上撒尿，逼他们跪在地上亲吻纳粹的党旗。"整个德国新闻界的沉默以及托马斯·曼、埃里希·马里亚·雷马克和贝尔托·布莱希特等知名作家的逃离，都令她失望至极。"我一直在思考究竟能做些什么……我感到德国正变得令人憎恶，仿佛一切都在仇恨中渐渐腐坏。多么希望有人能够站出来……"科恩认为，汤普森的言外之意是希望她把这封信转交给麦克唐纳，她也的确那样做了。

但这样的努力收效甚微。纳粹继续贩售着他们的闹剧，朝着新的社会秩序大步前进。5月10日夜晚，纳粹党的宣传部长约瑟夫·戈培尔主持了臭名昭著的"焚书事件"——"将所有'非德国的图书'送上火刑架，"尼克博克描述道，"全国有十万名学生聚集到一起，将280位作者所著的'犹太的、马克思主义的、反德的和邪恶的'出版物统统焚毁，其中不乏世界知名作家的作品。"这是"一场影响深远的滑稽表演，但为参与者们带来了极大的娱乐和消遣"。

戈培尔激动地向人群宣布："这熊熊燃烧的火焰不仅宣告了旧时代的终结，也照亮了通向新时代的道路。人类历史上还从未出现过今天这样的良机：青年人可以亲手将旧时代的废墟掩埋……哦，新的纪元，活着真好！"除了马克思、恩格斯和列宁这些本就在意料之中的书籍之外，雷马克、布莱希特、海明威，甚至连海伦·凯勒（《我怎样成为社会党人》(*How I Became a Socialist*)）的作品都未能幸免于难。在一片欢呼声和歌唱声中，总计有两万册出版物在烈焰中化为灰烬。

多位记者也在现场目睹了这一"盛况"，而纳粹的一系列行为令他们中的很多人感到厌恶，甚至连《巴尔的摩太阳报》的记者、曾被洛克纳蔑称为"狂热的纳粹分子"的波顿也开始转变态度。他在报道中的观点越发尖锐，称"（有关纳粹战略的）真相要比报纸上所写的还坏十倍"。仅仅在希特勒掌权一年之后，德国外交部就要求波顿"改变写作风格，否则立即离开这个国家"。不久后，波顿就告别了德国。

## 真相远比看起来复杂

波顿的大部分同事,包括洛克纳在内,在此时仍试图冲在新闻事件的最前线。另外,他们的总部也不希望新闻报道中存在任何不实的情节——因而要求他们的记者继续留在柏林。洛克纳在回忆录中写道:"我的老板给我的命令就是如实报道,最大限度地将事实公之于众,不作任何扭曲,也就是说让我们继续待在柏林工作。"作为一名经验丰富的美联社记者,洛克纳时刻谨慎遵守着这些指令。

其他的美国人甚至比洛克纳更加谨小慎微,但有时是出于别的原因。尽管德国充斥着暴力和恐吓——事实上,这一现象的直接根源是德国政府对每日发生的所谓针对政敌实施的袭击活动采取了放任的态度——但在局外人看来,他们仍不知究竟是何种力量在驱使着这股愤怒的情绪。

在1933年5月份回到美国后不久,亚伯拉罕·普洛特金即在美国劳工联合会的内部杂志《美国劳工联合月刊》上撰文,总结了他的德国同行们所处的绝望境地。"纳粹党放任了一种连他们自己都不甚了解的力量,"这位犹太裔美国人写道,"可能很多人会惊讶地发现,在德国发生的最激动人心的事件发起自底层民众,而非政府本身。"以发生在慕尼黑的联合抵制犹太人的运动为例,希特勒政府矢口否认参与和策划。普洛特金称,纳粹冲锋队确实是该事件的发起者,"但短短几小时内,就有大量的群众参与到运动中来,使得纳粹的领导层也很难加以阻止。"

普洛特金并不是唯一一个保持这样的观点的美国人:即希特勒和纳粹领导层一直在努力管制他们的支持者,而不是煽动他们的情绪以激起更多暴力行为。起初,美国的总领事麦瑟史密斯也认为,希特勒必须借助这股暴力的浪潮以避免遭到"真正的极端分子"的取代。他警告称,发生在美国的类似于3月27日麦迪逊广场花园的抗议活动,只会激起那些原本准备采取温和路线的德国领导人性格中"几乎病态的部分"。与普洛特金不同的是,麦瑟史密斯认为联合抵制犹太人的运动是德国政府发起的,其目的在于激发民众的仇恨情绪并加以利用。当4月4日政府正式叫停该运动时,麦瑟史密斯得意地称反犹案件的数量有了大幅下降。

即便有越来越多的美国人在暴力事件中遭到逮捕,麦瑟史密斯也依旧坚定地认为,事实的真相远比表面上看起来更加复杂——并且,将所有责任归咎于希特勒的做法只能获得适得其反的效果。3月初,一位来自纽约州罗契斯特市的画家纳撒尼尔·沃尔夫遭到纳粹冲锋队的逮捕,原因是他们无意中听到他在抨击共产党和纳粹党。在被释放回国前,沃尔夫必须在一份承诺书上签字,发誓永不再踏上德国的土地。"我是一名犹太人,"该承诺书上写着,"我证明,我从未遭受任何形式的人身攻击或财产损失。"

其他人就没这么好运了。比如来到德国考察的《斯克里布纳杂志》的编辑爱德华·达尔伯格,他在街头遭到了袭击;一位德国犹太人的美国妻子只能眼睁睁地看着一群纳粹突击队员闯入他们的公寓,对她的丈夫进行殴打,而他们给出的理由竟然是因为她家的衣柜里挂着四套西服。"四套!我们已经有十四年没吃上一顿饱饭了,"其中一名施暴者喊道,"该死的犹太人,我们恨你们!"

3月31日,三名美国人在遭到冲锋队的劫持后被带到一处临时监狱。在那里,他们被剥了个精光,被迫在冰冷的地板上过夜。次日,冲锋队员又将他们打成昏迷后丢弃在街头。美国记者都听闻了此事,但麦瑟史密斯成功地说服了他们在48小时内不报道此事件。他解释道,他会向德国当局施压,以采取合理的解决措施。在后来的报告中,麦瑟史密斯满意地写道,德国警方"迅速响应","严厉责备"了事件中的几位纳粹分子,并将他们逐出军队。

美国人遇袭的案件仍在发生,麦瑟史密斯和大使馆的其他官员也从未停止对德国政府的抗议。但在每一起案件中,他们都试图从德国当局那里得到积极的回应。1933年夏天，美国著名的播音员H. V.卡滕伯恩带着儿子罗尔夫回到德国游玩。他向麦瑟史密斯称，莫勒等记者把纳粹的暴行写得太夸张了。仅仅几天之后，他的儿子罗尔夫就遭到了一名纳粹突击队员的袭击，原因是在某次的街头游行中，罗尔夫没有向纳粹党旗敬礼。事发不久，德国宣传部即向卡滕伯恩发出书面致歉。"希望我别把儿子的遭遇公之于众，"他回忆道，"当然，我本就无意拿个人遭遇去说事。"

对某些美国人来说，似乎即使灾祸已经降临，他们也不愿意睁开眼看看究竟发生了什么。

## 令人恐惧的"纳粹蓝图"

在希特勒掌权初期，也有一些美国人抱着对德国局势走向的好奇心而来到柏林——他们并没有低估这里的恶劣现状。1933年3月29日抵达柏林后不久，即将担任国联难民署高级专员的外交政策协会主席詹姆斯·G.麦克唐纳就听到了令他不安的消息。麦克唐纳在日记中写道，当天，普奇·汉夫丹格向他勾勒了"一幅令人恐惧的纳粹蓝图"，并毫不隐讳地说出了这一计划对犹太人的影响。"犹太人就是吸食德国血液的吸血鬼，"普奇笑着说道，"只有彻底铲除犹太人，德国才能实现真正的富强。"

汉夫丹格的一席话令麦克唐纳感到极度焦虑。他难以入睡，就来到蒂尔加藤公园散心。夜晚的公园宁静而美丽，热恋中的男男女女散布在公园的各个角落，"但是可怕的仇恨可以孕育出要想无情消灭另一个民族的骇人计划。"他这样写道。

在此后参加的多场聚会上，麦克唐纳依然没有听到任何能够排解他的忧虑的消息。在与莫勒夫妇的一次晚餐会上，他发现他们两个也都"精神高度紧张"。他在日记中写道："我从未见他俩这么焦虑过。莫勒整晚都在和我聊希特勒的恐怖暴政。"由于一名侍者始终在不远的地方徘恫，所以他们只能小心翼翼地说话。几天之后他们再度碰面，但莫勒的语气显得更加悲观。"在他看来，德国的领导人都是流氓、变态和虐待狂。"麦克唐纳写道。而尼克博克则对麦克唐纳称，他相信目前被纳粹关押的政治犯已不下四万人。

在抵制犹太人运动期间，麦克唐纳曾为眼前的一幕所震惊：一群德国人围着一位年迈的犹太人进行羞辱。而在另一起案件中，"一群孩子在讥笑和捉弄一位被视为国家之耻的犹太人"。在和德国官员的交谈中，麦克唐纳惊讶于他们竟然对正在发生的这一切习以为常。他回忆了在莫斯科时与多位激进的共产党人的会面："每一次的讨论都充斥着教条主义"——尤其是当话题触及他们的宗族观念时。

在抵达柏林的前两个月，麦克唐纳见到了高盛集团的亨利·高曼，后者也正计划前往德国。高盛集团的创始人、高曼的父亲是德国犹太移民。当被问到目前德国如此强烈的反犹情绪是否说明德国民众有些反常时，高曼避而不答。"不，美国的反犹情绪也并不比德国好多少。"他说。麦克唐纳认为他是一位长期的坚定的"德国拥护者"。但4月8日当他在阿德隆饭店见到高曼时，麦克唐纳被吓了一跳。"他俨然已经变成一位衰弱的老人。"麦克唐纳写道。

在德国的所见所闻完全颠覆了高曼曾经的观念。"麦克唐纳先生，我绝对想不到那最可怕的15、16世纪会重新降临在20世纪德国的各个角落。"他说道。当麦克唐纳问他还打算在德国待多久时，他答道："直到我待不下去为止。"

就在当天的晚些时候，汉夫丹格安排了麦克唐纳与希特勒的会面，让他可以直接提问有关"犹太人的问题"。当这位美国访客走进希特勒的办公室时，他用"带有猜疑的目光将我从头到脚打量了一番"，麦克唐纳写道。但希特勒似乎并不热心于回答他有关德国的反犹政策的提问。

"我们主要打击的对象并不是犹太人，而是社会党和共产党人，"希特勒称，"美国政府将这些人驱逐出境，但我们并没有那样做。因此，我们的所作所为不应遭到指责。至于犹太人，我不明白你们为何要对他们无家可归而感到大惊小怪，千千万万的雅利安人不也一直露宿街头吗？没错，这个世界就是这样不公平。"

麦克唐纳评论道，希特勒有着"一个狂热分子的眼神，但我认为，除此以外他还拥有大部分狂热分子所不具备的自制力和智慧。"

以上就是与希特勒会面之后，麦克唐纳记录在日记里的内容。后来，在即将重返美国时，他又补充了几句当时希特勒对他说的话。"他和我说：'我将做全世界都想去做的事情。假如他们不懂得如何消灭犹太人，我会为他们做示范。'"

## 第5章

# 逃走吧，越快越好

## ——疯狂的意识形态转型

《外交事务》的编辑汉密尔顿·费什·阿姆斯特朗曾造访德国，还为魏玛共和国描绘过政治蓝图。阿姆斯特朗认识很多魏玛时代的官员、教授以及驻留在柏林的各国外交官和记者。他发现，一些英美记者在报道四处散播的纳粹暴行时非常小心谨慎。他们认为，在报道中直接援引纳粹党自己的言论已经足以传递纳粹新政的严苛本质。

## 德国的野蛮转型

《外交事务》的编辑汉密尔顿·费什·阿姆斯特朗曾造访德国，还为魏玛共和国描绘过政治蓝图。在麦克唐纳离开后的两周，也就是希特勒生日当天的1933年4月20日，他来到了柏林。那天上午，在从火车站到他下榻的阿德隆酒店的路上，阿姆斯特朗见到大群喧闹的褐衫党正在紧锣密鼓地筹备庆祝会。不过，尽管现场的喇叭一直在播放纳粹的口号来鼓舞士气，大雨和冰雹显然对他们的热情有所打击。

阿姆斯特朗认识很多魏玛时代的官员、教授以及驻扎在柏林的各国外交官和记者。他发现，一些英美记者在报道四处散播的纳粹暴行时非常小心谨慎。他们认为，在报道中直接援引纳粹党自己的言论已经足以传递纳粹新政的严苛本质。

在所有的美国记者中，他认为乔治·麦瑟史密斯是知识最渊博的一位——而且他日日为德国的现状忧心忡忡。"在谈到纳粹的时候，他几乎抑制不住自己，会将口中的雪茄咬成两段，然后厌恶地丢掉，尤其是在提及要保护美国同胞免受妨害时，他表示困难重重。"阿姆斯特朗回忆道。麦瑟史密斯对政府官员无力压制纳粹表达了强烈的挫败感。他接着说，纳粹分子的军国主义让人越来越感到欧洲将再无宁日。

在和德国的旧交们交流时，阿姆斯特朗听到了一个关于希特勒政权的可疑观点。像汉斯·迪克霍夫（后来担任德国驻华盛顿大使）这样的外交部官员们，"都躲在办公室里，保持缄默"，阿姆斯特朗写道。他们向阿姆斯特朗传达的信息是，纳粹只是"昙花一现"。这些官员坚称，他们这样做只是为了将德国的利益和外交损害减到最低，他们在等待一个新的政权来接管这一切。他们补充道，假如希特勒一直掌权，那么当他认真面对现实世界的时候，他最终也会选择一条更为温和的路线。"他们都是聪明人，但我非常确定，这一次他们都错了。"阿姆斯特朗后来写道。

阿姆斯特朗的悲观一部分来源于，他发现之前来访时所接触的许多人都销声匿迹了——包括很多学术名人，像农学家卡尔·布兰迪，经济学家莫里茨·伯恩和德国政治学院的创办人之一艾斯特·扬克，他们都曾为《外交事务》撰文，并且与主办单位外交协会都有过密切联系。"我被告知，他们都消失了，无论如何，对他们而言，我最好还是不要去打搅。"阿姆斯特朗回忆道。许多在医药、科学和文学领域的学术精英都失业了，有些人已经逃离德国以免遭到更严重的迫害。"对一个已经在一场毁灭性的战争中大伤元气的国家而言，这样的学术真空将意味着什么，真是不敢想象。"阿姆斯特朗后来这样写道。

和麦克唐纳一样，阿姆斯特朗也决心要见一见那个要对这一切戏剧性变化负全责的人，也就是在揣测德国未来时不能忽视的焦点人物——德国的新领袖希特勒。首先，他去见了被希特勒新任命为德国国家银行主席的希尔玛·沙赫特。沙赫特之所以能官复原职，是希特勒为了回报他在竞选中对他的支持。而阿姆斯特朗与他的这次会面颇有些怪异之处。一抵达国家银行，阿姆斯特朗就被带到一间宽大的厨房，一名雕刻师正在那里在为沙赫特制作半身人像。就如同人们后来见到的成品那样，雕刻师想以自下而上的角度来雕刻，所以他将一把椅子放在大桌之上，让沙赫特坐在椅子里面。据阿姆斯特朗回忆，沙赫特那张"扭曲的丑陋的脸"在雕刻家的手下渐渐栩栩如生起来。沙赫特向阿姆斯特朗解释说，纳粹将会修正极端的军国主义，实施一套更加稳定可靠的经济制度。沙赫特还承诺，他会为《外交事务》撰写一篇文章，一年以后他的确履行了诺言。

从这个曾为希特勒竭力争取资本家支持的人口中听到关于资本主义的说教，阿姆斯特朗心里觉得非常困惑，但他并没有表现出来。因为他的目标只是借助这个银行家的帮忙，以得到排队采访希特勒的机会而已。用阿姆斯特朗自己的话来说，如果这意味着要迎合沙赫特"巨大的虚荣心"，他也很乐意这样做。

这些小伎俩奏效了。4月27日，也就是阿姆斯特朗抵达柏林后的一周，普奇·汉夫丹格出现在阿德隆酒店，引领他前往采访希特勒。当普奇穿着崭新的纳粹制服——也就是参加洛克纳夫妇晚宴时所穿的那一身出现时，阿姆斯特朗大吃一惊。据他回忆，这身奇装异服有诸多不协调之处：紧身短上衣，衬衫和马裤是深浅不均的褐色——"橄榄土褐色"、"土黄色"和"一种病态的褐绿色"。

"哎呀，普奇，我从没见你穿过制服，好华丽啊！"阿姆斯特朗赞叹道。

汉夫丹格听了后特别当真。"是的，很好看，对吗？"他回答说，"别告诉任何人，这是英国货，果然就是不一样。"

阿姆斯特朗被领到了总理府的办公室，里面还摆满了希特勒生日时收到的盆花。希特勒与他握了握手，然后示意他到桌前来。在汉夫丹格和另一名助理的注视下，希特勒马上开始了他如何致力于和平的开场白。"他给人的整体印象并不深刻。"阿姆斯特朗回忆道，并称他注意到了希特勒的大鼻子和眼周的细纹。但是，如果你认为这些细纹让他显得很有好奇心，那么你就错了。"我来自美国，尽管希特勒的政策在那里遭遇了极其强烈的反对，"阿姆斯特朗指出，"但他从未向我提出任何问题或发表任何言论，以表明他对于这个世界对他的看法或是他将他的国家引向何方有丝毫的关心。"当希特勒开口说话的时候，他并不看着阿姆斯特朗，而是眼睛"盯着远远的上方，好像他是在和上帝交流一样"。

希特勒对于德国和平意图的陈述很快就转变成他那标志性的对《凡尔赛和约》和"不可能的且无法忍受的"德波边界划分的谴责。他将这个东边的邻国描绘成一个盘旋在德国上空的怪物。"她的齿间衔着一把赤裸裸的钢刀，"他说道，为了增加效果他也咬紧了牙关，"对我们虎视眈眈。"德国被迫解除了武装，四面都是危险重重的邻居，希特勒坚持这样说。法国、波兰、捷克斯洛伐克和比利时的兵力与德国相较都是50∶1，他补充道，这意味着一旦爆发任何战争，责任明显都是他们的。

据阿姆斯特朗回忆，当希特勒极力强调他自以为无懈可击的论点时，他那一小缕头发总会很有威慑性地垂在眼睛上方："如果你们要颠倒黑白的话，就等于在说一只没长牙的兔崽子试图挑衅一只老虎。"

希特勒认为，世界上的主要国家都要联合起来抵抗布尔什维克的威胁，但是他对波兰这个曾在1920年与苏俄开战的最反对布尔什维克的国家却总是发表刻薄的攻击性言论。"今天我们有了弓箭、盾牌和长剑，"他接着说，"难道这就代表着对世界和平的威胁吗？或者说战争的危险来自于波兰生产的大量武器？"他坚持说，修正这些错误的唯一的途径就是让德国重整军备。"我们不能也不会等待太久。今后德国签署任何协议的必要条件就是，至少在军备上要对等。"

阿姆斯特朗试图在希特勒停下来的几个宝贵的间隙里问他一些其他问题，但这名德国领导人对这种"你来我往"的交流方式一点都不感兴趣。当希特勒送他到门口的时候，阿姆斯特朗语带讽刺地感谢希特勒对他个人，而非数百万普通德国公民做了这次专场报告。希特勒完全没有听出其中的嘲讽，还宣称他很享受他们之间"愉快的谈话"。

在返回阿德隆酒店的路上，汉夫丹格感情洋溢地表示，相比以前，现在的希特勒在会见外国访客时更能敞开心扉。"你不觉得他很可爱吗？"此外，他还补充道，希特勒能送客人到门口已经是极大的礼遇了，因为他通常不会这么做。

而对于新德国，阿姆斯特朗的感受里独独没有"可爱"。此时的德国与他20世纪20年代来访时已大大不同。回到纽约后，他很快就撰写了题为《希特勒的帝国：第一阶段》的文章，发表于1933年7月。文章开头对这个国家的野蛮转型进行了戏剧性的——而又极为精确的描写：

> 一个民族消失了。过去的14年间，这个共和国中人们所熟知的政坛大腕或商界巨子如今都已不复存在。虽然也有例外；但纳粹的浪潮正在迅速将他们席卷而去，日复一日，这个时代，这个民族的最后一个群体彻底淹没在纳粹的海洋里。共和国的垮台是如此彻底，纳粹甚至很难相信它曾经存在过……

但对于不愿接受希特勒统治或是对他和纳粹运动不绝对效忠的人来说，就不仅仅是被驱逐这么简单了。"似乎他从未在这个世界上存在过。他的名字无人提及，或是被很轻蔑地提及。如果有人问起此人，回答一定是含糊的：'哦，是的——可他还活着吗？也许已经出国了吧，或是去了疗养院？'这不仅仅适用于那些以'保护他们'的名义而被遣散、监禁和拘留在由铁丝网围起来的集中营里的犹太人和共产党……"接着他又提到几个被列入遭迫害和流亡名单的官员，有中央的，也有州政府和地市政府的。"14年间，这些统治过德国的人被驱逐出去，渐渐淡出了人们的视线和记忆，也淡出了历史舞台（根据首席新闻官戈培尔博士的说法）。"

阿姆斯特朗称，纳粹试图复兴"日耳曼神秘主义"和"日耳曼超人"的概念，但他们必须先解释这位超级战神在"一战"中遭遇滑铁卢的原因。"要么根本就不存在什么超人，要么他有一个很好的借口。"他写道，"而犹太人，这个他们眼中的内贼，为他们提供了这个借口。"

尽管阿姆斯特朗对新德国做了一番黑暗的描绘，但在文章结尾处，他还是发出了这样的疑问：在"给了日耳曼精神一个洗清积怨、仇恨和嫉妒的机会"之后，希特勒是不是代表了一条更为温和的路线，就像他的前辈们那样以一种长期而富有耐性的方式去排解这个国家的怨愤？"革命的第一阶段宣告结束了，"他总结道，"但我们没有任何真实的证据能减少我们的恐惧，或是为我们的疑问找到任何确定的答案。"

阿姆斯特朗不情愿向悲观主义屈服——他在回忆录里对此显露出一丝懊悔，因为如果他真的这样做了，他将被历史证明是完全正确的。但是，他这篇短文所要传达的含义是毋庸置疑的：人们有充分的理由相信，希特勒的德国正在制造真正的恐惧——而任何低估这种威胁的人都处于危险的妄想之中。

## 罗斯福上任后的德美外交

1933年初，希特勒掌权后不久，另外一名政治领袖——富兰克林·D.罗斯福——也登上了世界舞台。罗斯福在大萧条时期临危受命，所以可以理解的是，他当时完全专注于国内事务。1933年3月4日，也就是纳粹在议会选举中赢得大多数席位那一天，罗斯福发表了就职演说。他重点强调了亟待复兴的美国经济，而对"世界政策"轻轻带过，他承诺，美国将做一个"好邻居"。

可罗斯福随即就面临一个决定，因为赫伯特·胡佛总统派去德国的公使萨基特在去年3月已经结束了任期，他需要派人去接替他的位置。尽管国内议程吃紧，可罗斯福知道这是一个越来越重要的岗位，必须派一个能发挥建设性作用的人前往。一开始，他想任命詹姆斯·M.考克斯为驻柏林大使。考克斯是1920年的民主党总统候选人，并且是罗斯福在大选中的竞选伙伴。"我认为，这个时刻的柏林有着特殊的重要性。"罗斯福在给考克斯的信中这样写道，并请求他接受这个岗位。但考克斯拒绝了他，理由是他要打理生意，包括他的出版社。之后，罗斯福又先后向前战争部长牛顿·贝克、大商人欧文·D.杨格和几名纽约知名的政治家提出过请求，但都未能成功。

罗斯福一边费劲地寻找新的柏林大使，一边发出想要推进全球裁军议程的信号。5月16日，他呼吁全世界各国领导人废止一切进攻性武器，并承诺不再开展侵略行为。第二天，希特勒在德国国会上发表"和平演说"，称美国总统的提议"对所有愿意维持世界和平的人来说都是一丝慰藉"。希特勒公开表示，德国愿意放弃使用一切攻击性武器，并"解散一切军事组织"，假如邻国也愿意这样做的话。战争只是"无尽的疯狂"，他还呼吁化解积怨，坚称德国已经做好了与全世界和平相处的准备。

"这是我听到的希特勒发表的最佳演说。"洛克纳在后来写给女儿贝蒂的信中这样说道。当时洛克纳正全面主持美联社在德国的报道工作，时至他写信的5月28日，他还是充满了乐观。如果是任何一个魏玛共和国的大臣发表这样和解性的演说，纳粹党一定会暴怒。洛克纳补充道："不管怎样，这才是独裁者们有趣的部分：当面对外交政策时，他们变得像绵羊一样温驯……因为巩固国内政权已经够烦心的了，他们只会尽可能地避免一切与外国间的麻烦事。很显然希特勒不想发生战争。"

洛克纳也并非完全轻信了希特勒。"然而，当你向一个民族缓慢灌输军事传统概念时，战争是否会发生，则又是另外一回事了。显然，德国看上去像一个武装营地，"他写道，并且提及了当时身穿统一制服的纳粹党、准军事组织和警察队伍的不断扩充。"希特勒必须要解释'私人军队'只是无害的乒乓事务！[1]"

尽管希特勒的演说在整体上得到了正面报道，但罗斯福还是无法乐观地看待与德国的外交关系。而且，柏林大使招募工作的频频受挫也令他沮丧不已。不过，6月7日的一次会议让他马上振作了起来。会上，商务部长丹尼尔·罗珀向罗斯福推荐了好友威廉·E.多德。多德是芝加哥大学的历史学教授，主要致力于研究南北战争前的美国南方。他出生在北卡罗来纳州，就读于弗吉尼亚理工大学，后来在莱比锡大学获得博士学位。多德时年63岁，是民主党的虔诚信徒，是"一名真正美国意义上的民主党人士"，历史学家同行查尔斯·A.比尔德这样写道。比尔德还补充道，多德是一名浸信会教友，他推崇"政教分离，宗教自由和良心自由"。

第二天，罗斯福就给正在芝加哥大学办公室的多德打了电话。"我想知道你是否愿意为政府提供一次特殊服务，"他对有点儿受惊的教授说道，"我希望你去德国担任大使。"

当多德从最初的震惊回过神以后，他请求给他一点时间来考虑。"两个小时，你能在两个小时内决定吗？"罗斯福坚持道，还补充说他相信德

---

[1] 英文原文为"ping-pong affairs"，不解其意，姑音译处理。——编者注

国政府不会抵制多德写的关于伍德罗·威尔逊总统的书以及他的任何其他作品。"你写的书、你作为一个自由派和学者的工作以及你在德国上大学的经历都是我想任用你的原因。这是一项艰难的工作，你对当地文化的了解将会对此大有帮助。我需要一位美国的自由主义者去德国树立一个长期的榜样。"

多德马上给妻子打了电话，并且与大学的官员进行了交谈，但其实他对内心的答案已经没有疑问了。因为这样一个突然的机会，这名历史学家成了历史的参与者，而不仅仅是观察者。此外，据他的女儿玛莎后来指出，总统的电话唤起了父亲"对年轻时代去过的德国的伤感怀旧，德国为他打开了开阔的文化视野，德国人民的善良、慷慨、朴实和良好教养都令他深受触动"。多德曾批判《凡尔赛和约》的苛刻条款，尽管当时这一举动并不受欢迎。此外，他还表达了对魏玛时期的政治家们试图建立民主体制的赞赏。

如果罗斯福和这位受命者都倾向于相信，一个有文化的、自由的、民主的美国大使可能对美德关系产生有益的影响，那么他们不可能期待奇迹发生。在6月16日的白宫午餐会上，总统讨论了金融和贸易问题，然后将话题转向了犹太人。"德国当局正在侮辱犹太人，这使得美国的犹太人群情激昂，"他说，"但这不属于国家事务。除非美国犹太人也受到了侵犯，否则我们无能为力。"

7月初，多德在纽约会见了一批犹太名人，他们请求大使做一些力所能及的事情来保护在德国受迫害的同胞。多德解释说，他无法以官方身份介入，但是他承诺将"发挥一切影响力来反对在德犹太人所遭受的不公正待遇"。然而多德在纽约接到的一个电话，却向他传达了截然不同的信息。这个电话来自慈善家查尔斯·R.克莱恩，他曾为芝加哥大学的历史系捐款，还为当代世界问题研究所提供资金。他和多德讨论了他对苏联布尔什维克的憎恨和对德国新政包括其对待犹太人态度上的膜拜。"还是让希特勒自行其是吧。"克莱恩向多德建议道。

所以，也就不难理解，为何多德在偕妻子和已成年的孩子比尔和玛莎登上"华盛顿号"邮轮前往汉堡时会是一脸的凝重了。在为这个意外的新机会兴奋之余，他也意识到，罗斯福总统将柏林大使的工作描绘成"一项艰难的工作"显然只是一种保守的陈述。他将不得不与以势利而闻名的纳粹党和职业外交官打交道，不得不再捡起自学生时代结束后就已慢慢衰退的德语技能。当邮轮准备启程时，一群纽约的新闻记者请多德及其家人一起到前甲板上摆拍几张照片。"我和妻儿不情愿地答应了，当我们举起手来时，我们并不知道，也没有意识到那很像是在行纳粹军礼。"因此，这位新赴任的大使所留下的最后一张影像，就是他和他的家人看上去在模仿纳粹军礼。

整个航程中，多德都在练习德语，并且坚持要他的儿子比尔和女儿玛莎在一旁听他大声朗读，以便他们也能听懂这门语言。他还阅读埃德加·莫勒的新书《德国让时光倒流》。6月13日，坐上从汉堡到柏林的列车后，多德立刻发现自己在不断回答莫勒在书中写到的各种问题。一家汉堡的出版物《家庭画报》写道，多德来到德国是来为犹太人辩护的。然而第二天，在美国大使馆的首次信息发布会上，多德告诉记者并不是那么回事。

莫勒也出席了发布会，并在会后向多德致意。新大使告诉这位《芝加哥每日新闻报》的知名记者，他已经拜读过他的新书，并且很感兴趣。不过，多德并没有告诉莫勒，这本书在德国是禁止发行的。而且据他所知，纳粹正准备要求莫勒辞去外国记者协会会长一职。

## "小酒馆"里的大争执

在数年后出版的回忆录中，莉莲·莫勒描绘道，在希特勒统治初期的很多个深夜里，众多英美记者都聚集在选帝侯大街附近的一家名叫"小酒馆"的平价意大利餐厅，他们之间有一种强烈的团结意识。"没有任何一个职业的人群能像外国记者这样精诚合作,"她写道,"在刚开始的那些黑暗的日子里,每个记者都自发地接受了向世界揭露真相的共同任务,为了这一目的,大家摒弃了任何个人竞争的念头。"在低矮的天花板下,记者们坐在长桌旁的木凳上交换故事,其中包括犹太人、天主教徒和社会党人在深夜来电或来访时向他们绝望地讲述骇人听闻的逮捕、殴打和折磨的经历。有一次,莫勒约见了一位刚被释放的犹太人,后者向记者们展示"他那被打成肉酱的背部",埃德加回忆道。

但是,虽然大部分记者越来越意识到发生在身边的暴行,但并非每个人都采取了同样的反应——或者说和莫勒夫妇同样的反应。当纳粹宣称要联合抵制犹太商店时,莉莲拿上她的美国护照,"从这些地痞身边挤过去",来到西方百货公司购物。这是一家犹太人开的商场,现在除了少数几个外国人还会光顾外,几乎是门可罗雀了。而在之前的一次滑雪事故中受了腿伤的莫勒,也选择在这一非常时期找一名犹太医生把石膏取下来。医生很害怕,非常不情愿地让他进了诊疗室。

自从莫勒的新书出版以来,纳粹已公然表示了对他的愤怒。外交部的高级新闻官建议他辞去外国记者协会会长一职,否则德国政府将取缔外国记者协会。康斯坦丁·冯·纽赖特是旧政府的一名官员,他总是习惯性地向外国人力证德国政府的友好意图。但当莫勒向他求助时,他却不愿伸出援手。和他的新领导们一样,纽赖特对莫勒的新书颇为不满。在尼克博克的陪同下,莫勒成功约见了戈培尔,但戈培尔对莫勒同样不屑一顾。"听说你们有话要和我说?"宣传部长这样问候他们。

因为无力对抗德国政府对外国记者协会的抵制,莫勒在协会内部召开了一次全体会议,并递交了辞呈,但大部分成员都投票反对他辞职,或表示"绝不允许任何社会和个人压力妨碍他们新闻批判的自由,因为他们的工作只忠于事实"。一个月后的1932年,莫勒在普利策新闻奖的评选中荣获"普利策国际报道奖"。

尽管戈培尔没有改变反对的决心,但他却突然对莫勒采取了温和路线,为他提供一些采访上的"便利"。为了证明德国对政治犯的人性化待遇,他允许莫勒和一群记者一起去探访桑博格集中营。在纳粹政权早期,集中营还没有后来的大范围恐怖行径,但是关于纳粹暴行的故事已经在坊间传播开来。当意识到这次探访只是作秀时,莫勒和尼克博克决心想出一个方法去了解其中最有名的一名囚犯——某和平主义周刊的编辑卡尔·冯·奥西茨基——所遭受的待遇。当他们要求见他的时候,奥西茨基被带了出来,但他周围站满了警卫。莫勒和尼克博克被允许问几个问题,于是尼克博克问他能否在集中营里收到书。

"当然。"奥西茨基的回答显然很令警卫满意。

尼克博克问他想要什么样的书,他回答说:"你们手上有的任何书都可以……可能历史方面的更好。"

这时莫勒插话了,问他对哪个时期的历史最感兴趣。"古代、中世纪和现代——你更想了解哪个时代?"

奥西茨基先是沉默,然后和他短暂对视了一会儿,用单调的声音回答说:"给我带一本关于欧洲中世纪的书吧。"

根据莫勒后来的回忆,当时他和尼克博克都很好地领会了奥西茨基所传达的信息,他们静静地目送这位囚犯被"送回到一个新的欧洲黑暗世纪"。

美联社的洛克纳也在这批探访记者团中间,但是他得出的结论却略有不同。在采访完一些囚犯后,他相信他们中有的人"确实遭到了严重殴打,但是显然这些残酷的虐待现在都已经叫停了",在给女儿贝蒂描述希特勒"和平演说"的同一封信中,洛克纳这样写道。但对罪犯指控的缺失和他们的未卜命运,洛克纳也感到十分担忧。"因此,如果桑博格之行是为了让我们相信囚犯们并没有受到身体上的伤害,那么他们的目的达到了,"他这样总结道,"但是如果纳粹认为我们离开桑博格时会兴高采烈,那他们就大错特错了。"

在探访桑博格集中营的时候,纳粹的主管负责人对记者们表现出的友好都只是作秀罢了——尤其是对于莫勒。"您也知道,莫勒先生,我们一度对您有些生气,"他说道,言下之意是现在的情况已经不同,"我们甚至想过要派一队党卫军去揍您一顿，让您恢复点理智。假如我们真的那样做了，您会怎么办？"

"如果你们伤我一根汗毛的话，我想我就算爬也会爬到打字机旁，记录下我心里真实的想法。"莫勒回答说。

纳粹官员很想知道那究竟是什么。莫勒马上告诉他："那是一种典型的纳粹式的胜利。"

"您指的是什么？"纳粹官员打破砂锅问到底。

"15名武装人员对付一个手无寸铁的人。"莫勒说道。这次对话也就此结束。

据莫勒的妻子莉莲回忆，记者们和纳粹的"甜蜜期"并没有持续多久，当然其中也包括莫勒。他继续追踪报道，却只是加深了他对于德国前途的忧虑。他不仅悲伤——而且对于那些对危险信号视而不见的人们感到愤怒和焦虑。当美国的两位知名编辑——《国家》杂志的奥斯瓦德·加里森·维拉德和《大众福利》杂志的乔治·舒斯特——来拜访他的时候，莫勒试图让他们相信，希特勒的确有意发动战争。但是，他的这些话只会徒增他们的反感。"如果连这样聪明的美国人都拒绝面对现实，你还能指望西方国家及时做出反应，以防止最坏结果的发生吗？"他这样写道。

莫勒的一个消息来源是一名医生，他是柏林大拉比的儿子。每隔几周，莫勒就会打电话给他，抱怨说喉咙痛，并预约看病。当医生开始检查"病人"时，他会找个借口支开助手。等助手一离开房间，他马上把一张卷起来的纸条塞到莫勒的胸袋里，上面记录了最近发生的袭击和逮捕事件。但有一次，医生告诉莫勒："你已经被关注了，有人跟踪你，我们以后不能再见面了。"

但这并非他们的最后一次见面。莫勒想出了一个新的方案，他们约好每周三上午11点45分在波茨坦广场底下的公共卫生间见面，两人站在相邻的小便池旁，不做任何交谈，然后从不同的出口离开，这样跟踪他们的人也不会有什么怀疑。期间，医生会把小纸条丢在地板上，随后莫勒会捡起来。莫勒在不断收集关于被迫害的人们身处困境的消息。当犹太人向他咨询的时候，他总是毫不犹豫地告诉他们："逃走吧，越快越好"——甚至还会给他们一幅德国和捷克斯洛伐克交界边境的地图。

尽管时局变得越来越紧张，但莫勒并未完全丧失他的幽默感。外国记者协会有这样一个传统，即每年6月都要设宴款待德国的外交部部长。宴会上，部长将阐述他的外交政策。1933年6月，出于对莫勒的愤怒，纳粹政府仍在抵制外国记者协会，于是他们将招待外交使团的宴会改到了中午。令所有记者大吃一惊的是，两名德国官员也和所有外国大使一道应邀前来，他们分别是德国国家银行的主席沙赫特和柏林有名的高个子（高6英尺6英寸）市长海里因希·山姆。

当莫勒起身——和大家打招呼时，他假装不懂德语语法。"我们在这个国家——我的意思是自从我们来这里后一直很开心……我们中有些人会去找轻松——我的意思是找乐子——在这个异国他乡……"他说，他一口气"修正"了这么多用法惹得大使们哄堂大笑。

生气的沙赫特做出了回应。他指责说，外国媒体应该报道事实，而不是发表观点，暗指德国的形象的毁损正是由于记者的失实言论造成的。莫勒以他一贯擅长的讽刺幽默感谢了沙赫特。他说，他很高兴沙赫特这么重视美国的新闻工作，美国记者正是以如实报道著称的。莫勒再次让外交官们暗自发笑，只有沙赫特一人恼羞成怒。

在场的纳粹党徒们当然不会跟着哄笑，但莫勒感觉到了他们的不悦。7月，《芝加哥每日新闻报》的发行人弗兰克·诺克斯上校抵达柏林，他对于旗下的记者们从这里发回的报道仍心存疑虑。但在离开的时候，他得出两个结论：一、莫勒关于这里日渐加剧的恐怖主义的说法完全在理；二、记者们是时候离开了。诺克斯告知莫勒，他想把他调往东京，因为他相信纳粹可能会对莫勒进行人身袭击。

莫勒并不想离开，但他也意识到，如果他不主动离开的话，总有一天他会被驱逐出境。而与此同时，他却比以前更加直言不讳，毫不隐藏他对德国新领导人的反感。在一些社交场合上，当有机会和多德交谈时，莫勒总会细数纳粹政权的暴行。可他发现，这位新大使对这样的极端言论很是谨慎。大使认为，他在这一问题上过于情绪化。有一次在多德官邸的晚宴散场后，大使在他的日记里写道："最后我觉得莫勒几乎和纳粹一样疯狂，但是我能理解他的观点。"

多德不愿接受莫勒关于德国的黑暗描述，因此莫勒取消了与大使的会面，称此是对"自由的沉重一击"。这一说法略显严重，但如果对照老牌外交官乔治·麦瑟史密斯的勇敢行径而言，也就不难理解了。这位总领事曾大力抗议纳粹对包括记者在内的任何美国公民的虐待，并与记者们保持着密切联系。在莫勒家里，麦瑟史密斯的电话号码被记录在三个置物架上，如果家里发生任何事情，他可以第一个打给麦瑟史密斯。"在这个连外国人也有了好坏之分的非常时期，他不仅没有'站起来'捍卫向他委以重任的祖国——一个多么罕见的现象！——而且还在为所谓的优良传统辩护。"莉莲·莫勒写道。麦瑟史密斯在早期就纳粹在何种程度上反映了希特勒意志的疑虑已基本烟消云散了。

8月的一个深夜，埃德加接到维也纳《新自由报》驻柏林记者保罗·戈德曼的妻子打来的一个惊恐的电话。"哦，莫勒先生，他们刚刚逮捕了我丈夫！"她说道。戈德曼已经68岁了，年老体衰，是一名普鲁士犹太人，也是外国记者协会的创始人之一。在维也纳，一名德国新闻官曾遭到逮捕和驱逐；作为对该行为的报复，戈德曼不幸被选中。他妻子的恐慌不难理解，她担心他在纳粹的监狱里坚持不了多久。

挂掉电话时，莫勒已经怒不可遏："这帮狗崽子，他们怎么不去抓那些和他们一样身强力壮的人？"莉莲回忆说，她从未见过丈夫发这么大的脾气。

当他冷静下来时，他和尼克博克想出了一个解救戈德曼的计谋。尼克博克告诉戈培尔，莫勒愿意辞去外国记者协会会长一职，作为戈德曼出狱的交换条件。当然，他并没有告诉对方，莫勒已经知道自己即将被调往东京。听到这一消息后，其他美国记者也纷纷找到盖世太保的头目鲁道夫·狄尔斯，称他们每人都愿意在监狱蹲上一天，以交换戈德曼的自由。对比之下，纳粹很愉快地接受了莫勒的条件，立马释放了他们的囚犯。

还有一个小插曲：当局没收了戈德曼妻子的德国护照，以确保他不会出逃或做出任何"不友好"的举动。但他的妻子是土生土长的奥地利人，所以她马上提出离婚申请，这样她就可以重新获得奥地利公民身份——以及一本奥地利护照。

莉莲·莫勒问"这个勇敢的老太太"，多年的婚姻以如此戏剧收场会不会令她觉得难过。"完全没有，亲爱的。"她回答说，尽管她眼眶里的泪水却告诉人们并非如此。"我确实要和他离婚，但那只是权宜之计，我将继续和我的丈夫一起生活……只是带着罪恶。"

当得知莫勒即将前往东京工作的消息时，他的很多英美国家的同事都开始报道他智胜纳粹当局的故事。与此同时，纳粹的媒体也在吹嘘，声称他们成功地将一位"长久以来不共戴天的敌人"从外国记者协会的最高位上拉下马来。褐衫党经常出没在莫勒的办公室和家的周围，尾随他进城，甚至还跟踪他的一些熟人。麦瑟史密斯为莫勒深感担忧，所以才会将电话号码留给莫勒，以便他在夜晚出门遭遇意外情况时能够联系上他。莉莲也一直生活在对丈夫的担忧之中。褐衫党的存在是"一个可怕的威胁，"她回忆道，"在那个时期他们几乎无恶不作。"

故事的高潮很快来临。莫勒夫妇原计划要10月才搬到东京，但纳粹从8月开始就不断给他们施压。一度被莫勒视为朋友的德国驻华盛顿大使汉斯·迪克霍夫向美国国务院和诺克斯上校报告，因为"德国人民义愤填膺"，所以德国政府已不能再承诺莫勒的人身安全。而纳粹也急于要在9月2号的纽伦堡纳粹年度庆典举行前迫使莫勒离开，尽管他仍想留在境内报道此次活动。

诺克斯担心，莫勒已处于高度的危险之中，所以发电报要求他马上离开。但莫勒还是不愿走，至少要等到纽伦堡事件结束之后，以表明他并未被吓倒。但多德大使敦促他尽快离开。"如果不是报社把你调走，我们一定会在这个问题上有一番激辩，但这也只意味着你仅仅提前六天离开而已,"他告诉莫勒,"你难道不愿避免情况复杂化吗?"尽管莫勒非常憎恨新大使不愿对纳粹政权采取更强硬的立场,但这次麦瑟史密斯和尼克博克也赞成多德的观点。他们认为,这个风险对于他们的朋友莫勒而言实在太大,他是时候离开了。

最终,莫勒同意在9月1日离开,莉莲和女儿因为要打包行李,所以会再滞留一些时候。在离开之前,莫勒的一些同事送给他一个银质的玫瑰碗,上面刻着"致为新闻自由而战的勇敢斗士"。当莫勒即将登上从火车站动物园开往巴黎的列车时,麦瑟史密斯从一场晚宴上匆匆赶来,给了他一个临别的拥抱。

火车站的公职人员们只是忙着确认这位讨厌的记者是否真的离开了。就在火车启动前不久,一位年轻的德国军官嘲讽地问他:"您什么时候会再回到德国,莫勒先生?"

"瞧着吧,等我带着我的两百万同胞重返这里。"莫勒回答说。

这名官员用了好一会儿才消化了他这句话的含义:莫勒想象着有一天美国士兵们将长驱直入战败的德国。"但那不会发生,不可能!"这名官员大声抗议。

莫勒并没有就此作罢,他是不会不留下最后的话就离开德国的。"对独裁者来说,没有什么是不可能的,"他说,"独裁者能招致一切……包括战败。"

## 第6章

# "就像足球和板球"

## ——清洗犹太人运动

1933年夏天,24岁的玛莎·多德跟随新出任驻德大使的父亲、母亲和弟弟一起来到了柏林。后来在回忆起这段经历时,她一再强调当时的自己天真幼稚,对政治一窍不通,也不知道德国究竟是个什么样的国家——或者说纳粹的统治意味着什么。尽管她的父亲抱有明显的忧虑,并且多次提及他对于此次任期时间的不确定,但年轻的玛莎似乎并不在意。

## 反犹暴力事件的证据

"我不记得我们中有谁因为想到即将去往一个专制的国家而感到困扰。"玛莎·多德在回忆录《通过大使馆的眼睛》(*Through Embassy Eyes*)中写道。

玛莎并非唯一持这种观点的人,很多美国人对希特勒和他所领导的运动一无所知,其中包括不少知名的文化界人物。在多德一家赴德前,德裔美国人协会特意为他们在芝加哥举行了欢送会,当时玛莎坐在桑顿·怀尔德和卡尔·桑德伯格之间。怀尔德告诫她要尽快学会德语,并且多花时间和德国人——而不是在柏林的其他外国人——待在一起。桑德伯格则建议:"你应该去了解一个叫希特勒的家伙,去探查他究竟在想什么。在德国,你将看到形形色色的人:骗子、恶棍、空想家、政客、罪犯、外交官和天才,也将遇见来自世界各国的人们。你要观察、研究并分析这些人。不要恐惧和畏缩,不要让别人或你自己的经历阻碍了你对生活的好奇;带着勇气和真诚,保持你的诗意和正直。"

这些话令玛莎对即将到来的未知旅程充满了期待,她打算去认真探索一番桑德伯格口中的"对生活的好奇"。至于其他几个词汇——勇气、真诚、正直——则并没有在见过玛莎的人中间达成共识。有关她的流言,尤其是她与诸多不同年龄和国籍的男子的交往,始终没有停止过。假如说她的父亲在柏林期间一直过得提心吊胆,不知自己应该或能够做些什么,那么玛莎则没有任何"恐惧和畏缩"。从这个角度来说,她确实将桑德伯格送她的话牢牢记在了心里。

玛莎在芝加哥长大,后来在被其他学校称之为"犹太人中学"的大学附中上学。她承认,自己有着"轻微的反犹倾向"。她称,"我赞同这种说法:在形象方面,犹太人不如其他人有魅力;在社交方面,他们也不如其他人受欢迎。"她回忆称，在她就读芝加哥大学期间，甚至有好几位教授也"憎恶犹太同事或学生的才华"。

大学毕业后，玛莎在《芝加哥论坛报》担任助理文学编辑，并有过"一小段不愉快的"婚姻生活。但在对待个人事务上，她不再是那个天真幼稚的女孩了。她向大部分在柏林新交的朋友隐瞒了她已婚的事实。"那时我从来不提我已经结婚的事，于是成功地蒙蔽了那些外交使节们，"她明显地调侃道，"但必须承认的是，我很享受那种被当成18岁的少女而只有我自己知晓我的小秘密的感觉。"

尽管玛莎当时早已过了少女的年纪，但她依然可以在初次见面时吸引很多人的目光。当她与父母于1933年7月12日抵达柏林时，身在现场的贝拉·弗洛姆形容新任大使的这位女儿"完美地代表了年轻智慧的美国女性"。环球新闻服务社新任总编辑、不久后即蜚声国际的哥伦比亚广播公司主播威廉·夏伊勒于次年抵达柏林。他在日记中写道，玛莎经常会在晚上来到泰华尼餐厅——美国记者们每次写完报道后必然会聚会的地方。在夏伊勒看来，玛莎"美貌、活跃且辩才出众"。

但玛莎的行为也招来了一些非议，尤其是在大使太太们中间。1935年，凯·史密斯跟随丈夫、陆军武官杜鲁门·史密斯第二次到德国进行访问。早在1922年时，史密斯就已见过希特勒，他也因此成为美国第一位跟希特勒有过正式会面的美国官员。在未公开的回忆录中，凯这样写道："玛莎的房间位于大使馆顶楼"，"她身材娇小，相貌清秀，眼珠湛蓝，皮肤白里透红，就像一尊精细的德累斯顿雕像；人们很容易就被她的外表给蒙骗了。玛莎其实对男人很有一手，而且据说百无禁忌。日子久了，我还听到有传言称她随时都乐意把男人带去她的房间"。

玛莎确实是个话题人物，无论是在政界还是个人生活上。从政治的角度来说，她初到柏林时就觉得德国及其新政府受到了舆论的不公正待遇——她必须把人们的看法纠正过来。"我们都喜欢德国，这里的人民善良朴实……一切都是如此宁静、浪漫、新奇和惹人怀旧，"她回忆道，"我觉得，媒体的报道严重损害了这个国家应有的形象，而我要告诉全世界，这里有热情友好的人民，有草木芬芳的温柔夏夜，有幽静安详的街道。"在尝试了几家平价餐馆以后，她甚至开始拿这里和法国做起了比较："德国人似乎更加真诚和坦率，甚至连商人也是如此。"

在抵达德国后不久，玛莎见到了同样初来乍到的同胞昆廷·雷诺兹。1933年初，雷诺兹被国际新闻社派驻柏林，替换已经和纳粹闹僵的前任记者。从原本负责撰写关于泰·科布等球星的棒球新闻到报道当今举世瞩目的国际动态，连雷诺兹本人也承认他只会几句"酒吧德语"，并且"对时事不甚了解"。但他很感激美国同行们就德国政治给他上了一堂速成课。尼克博克敦促他立刻去读一下《我的奋斗》。他对雷诺兹说："据我所知，还没有哪个美国人认真地把它读完，但希特勒把征服欧洲的计划都写在了书里。"

当见到玛莎·多德时，雷诺兹已经和常去泰华尼餐厅的普奇·汉夫丹格成了熟识。"我不得不说，在第一次见到他时，我就觉得他是个讨人喜欢的家伙，"雷诺兹回忆道，"他身躯庞大，浓眉大眼，眼珠乌黑，时不时用手拂一下他又厚又长的黑色长发。他讲话很有意思，让每个人都很舒服。和那些我后来不得不与之打交道的纳粹党人不同的是，他对美国人表现出了极大的真挚。你很难讨厌像他这样的一个人。"

令玛莎颇为惊讶的是，才来德国几个月的雷诺兹竟然已经认识了汉夫丹格"这样的大人物"，并且还为她安排了引见。在由一位英国记者举办的派对上——玛莎将其称为"一场奢侈而迷醉的盛事"——这位纳粹宣传家并没有令她失望。"姗姗来迟的普奇一进门就吸引了大家的注意力，他身材魁梧，傲然俯视着现场的每一个人，"玛莎写道，"他举止温驯，很知道如何运用他那副美妙的嗓音，时而轻声低语，时而声震全场。他古怪而有趣，是纳粹党里的艺术家，也是希特勒的心腹和御用乐师……美国和巴伐利亚的结合造就了他这样的奇才。"

不光是其他美国人，连玛莎自己也发现她经常和汉夫丹格出双入对：他们在各类派对上共舞，她在他的引见下结识了众多纳粹名流。但雷诺兹已经开始对汉夫丹格持保留看法，只是他一直将这点掩藏得很好。抵达柏林后一个月左右,他在阿德隆酒店的酒吧里遇到了汉夫丹格。

"你来这儿一个月了,可你从没跟我提起过所谓的犹太人问题,也没有写过任何恼人的报道,"普奇说道,"这是为什么,昆廷?"

"我需要一些时间,普奇,"雷诺兹答道,"我在这儿的时间还不够长,我得先弄清楚情况。"

在见到玛莎的时候,雷诺兹不仅对德国局势有了很好的了解,他还渴望亲自去挖掘新的信息。8月,他邀请玛莎及其弟弟比尔一同驾车去德国南部和奥地利——玛莎立刻表示赞成。在南行途中,她看到道路上到处悬挂着"犹大"字样的横幅;他们明白这些都是反犹的标语,但正如玛莎所言:"我们并没有——至少我没有——太把它当回事。"

事实上,纳粹褐衫党的游行活动和当地人的巨大热情深深感染了玛莎,令她情不自禁地与之共鸣。当德国人看到他们特殊的车牌号码时,以为这三名美国人是政府要员——并用"希特勒万岁"的口号向他们表示欢迎。"这种热烈的氛围很有感染力,我很快也和纳粹党人那样用'万岁'和人们打招呼。"她回忆道。尽管雷诺兹和她的弟弟都嘲笑她的行为,但她承认:"我觉得自己就像一个精力充沛又无忧无虑的孩子,新政府的这一切就像美酒一般令我陶醉。"

临近午夜,三人决定在纽伦堡过夜。当他们抵达位于国王大街的一家酒店时,却惊讶地发现街头挤满了兴奋的人群。他们起初以为赶上了当地玩具商的节日庆典。在办理入住手续时,雷诺兹询问酒店工作人员,这里是否正在举行节日游行。"也可以算一种游行吧,"对方大笑着回答,"他们正在教训一个人"。

于是三人走上街去一探究竟。人们看起来心情都不错,乐队的演奏更是增添了欢庆的氛围。不久,他们就看到了纳粹的党旗和党徽,以及音乐声的源头:一支行进中的纳粹褐衫党队伍。其中两名人高马大的队员正拖着另外一人走在队伍里。"我辨不清那到底是男是女,"雷诺兹写道,"那人被剃光了头发,头上和脸上都扑满了白粉。虽然穿着一件短裙,但也很可能是一个被恶意丑化了的男人。"在纳粹褐衫党徒直起那人的身子时,三人终于看清了挂在受害者脖子上的牌子，上面写着："我曾试图和一名犹太人同居。"

随着"教训"的进行，三人逐渐从旁人口中得知，受害人是一位名为安娜·莱斯的女人，她因为无视与犹太人通婚的禁令、执意要嫁给犹太裔的未婚夫而遭到惩罚。玛莎回忆称，她那"饱受摧残的悲惨面容，就像稀释了的苦艾酒的颜色"。同时，她也对雷诺兹的反应感到意外。她向来认为，雷诺兹是一名"强硬的"记者，但"他被当时的场面吓坏了，他说他唯一能做的就是去大醉一场，以忘记这一切"。

当晚的最后一个"节目"是纳粹乐队演奏"霍斯特·威塞尔之歌"，全场约五千人伸出右臂，伴着乐曲高唱——随后人群四散而去。玛莎感到紧张而恐惧，先前的兴奋劲早已烟消云散，但她仍力劝雷诺兹暂时不要将此事宣扬出去。她称，一旦她和她弟弟被卷入该事件，必将引起一场轩然大波。此外，目前谁都不清楚纳粹党的态度。所以，这只能先当成一个孤立的事件来对待。

尽管玛莎声称他们三人确如雷诺兹所言那样准备大醉一场，但在灌下大量的红香槟之后，雷诺兹仍然很清醒地回到了自己的房间。他立刻打电话给在柏林的总编辑哈德森·霍利，激动地称他已经掌握了诸多记者只有听闻不曾目睹的暴力事件的证据——并且纳粹党一直否认该类事件的存在。霍利告诫他，最好别发电报，而是用信件将报道邮寄给他。另外，他特意关照雷诺兹将有关玛莎和比尔的部分隐去，以免给新任大使造成不良的社会影响。"在写下这一事件时，我止不住地颤抖，"雷诺兹回忆道，"安娜·莱斯那张苍白可怖的脸一直在我的脑海里盘旋。"第二天一早，他把信寄了出去。

一周后，当三人重返柏林时，雷诺兹的报道已经引起了不小的轰动。汉夫丹格给他留言，要求立刻见面。"你的报道里全他妈是假话！"普奇冲他吼道，完全顾不得任何礼节，"我已经和纽伦堡的人谈过了，他们说类似事情从未发生过。"

但经验丰富的英国人诺曼·埃伯特派了一名记者前往纽伦堡，继续追踪此事件。他告诉雷诺兹,他已经打听到莱斯目前被关在一家精神病院。

德国外交部并没有像汉夫丹格那样否认此事。事实上,他们派遣了官员前往多德一家的住处,就这起所谓的"单独的暴力事件"致歉——他们的解释和当时玛莎对雷诺兹的建议如出一辙。并且,他们承诺将严惩施暴者。这无疑更加坚定了玛莎的看法,即德国新政府所面临的唯一问题是外界对他们的误解。

对雷诺兹来说,他对纳粹政权和汉夫丹格本人的好感正在迅速消失。这次的安娜·莱斯事件,让他看清了普奇的真面目:他并非真的爱打趣和讨好美国人。在父母来柏林观光期间,雷诺兹为他们举办了一场大型晚宴,邀请了玛莎和比尔、他的记者朋友以及在德国的众多熟识。和往常一样,普奇姗姗来迟。他坐到钢琴前,对雷诺兹的母亲说,他将为她演唱一首自己创作的歌曲。雷诺兹回忆道:"普奇对我母亲唱了一首污秽的歌曲,歌词里明确地将犹太教徒、天主教徒和黑人列为德意志第三帝国的敌人。"普奇故意放低了声音,只让钢琴旁边的一小撮人能听清他在唱什么,这也更加说明他是有意为之。他要当着雷诺兹的面攻击他的母亲,作为安娜·莱斯事件的报复。

雷诺兹本想立刻上去给普奇一拳,但一名德国宾客最终劝服他放弃了这个念头,以免造成恶劣的后果。不久,自鸣得意的普奇就宣布他必须提前离开,因为他还得赶往总理府为希特勒弹奏李斯特。雷诺兹一直将普奇送到门口,他极力克制自己的愤怒,至少从表面看来,是热情的主人在真挚地送一位宾客离开。但他的道别词,虽然轻到只有普奇才能听见,却极其犀利:"休想再踏入我家半步,无耻小人!"

## 希特勒否认将有新战争

1933年6月30日,美联社记者路易斯·洛克纳给在芝加哥大学上学的女儿贝蒂写了一封信。信中，他剖析了罗斯福总统将历史学家威廉·多德派驻柏林的这一决定。"罗斯福实在很有幽默感，竟然将一个崇尚杰斐逊式民主的自由主义者派往德国这样的反民主国家，"他写道，"在这里，多德必将感到格格不入！"

当多德于当年7月抵达德国时，他开始谨慎地摸索这个新环境，试探他的受欢迎程度，并打量这里的政治局势。在和康斯坦丁·冯·纽赖特见面后，多德形容这位外交部部长"极为友善"。德国驻美大使汉斯·路德当时也在柏林，他拜访了新来的美国大使，并一同探讨了希特勒复兴经济的计划和关税政策。而在谈到纳粹将如何处理近邻关系这样的敏感话题时，路德极力进行安抚。"他并没有要和法国挑衅的意思，也只字未提波兰走廊。"多德在日记里写道。

最令多德感兴趣的是那些同他一样的学术专家们的观点，而这些声音令他惴惴不安。多德写道，前国会成员和"著名的国际主义者"、波兰大学的奥特·霍奇教授称"他对于希特勒政府相当满意"。但这位新任大使却认为："到目前为止，似乎所有的大学教授都遭到了某种胁迫，他们并非自愿屈服，而是担心丢掉饭碗。"

7月28日，多德记述了"迄今为止我所听到过的最悲惨的犹太迫害事件"。著名的化学家弗里茨·哈伯找到他，问他是否可以帮助他移民美国。弗里茨遭到了解雇，而且纳粹拒绝向他支付退休金。与此同时，他还饱受心脏病的折磨。多德告诉他，移民的名额已经用完，对于像他这样地位的科学家目前还没有开设特殊通道。虽然弗里茨也做好了前往西班牙的备用方案，但多德回忆称："政府的暴行只会给国家带来灾难。"

和总领事麦瑟史密斯及其他许多美国外交官一样，多德发现纳粹褐衫党殴打美国公民的事件与日俱增，而很大一部分受害者只是因为没有行纳粹礼。德国外长冯·纽赖特安抚道，他将尽一切努力防止类似事件的发生，但他表示褐衫党"不听指挥，我们恐怕难以阻止他们"。

在哥伦布纪念日当天，多德在阿德隆饭店向美国商会作了一次演讲。他宽泛地阐述了政府的本质和迫害行为带来的危害。尽管现场坐着德国外交部长、经济部长和宣传部长,他仍警告称新的社会实验很可能引发灾难。他说:"政治家们应以史为鉴,任何仰仗特权来操控社会运行的体制最终都难逃覆亡的命运。"而作为解决措施,他提出了托马斯·杰斐逊的主张,即"最理想的社会秩序是,人人都享有创造和行动的最大自由,并且没有任何个人或团体能够靠压榨他人获利。"

尽管多德注意到了房间里高度紧张的氛围,但他仍然对发言结束后所受到的"极其热烈的掌声"感到满意。同时他也发现,他的言论和对美国公民遇袭事件的一再追问已经开始触怒当局。"我能明显感受到我已经在政界树了敌,"他写道,"而且我相信那就是纳粹党。"

10月17日,多德大使终于有机会就美国公民遇袭事件向希特勒当面讨个说法。希特勒给他的第一印象是:"他本人要比报纸上的照片更好看一些。"当被问及此事时,希特勒的态度显得很积极。多德在日记里写道:"总理先生亲自许诺,他将严惩施暴者,并下达法令通告全国,外国人无须行纳粹礼。"

但当多德问及德国近期宣布退出国联的声明时,希特勒开始痛斥《凡尔赛和约》和战胜国加诸德国的种种侮辱性条款。多德也承认,法国的要求有些过分,但他试图从哲学的高度来看待这个问题。他称,战争总是伴随着不公,并以美国内战后南方的遭遇作为例证。但希特勒并不是一个好学的历史课学生:当这位曾经的大学教授极力兜售他的论调时,希特勒始终一言不发。

就在几天前,多德在与罗斯福探讨德国的近况时,也采取同样的哲学主义态度。在10月12日写给总统的信中,他暗示德国新政府并非无药可救,对其盖棺定论还为时尚早。"从根本上说,我认为每一个民族都有自治的权利,即使过程中可能伴着阵痛和不公,其他民族仍应暂且忍耐。任何人都值得拥有一次尝试的机会。"

多德试图从希特勒口中套出一些话来——尤其是关于与邻国的边境摩擦是否可能触发新的战争。"不会,绝对不会!"希特勒极力否认。但当多德问道,假使在鲁尔区爆发冲突,他是否愿意召开欧洲会议讨论解决方案时，希特勒回答："那将是我的意愿，但不能代表所有的德国民众。"多德在日记里写道："我认为他这里指的就是由他一手培养出来的暴力的纳粹军队。"最后，多德总结道："希特勒的好胜和自负令我印象深刻。"

尽管如此，多德依旧对希特勒在民众中的支持率持保留意见，同时他也质疑希特勒对政权所具有的实际掌控力。就在和希特勒见面前两天，多德在前往电影院时发现，希特勒在一段新闻短片里的露面仅引发了一些零星的掌声。"希特勒的影响力绝对比不上意大利的独裁巨头墨索里尼。"他这样总结道。但多德十分清楚的一点是，他的行动很可能为自己招来人身攻击。10月最后一个周日的正午，当他走在动物园大街上时，看到有一队褐衫党徒正朝着他的方向走来。"我转到了公园以避免尴尬。"他在日记中写道。这不难理解：他不希望自己也和其他美国人一样，因为没有行纳粹军礼而受到"教训"，从而闹得满城风雨。

然而，多德始终致力于呼吁德国政府叫停迫害行动，以保留这个国家仅剩的一点自由和体面。在马丁·路德日当天，即11月19日举行的德美教会论坛上，多德受邀发言。他不无自豪地写道，"我以向美国听众讲课的方式"介绍了路德的生平事迹。现场大约有三分之二是德国人，另外三分之一是美国人，但所有人都对他的演讲报以热烈掌声。"我清楚地意识到，德国民众希望我可以说出他们私底下不敢说的那些话，尤其是关于宗教和个人自由的话题。"他这样总结道。

但多德依然对希特勒存有幻想。12月初，英国驻德大使埃里克·菲普斯爵士来到他的住处，告诉他希特勒重启了与法国的裁军协议。根据约定，德国可以保留一支30万人的部队、少量火炮和"防御性飞机"。如今，希特勒希望增加一项条款，即德法双方在十年内不得发动战争，并同意将德国的军备力量和250万人的纳粹党卫军和冲锋队置于国际监督之下。多德许诺他会将此事打电报给华盛顿知悉，并在日记里乐观地写道："看来裁军计划迈出了实质性的一步……"

虽然多德认为，希特勒本人并不如他的演讲和治国大纲所反映的那样疯狂，但和希特勒相处时他仍感到浑身不自在——而且他发觉德国元首和他有着相同的感受。1934年1月1日，身居柏林的各国外交使节齐聚总统府，向已经86岁高龄的德国总统冯·兴登堡拜年。希特勒出席时，多德与他互致了新年问候。随后，为了寻找一个看似安全的话题，多德提起了他在慕尼黑度假的事，因为希特勒不久前也在那里住过几天。多德称，他遇到了"一位优秀的德国历史学家"——曾与希特勒一同在莱比锡求学的迈耶教授，但希特勒却说他并不认识这样一个人。随后，多德又提到了慕尼黑大学的多位学术专家，但希特勒均表示并不相识。"看来他从未和这些我所熟知和尊敬的人们有过交往。"

"我担心的是，他以为我在故意让他难堪，"多德在日记里写道，"我绝无此心。只是在当时那段敏感时期，我们之间很难找到能够共同谈论的外交或政治话题。"而作为与美国大使及其女儿玛莎都有着良好私交的汉夫丹格，则在后来道出了造成大使和总理间氛围尴尬的另一大原因。"那位善良的多德先生几乎不会德语，我听不懂他要说什么。"希特勒告诉普奇。在希特勒看来，多德的真诚甚至没有给他留下任何印象。德国领袖很乐意与眼前这位大使先生分别，因为他所代表的国家"极度软弱，并且不能为（他的）计划的实现提供任何实质性的帮助"。汉夫丹格也赞同希特勒对多德的蔑视。"他不过是一个来自南部的普通历史课教师而已，他薪水微薄，说不定还在节衣缩食，"他在战后的回忆录里写道，"当美国需要一位财大气粗的百万富翁来和纳粹党针锋相对时，他却畏畏缩缩地躲在后面，好像仍以为这里是大学校园。"

可以毫不夸张地说，普奇口中那个浮华而富有的、可以和纳粹"针锋相对"的大使，倒更像是形容他本人，而不是多德。普奇一如既往地以希特勒宣传家的身份到处表现得趾高气扬，而多德至少曾尝试过要将纳粹的气焰打压下去——尽管结果证明他的努力纯属徒劳。

## 盲目的包容

在希特勒执政的头一年，至少有一位美国人立刻看清了走势，并向纳粹党发出警告。这个人就是舍伍德·埃迪。作为一名新教传教士和基督教青年会的全国秘书长，他曾在亚洲、俄国和德国等地游历和布道，并撰写了多部记述他的经历和主张的作品。1933年7月，在由卡尔·舒尔茨协会组织的年度研讨会上，埃迪作为访问团团长出席。该协会以美国南北战争期间联邦军一位将军的名字命名，他也是一名德裔美国政治家和记者，并在战后成为首位德裔参议员。在会上，埃迪指出，这是他第十二次来到德国。

会议的本意在于传达新任政府将致力于维护和平的信号。在招待会上，德国的发言人高度赞誉了希特勒近期在国会上的演讲。而据每逢重要场合一定会现身的记者贝拉·弗洛姆称，他们所传递的信息具有双面含义："任何其他国家都应摈弃这样的想法，即德国会再次发动战争。毕竟，德国元首和美国总统罗斯福的立场并无二致。"

埃迪谦和有礼地作了回应，他表达了自己对德国的热爱，并巧妙地将话题引导到新政府上面。"我注意到，你们对于所谓的'新德意志'表现出了巨大的热情，而我向来欣赏这样的热情。"随后，他话锋一转："尽管我无比热爱德国这个国家，但我的内心还存在另一种更为炽烈的情感：我对人类的爱。"而这种爱，他说道，促使他始终坚定不移地倡导"公平正义；言论、出版和集会的自由；普世的道德和经济法则"。担心现场仍有人听不懂他的意思，他补充了一句："所有号称具有文化操守的国家都应尊重这些权利。"

埃迪称，他在俄国时也提出过同样的主张，并在这些法则遭到践踏时积极抗争——"作为德国的朋友，我在这里声明，你们的行为已经违反了正义的原则"。正如弗洛姆所写那样,他的讲话使得现场的纳粹党人"惊惶错愕"。"世界上不存在双重的正义标准:一种适用于雅利安和日耳曼民族,而另一种适用于社会民主党、共产党、自由党、犹太人和和平主义者。不要说这只是你们国家的内政。当美国动用私刑的时候,全世界人民都在关注着……同样,当你们国家存在不公时,全世界的目光也都会聚焦于此。"

随着话题的深入,埃迪开始变得愈加直率:"在德国,每时每刻都在发生非正义的行为。瞧你们对天主教徒、共产党人、社会民主党人和犹太人都做了什么?在集中营厚厚的砖墙后面到底在发生着什么样的可怕暴行?我可读过你们的报纸。"

接着,埃迪拿出一份纳粹的日报《民族观察报》,其头条新闻是"过去15年间共有7万名犹太移民来到德国"。他指出,这种表述不仅错误至极,而且是"对青年人的煽动、对民族仇恨的引导和对残酷迫害的暗示"。他还称,在德国开会期间他听说过"虐犹"事件,对此他警告道:"这必将引发一场种族屠杀……我为我所深爱的这个国家感到忧虑不安。"

现场很多观众都为他的发言鼓掌。"而愤怒的纳粹人面色惨白,在座位上沉默无语",弗洛姆这样写道,但她并没有机会将这位美国传教士的精彩演讲发表到报纸上。而另外一名记者在报道中只节选了埃迪无伤大雅的开场白和呼吁德美两国加强谅解的结束语。"看到这篇文章时我很震惊。"弗洛姆在日记中写道,但她却无力扭转公众的观念。

在所有早期造访过"新德国"的美国人之中,几乎无人像埃迪这样直接而清晰地表达出自己的不满。尽管也曾有人对纳粹的行为感到厌恶,但却极少有人能看清这个国家和人民正在发生的剧变,以及这一切可能带来的危险。

通常,美国人至多只是表现出一些不安。1933年时,著名的小说家赖特·莫里斯年仅23岁。当年10月,他搭乘一艘从纽约开往安特卫普的货轮,展开了他的欧洲之旅。在此期间,他短暂经过德国,并在海德堡的一家青年旅社入住。房间的窗子正对着一所公园，可以看到金发的孩子们在晴朗的天气下玩耍。漫步街头时，他强烈感受到了这里的浪漫气息。"在内卡河大桥上，我驻足了很久很久，望着城市的古堡，我仿佛看见了莱茵河上的少女和薄薄的轻雾。"他在旅行日记中写道。

但与此同时，他"第一次预感到，在这一派祥和之中潜藏着腐朽。在那光影流连和童声婉转背后，潜伏着和每个人都休戚相关的危机"。当他走进一家烟草店去打量里面的烟斗时，瞥见有人躲在一块帘子后面监视他。"女店员虚伪地笑着，给我做作而不安的感觉，"他回忆道，"我甚至可以听到帘子后面的悄声议论。我对恐惧的感知并不敏锐，因为我极少感到恐惧；但眼前这个女人鬼祟的眼神和举动，让我感到一阵莫名的焦虑。"不过，莫里斯随后补充道："重新走到阳光下时，我便很快忘记了这种感觉。"

很多人则没有感到丝毫不安，他们深信，世界和平的关键是给予每一个国家和民族以自主选择的权利，并且，各民族之间的差异并没有人们想象的那么明显。这种想法最坚定的支持者要数来自佛蒙特州普特尼的唐纳德·B.瓦特。1932年夏天，他带着第一批年轻的美国人来到欧洲，开始了"国外生活体验项目"。体验人员需要寄宿在当地普通人的家中。而该交换项目获得的巨大成功，使它一直延续至今。瓦特称，他的目标是"在一定时间内，创造一个可控的环境以加深不同民族和文化间的理解和友好"。

在希特勒上台以后的1933年夏天，当瓦特再次准备带领一批充满理想的年轻人前往德国时，有很多人向他发出警告。但瓦特对于"和'外国人'交朋友"的热情如此高涨，以至于他全然无视——甚至嘲笑——这些善意的提醒。"德国人以好战著称，所以人们一定会以为，德国并不欢迎我们这样一个致力于和平的团体，"瓦特写道，"但事实却正好相反：纳粹组织让我们感到宾至如归……我们在（美国的）报纸上看到的新闻和我们在寄宿家庭里的实际体验截然不同。"而关于德国的暴力现象，他补充道："对那些在德国度过了整个夏天的人们来说，认为外国人在德国会有危险的顾虑就和认为德国的礼法正在沦丧一样荒谬。"

瓦特承认,"过度的有序"和"民众的顺从"都是纳粹事先安排的结果。但他认为,对一个外国人来说,在德国唯一的危险就是被盛行敬礼的"强大社会风气"所同化,而"假如你不想成为敬礼队伍中的一员,你就得施展你全部的自制力"。尽管拒绝敬礼的美国游客在德国惨遭殴打的报道屡见不鲜,但瓦特坚称他们在那里时可以不受任何约束。在德国百姓家中寄宿的生活让他们意识到,美国媒体一直在搬弄是非。"在美国时,他们听说的都是关于希特勒的负面消息;而在这里,他们却看到了不同的一面。"瓦特写道。

甚至在犹太人的问题上,瓦特也称,体验小组的成员都认为"只有极少数人真的遭到了虐待"。他补充道,德国人之所以反犹,是因为"有很大一部分生意掌握在犹太人手中"。德国人"超越相对贫穷的现实,选择回归单纯朴素的生活方式"令来访的美国青年们印象深刻。但正如瓦特所言,这次实验最关键的收获,也是他来此找寻并决心要证明的一点:"或许最重要的是,我们发现,我们所遇到的人和我们并没有多大的不同","第二次的国外生活体验项目生动而成功地证明了包容的力量。"


## 责难与辩护


以德国为研究对象的社会科学家们则没有这么盲目乐观,对于德国新的社会秩序,他们各执己见。1933年,和多德一样在芝加哥大学任教的政治学者弗雷德里克·舒曼在德国驻留了八个月。在希特勒上台前,他本已做好了实地考察的计划,但这一事件促使他临时改变了研究课题。"我原准备踏上一片我所熟知的土地,那里曾是世界音乐和哲学的天堂,也是我祖辈的故乡。如今那里却突然变成了'雅利安'和'日耳曼'民族的发源地,"他写道,"从我抵达的1933年4月开始,德国正在由议会民主制转变成法西斯专政，这种变化剧烈而又有序地发生着。"

舒曼将纳粹党的成功作为新的研究课题，并为他于1935年出版的著作《纳粹德国：对法西斯社会病理学和政治学的研究》（*The Nazi Dictatorship: A Study in Social Pathology and the Politics of Fascism*）收集了大量素材。从他的遭遇来看，他会在书中采用高度批判性的语气也就不足为奇了。"在与老一辈德国官员接触时，他们均对我以礼相待。并且，只要我的问题不涉及这个国家和他们个人的安危，他们无不倾力配合，"他回忆道，"但在和新上任的纳粹领导人接触时，他们不是避而不见就是含糊其辞，抑或像汉夫丹格那样，一副多疑而自大的卑劣嘴脸。"

尽管舒曼坚称，他的目的在于"释疑，而非责难"，但书中的内容仍带有明显的倾向性。"与任何一种被高度情感化和主观化了的神秘主义一样，对国家社会主义也需要一个明确的态度：支持或反对，"他写道，"而所谓的客观陈述无异于支持。"在该书出版前，他提出了一个可怕的——并且准确的——预言，即在这种"对异族的病态的仇恨、欲望和残忍"的促使下，新的战争极有可能爆发。他最后总结道："法西斯主义最终会将这个政权引向毁灭，而随之一起消亡的，则是一个永恒时代的印记。"

哥伦比亚大学的社会学家西奥多·艾贝尔也对德国局势充满了兴趣。在希特勒被任命为总理的1月30日，艾贝尔在他常用的那个私人笔记本里写道："德国渴望再次崛起。她渴望征服世界，渴望一位强大的领导者。共产主义的处境很危险，内战很可能在德国爆发，与此同时，所有试图维持和平的努力都将付诸东流……"

但与舒曼相比，艾贝尔对纳粹的态度则显得更加谨慎——有时他甚至还会说些奉承的话。后来，他还对舒曼的某些观点提出了质疑。2月2日那天，他这样写道："希特勒的崇高宣言深深打动了我，他呼吁爱国主义的回归，并声称德国已面临分崩离析的危险，他把重新团结全国人民作为政府的工作目标之一。"他对希特勒发誓要减少失业率和发展农业、并且致力于和平和裁军的态度表示赞赏："我认为这是一份高尚的文件，但愿它能被落到实处。"

艾贝尔似乎也愿意为希特勒的行为辩护。"所以说,议会制和专政并非对立面,不过只是适用于不同情况的问题解决方式。"他在3月7日那天写道。甚至在5月焚书事件发生时,艾贝尔的好奇也大于他的愤怒。他将这一事件称之为"徒劳但却具有象征意义的举动",他声称:"人们对于希特勒运动及其所倡导的理念和变革所表现出的高度活力和热情令我印象深刻,我们这些没有信仰的人很难去理解那些受理想驱使的人们。我羡慕法西斯主义者、民族主义者和共产主义者,以及所有为了理想在奋斗的人们。"这段话很好地解释了,为什么一名美国的知识分子会为当时最激进的革命运动所吸引。

在1933年夏天访问德国时,艾贝尔惊讶地发现,很多德国人,尤其是希特勒的支持者,都很乐意聊他们的政治经历。在没有稳定工作的那段时间里,这一发现为他提供了灵感:他决定针对纳粹党人做一个大型的研究项目。1934年6月,在哥伦比亚大学的支持和德国当局的许可下,他宣布开展一场名为"在希特勒追随者中寻找最佳人生故事"的征集活动。只有在1933年1月1日前——即希特勒上台前就已加入纳粹组织的人,才具备提交自传故事的资格,奖金从10马克到125马克不等。"完整性和真实性是唯一的评判标准。"他在公告里说道。

这一活动引起了巨大反响。到1934年秋天的截止日期时,组织方共计收到了683份稿件。但由于运送这批稿件的轮船遭遇了一系列灾祸,因此直到两年后它们才被送达纽约的艾贝尔手里。基于对这些稿件的分析,艾贝尔最终整理出了他的成果——一部名为《希特勒为什么上台》(*Why Hitler Came into Power*)的著作——并于1938年正式出版。

艾贝尔在书中详细解释了为什么希特勒会拥有大批的追随者。他在书中写道,"一战"的失利、《凡尔赛和约》以及随后国内爆发的多次暴动,使绝望的阴影笼罩了整个德国。一名年轻的士兵在来稿里写道:"英雄堕落成懦夫,真相变质为谎言,而忠诚的人遭到了背弃。"

有18%的投稿者在"一战"后参加过某类军事行动,有的是针对国内左翼或右翼党派的斗争，有的曾在上西里西亚或鲁尔区作战。很多人承认，他们对"犹太人的唯物主义精神"感到震惊，并受了民族主义运动的鼓动。"我们对政治一无所知，但我们觉得德国的未来全系于此。"其中一人说道。

随后的1923年，希特勒发动了"啤酒馆政变"，而当局对他的审判反而令他名声大噪。"从那时起，我就认定希特勒就是我想要追随的人，别无他选。"其中一位投稿者这样写道。虽然很多人也提到了德国糟糕的经济状况，但艾贝尔与舒曼等人的看法却有所不同。"舒曼认为，希特勒的支持者中，有相当大一部分是心理不健全的中下层阶级……德国人口中最缺乏组织性、性格最病态的一个阶级。"

但艾贝尔认为，舒曼等人的这种结论忽视了对个体的分析，很容易造成错误的印象。根据收到的那些稿件，艾贝尔大致描绘了希特勒支持者的典型形象：

> 男性，30岁出头，是一位来自中下层阶级的小镇居民，受过高中教育；已婚，信仰新教；参加过"一战"，但没有参与过1918年和之后的革命活动；在加入纳粹党以前没有参加过其他政党，也不是退伍军人组织或其他半军事组织的成员。他大约于1930年到1931年之间加入纳粹党，他第一次接触这个党派是通过阅读报纸或参加集会。他对于共和国政府极度不满，但并没有反犹倾向。他的经济收入较为稳定，因为他不曾更换他的工作和住处，也从未失业过。

虽然艾贝尔的这段描述与舒曼等学者有诸多共同之处，但差异也是一目了然。其中最明显的区别是，艾贝尔所描绘的这个形象具有相对稳定的精神状态，而且并不给人以穷凶极恶的感觉。他在序言中指出，有相当多的投稿者"直言他们对某些政策的反对，例如反犹太主义"。但同时他也意识到，他对于纳粹党人的这种看似认可的态度有可能会招来灾祸。"我只是陈述事实和观点，并未加以评论，我不希望给人们造成我赞同他们的印象。"他坚称。

艾贝尔所收到的那些稿件表明，有诸多因素促成了希特勒的成功。通过让当事人自我陈述的方式，艾贝尔的作品在名目众多的以纳粹运动为研究对象的美国文献中独树一帜，并为日后的研究者们提供了极具价值的参考资料。但不难理解的是，为什么在普伦蒂斯·霍尔出版社同意发行此书以前，有多家其他出版社拒绝了艾贝尔的手稿。艾贝尔试图以一种客观的立场和超然的态度去研究纳粹运动的做法，在很多人看来只是故弄玄虚——因为他常常一不小心就表明了自己的判断。正如舒曼指出的那样，每个人对希特勒都应该有一个明确的态度：赞同或反对。而艾贝尔的问题从希特勒刚上台时就已经存在，即他似乎总在假定纳粹并没有什么过错。

## 欧洲会迈向战争吗？

对于那些目睹了希特勒上台经过的美国记者来说，令他们更感兴趣的是他下一步的野心，而不是争论他如何赢得了如此多的拥趸。从1933年春季到夏季，笔耕不辍的尼克博克撰写了大量文章，全面揭示了希特勒对权力的攫取。"阿道夫·希特勒已经成为雅利安民族的救世主，"他写道，希特勒决心要实现"种族的纯洁"。尼克博克称，纳粹党最新一期的反犹宣传册将犹太人分成了以下六类："嗜好杀戮的犹太人、满嘴谎言的犹太人、欺诈成性的犹太人、腐朽堕落的犹太人、自命风雅的犹太人和爱财如命的犹太人。"他补充道："此类刊物的发行恰好说明，流亡海外的人做出了正确的选择。"希特勒俨然已享有"至高无上的权威"，他在另外一篇报道里写道，他的权力已经"超越了……民主国家的任何一位领袖"。

尼克博克还指出了纳粹在制造恐怖方面的很多其他做法。"最近，纳粹党又开始逮捕了大批政治犯"。除了关押"所有在德国的犹太人，以达到震慑他们身在海外的同胞的目的"以外，纳粹党还开始逮捕那些逃亡海外的反纳粹分子的亲人。这种"卑鄙的"行径收效明显，"即便是那些敢于英勇献身的猛士，也不得不在亲人受到威胁时有所退缩和动摇。"

但在这片恐怖的笼罩之下，尼克博克发现了一个例外的群体，"唯有德国的赤裸主义者逃脱了纳粹的掌控"。尽管赫尔曼·戈林等纳粹高官多次严令要求赤裸主义者穿上衣服，但记者却称，这似乎是唯一一个当局愿意视而不见的领域。"和所有其他遭到了法律镇压的民众运动一样，赤裸主义运动也被打上了违法的标签。"但赤裸主义者并不敢完全挑战当局的权威。尼克博克补充道，也有一部分坚定的赤裸主义者加入到了纳粹运动中，试图从当权者内部为他们的事业做出贡献。"他们打算向希特勒发出呼吁，因为他也和赤裸主义者一样，不抽烟、不喝酒、不吃肉。"虽然没有任何迹象表明，希特勒将会采纳他们的倡议的核心特征——全身赤裸——但他们仍未放弃努力。"希特勒一定会理解我们的。"尼克博克引用道。

赤裸主义者的出现似乎给这种紧张的氛围增添了一丝难得的轻松。在希特勒上台后的第二年，也就是1934年初，尼克博克的著作《沸点》（*The Boiling Point*）出版发行。在书中，他着重分析了欧洲各国之间纷繁复杂的国家关系。而最令人揪心的莫过于他在该书开头时抛出的问题："整个欧洲都已蓄势待发"，"她会迈向新的战争吗？"

作为当时最杰出的年轻记者之一，尼克博克的盛名早已不再局限于纽约和费城。1932年11月12日，一家名为《晨间快讯》的波兰报纸在采访尼克博克时，将他誉为"全世界最常被提及的记者"。当他撰写的关于希特勒暴行的报道引发了纳粹党的抗议，并声称他在散播中伤德国的言论时，他依然没有改变风格。纳粹党向他的编辑施压，要求尽快将他遣回美国，但这招并不奏效。不难想象，尼克博克并没有理由放弃追寻他所提出的关于新的战争风险问题的答案——因为大西洋两岸的所有人民都在关注这个问题。

而在书的第一章，尼克博克却出人意料地提到了但泽这个波罗的海的港口城市。但泽的大部分居民都来自德国，并且在"一战"后被国联指定为"自由城市"。尽管但泽处于波兰领土的包围之中，但德国和波兰长期为该城市的归属问题而剑拔弩张，这里似乎很有可能成为下一次重大战争的导火索。但尼克博克却在书中提出了截然相反的看法：

> 但泽……迄今为止，已经有一千万欧洲人和美国人的生命永久地留在了这座城市。这个数字，相当于1914年至1918年期间在战场上丧生的人数。假如第二次世界大战爆发，那么伤亡的人数必将远超这一数字。人们普遍预计，下一次战争将在但泽发生。但今天，显而易见的是，第二次世界大战不会在这里爆发，因为身为这座城市领导者的希特勒已经从"战争狂人"变成了"和平使者"。
>
> 如今，在纳粹党的统治下，但泽在近13年来首次与波兰达成了和解。并且，自"一战"以来，但泽第一次摘掉了"最有可能爆发战争之地"的帽子。

尼克博克解释道，在1933年5月28日纳粹党赢得但泽大选的那天，"纳粹褐衫党的闯入令城市里每一个波兰人和犹太人都胆战心惊，也令整个欧洲大陆屏息凝神。"尽管纳粹党很快就在这里站稳了脚跟，但身为参议员议长和陆军中尉的赫尔曼·劳希宁立刻就前往华沙签订了一份合约，明确保障居住在这座港口城市的波兰市民在贸易和人权等方面的权利。"波兰人对此感到惊诧和怀疑，但同时也很高兴。"尼克博克写道。随后，但泽和华沙举行了一场城市足球友谊赛，使之前的紧张氛围瞬间变得烟消云散。尼克博克还补充道，希特勒下令在但泽实行停战。从目前看来，这一措施发挥了积极的作用。

那么，尼克博克想要传达给读者什么呢？他写道："欧洲人应该明白，只要希特勒乐意，他就能成为和平的维护者。"但与此同时他也警告说，希特勒有可能只是打着停战的幌子为他重整军备赢得时间。不过，"这至少意味着，这个伤痕累累的欧洲城市能暂时安宁好几年"。

尼克博克也在书中记述了他在欧洲其他地区的经历和见闻——中欧、巴尔干半岛和西欧——并且发出了严重的警告。他认为，希特勒没有发动战争的原因是德国还没有准备就绪。"现在的德国并没有把握，只有疯子才会在这个时候向法国及其盟友宣战，"他写道，"而国外很多人的看法都错了，我敢肯定地说，当下统治着德国的那个人绝对不是疯子。"

虽然尼克博克极力谴责纳粹的种族主义学说和恐怖政策，但他将他们视作"权力政治的行家"：只有在权力的平衡被打破之后，他们才会考虑发动新的战争。他警告称，个中关键在于多久之后希特勒才会觉得德国已经拥有了赢得战争的把握。他所拜访的专家们一致认为，这个时间大约会在五年到十年之间。尼克博克将蔓延在整个欧洲的悲观主义情绪归咎于已经开始的军备竞赛。希特勒一再强调，他想要的唯有和平。"他要的不过是那种能够让德国安心生产军备的和平而已，"尼克博克以比开头更为严重的语气写道，"军备竞赛只会让这个世界越发不安全。"仅仅五年之后，希特勒就袭击了但泽，从而拉开了第二次世界大战的序幕。虽然尼克博克很希望能够改写《沸点》的开篇，但他的书依然十分具有启发性，甚至包括第一章。该书很好地展现了一位有影响力的记者是如何避免显露自己的立场——即便在最后一章，他暗示出对希特勒的政策可能引发的后果的悲观情绪。

尼克博克的洞察力比当时很多身居柏林的美国人还要敏锐。大约在《沸点》发行的同一时间，"一战"中著名的英国记者、后来从事小说创作的菲利普·吉布斯爵士也来到了德国首都。他所关心的，也是欧洲是否会爆发新的战争。纳粹冲锋队和希特勒青年团的游行场面，以及震耳欲聋的"希特勒万岁"声，令他不得不承认："德国青年的风采令人印象深刻……看到这支青年军时，你也会情不自禁地兴奋起来。"但他也表达了一丝不安："德国青年的骄傲和服从在日后很容易被居心不良的人所利用，从而沦为罪恶的帮凶。"

他毫不怀疑地认为,希特勒很可能会将德国再次引向灾难。"他就像一位会施魔咒的催眠师,让德国人民盲目追随着他。"他写道。虽然希特勒多次强调对和平的渴望,但这位经验丰富的记者发现,他所看到的所有德国杂志上都印着头戴钢盔的士兵和"一战"的场景。

吉布斯的柏林之行中最值得玩味的一次经历是他和一位已嫁到德国多年的美国妇女的会面。在吉布斯入住的福斯坦霍夫酒店的茶厅里,他开门见山地向她提出了他的看法:"大部分英国人和所有的法国人都认为,德国正在酝酿一场新的战争。"

"但这绝无可能!简直太荒唐了!"她吃惊地答道,"为什么他们会有这么荒谬的想法?"

于是他叙述了他在德国的所见所闻:纳粹正在进行的军事化进程、他们对种族主义的信仰和对犹太民族的迫害、他们对知识分子的反感以及在《我的奋斗》和各类刊物上宣扬的扩张疆域的野心。另外,吉布斯还补充道,阿尔弗雷德·罗森堡等纳粹空想家正四处煽风点火,要人们尊崇本能的召唤,回归到蛮荒时代。

"我的德国朋友都在嘲笑罗森堡一派胡言,"这位美国妇女说道,"至于那些游行和军事训练,并不和战争有任何关联。德国人喜欢搞这些活动,就像你们英国人喜欢足球和板球一样。"

她还称,她认识很多年轻的纳粹党人。"他们对我无话不谈,因为我是一位德国人的妻子。因此在他们看来,我也算是德国人。他们从未提及想要发动战争,相反,他们都对这个话题感到厌恶。"她接着说,他们只有在谈到自己的祖国遭到法国及其盟国的侵犯时才会提到"战争"这个词。在那种情形下,他们必将"自然地"奋起捍卫自己的家园。"换成其他国家的人民,想必也会这么做吧?"

这时,警觉的吉布斯注意到,有几个服务生一直在他们附近徘徊。他示意应该换个地方说话。"看来我们引起围观了。"他说道。

换了桌子以后,这位美国妇女开始谈论起她所熟识和敬佩的一个人——希特勒。"他向来拥护和平,"她声称,"外国人总是不愿相信他的诚意，但我确定，他十分想和法国交好。这是他最大的心愿……为什么法国要拒绝这份好意呢？"

吉布斯并没有感到丝毫宽慰，但他确信眼前这位美国妇人并没有说谎。她坚定地认为，希特勒和他的追随者们都向往和平。和玛莎·多德一样，她也觉得德国新政府和新一届领导人遭到了外界的误解和不公正的诽谤——而这其中最严重的就要数阿道夫·希特勒了。

第7章

# 与纳粹共舞

## ——希特勒的"獠牙"

希特勒上台后,大部分的暴力行为都是褐衫党的杰作——袭击犹太人、社会党人和其他任何被他们视为敌人的人,甚至包括偶尔没向他们行纳粹礼的美国人或其他外国人。毫无疑问,褐衫党自认为在执行纳粹领袖的意志,但后来希特勒却宣称,他们已经快要无法无天了。希特勒不断从国防军甚至是年老体衰的兴登堡总统那里收到对褐衫党缺乏纪律的投诉。

## "长刀之夜"

1934年的6月30日是一个星期六，一大早玛莎·多德就和她的约会对象，也就是她眼中"外国大使馆的一位年轻秘书"，驾着福特敞篷车来到柏林郊外尼克桥附近的一片湖泊。那是美丽、温暖、阳光明媚的一天，她和同伴躺在湖畔的沙滩上，尽情享受着日光浴，因为他们知道北欧的夏天通常不会持续多久。一直快到傍晚时，他们才开始慢慢往回赶。"我们有些头晕目眩，身体也因日晒变得发烫，"玛莎心满意足地回忆说，"我们不用思考过去和未来，也不必考虑纳粹和政治。"

下午6点时，他们回到了城里。"我把裙子往下拉，尽量坐得笔直得体，以符合大使女儿的身份。"她写道。但是柏林城显得有些异常：从他们上午出发时起，气氛就有变化，街上的行人越来越少，并且都三五成群。驶向市中心时，他们见到了大量的军用卡车和机关枪，还有士兵、党卫军和警察。而通常随处可见的冲锋队——也就是褐衫党——却不见踪影。到达蒂尔加藤大街时，交通完全被封锁了，只有外交牌照的车辆才能通过密密麻麻的军事关卡和警察检查站。那名年轻的外交官将玛莎送至她父亲的大使官邸后，马上驾车前往自己国家的大使馆，想弄清楚到底是什么事令氛围变得如此紧张。

太阳仍然强烈地照射下来，玛莎赶紧冲回家里。她感到轻度的晕眩，过了好一会儿眼睛才逐渐适应房间的昏暗。她准备上楼时，隐约见到弟弟比尔阴暗的轮廓。

"玛莎，是你吗？"他问，"你去哪里了？我们都很担心你。冯·施莱谢尔被枪杀了。我们不知道发生了什么，现在在柏林全城戒严。"

库特·冯·施莱谢尔将军曾经担任过德国国防部长，并且在希特勒上台之前短暂担任过最后一届总理。当时他试图邀请希特勒的潜在对手，也就是纳粹党内"社会主义"派系的领袖格雷戈尔·施特哈瑟担任副总理，以达到分裂纳粹的目的。施莱谢尔还曾向美联社记者路易斯·洛克纳和其他记者保证，德国政府已成功重建"内部和平"。就在玛莎和她的约会对象去沙滩郊游的6月30日上午，纳粹党卫军来到施莱谢尔的别墅，按响门铃，等他一打开门，就开枪将其射杀了，他的妻子也没能幸免于难。中午，雷戈尔·施特哈瑟也在柏林的家中被捕，然后被带到阿布雷希王子街的盖世太保监狱，并在几个小时后被枪毙。施特哈瑟从来没有接受施莱谢尔的邀请加入魏玛政府，甚至完全退出了政界，但还是难逃希特勒的毒手。

柏林的这些谋杀案只是有名的血腥报复行动"长刀之夜"的冰山一角。弹痕累累的尸体遍布各个住所和监狱。美国花旗银行的柏林代表亨利·曼在自家门前的台阶上发现了邻居的尸体。受害人被引诱出房门，然后就在曼的家门口被杀害了。尸体在那躺了一整天，直到被警察拖走。警察还命令曼的仆人清洗掉血迹。早些时候，曼曾向多德大使表示，他相信自己和其他几位美国银行家能与德国的新任统治者和平共事。但是，正如多德在日记里写的那样，曼"现在对希特勒政权已经没有耐心了"。

6月30日行动的主要目标其实是冲锋队的头目。纳粹冲锋队曾为希特勒的崛起立下过汗马功劳，而德国的正规国防军和树大招风的纳粹冲锋队队长恩斯特·罗姆之间的冲突不断加剧。纳粹上台后，冲锋队已经扩张到250万人。作为纳粹运动的资深元老，罗姆在1923年啤酒馆政变之前就开始与希特勒并肩作战。

希特勒上台后，大部分的暴力行为都是褐衫党的杰作——袭击犹太人、社会党人和其他任何被他们视为敌人的人，甚至包括偶尔没向他们行纳粹礼的美国人或其他外国人。毫无疑问，褐衫党自认为在执行纳粹领袖的意志，但后来希特勒却宣称，他们已经快要无法无天了。希特勒不断从国防军甚至是年老体衰的兴登堡总统那里收到对褐衫党缺乏纪律的投诉。而罗姆也越来越目中无人，声称他的褐衫党是目前革命的先锋队。"冲锋队和党卫军绝不允许德国革命在中途沉睡或遭到懦夫的背叛,"他宣称,并且发誓会继续"我们的奋斗"。希特勒的回应尽管没有指名道姓,却毫不留情。"只有傻瓜才以为革命还没有结束。"他说道。

然而,冲锋队头目们的奢靡生活,以及广泛流传的关于他们重度酗酒和公开的同性恋行为对他们所谓的革命事业并没有任何帮助。罗姆在慕尼黑摄政王广场拥有一栋别墅,里面配有古老的佛罗伦萨镜子和法国扶手椅。国防军和冲锋队于1934年初商定的休战协议并没有缓解他们之间日渐加剧的冲突。6月30日清晨,希特勒亲自带领一小队武装警察,分别乘坐三辆汽车从慕尼黑来到湖边度假区巴特维塞。当时,经过了一夜派对狂欢后的罗姆和其他冲锋队头目还在蒙头大睡。

他们闯进罗姆的房间,称他是名叛徒;在另一间房里,还发现了冲锋队布雷斯劳分队队长埃德蒙·海涅正在床上和他年轻的男性情人缠绵。罗姆和他的部下被包围起来,由一辆巴士送到慕尼黑的监狱里,有几人随后就被枪毙了。但一开始希特勒好像并没想好怎么处置他的老战友罗姆,直到第二天这名冲锋队队长才拿到一把自杀用的手枪。罗姆拒绝自行了断,两名党卫军不得不送他上路。纳粹政权对这名希特勒崛起过程中的关键人物发表了简短声明:"前任参谋长罗姆有机会为他的背叛行为亲手画上句号,但他拒绝了,因此他遭到了枪毙。"

就在同一天,赫尔曼·戈林也出现在宣传部,向一群急速赶来的外国记者解释说,纳粹此举是被迫的,是为了阻止一场有预谋的叛乱。据《芝加哥论坛报》的记者西格瑞德·舒尔茨回忆,纳粹空军司令也赶来了,"全副盛装,与他的军官们一起笔直地昂首阔步而来"。在发表简短声明后,戈林开始往外走,但是他认出了舒尔茨,他们在之前的几次社交场合见过面,他停下来,大声告诉她:"顺便说一声,冯·施莱谢尔将军试图逃走,已经被枪杀了。"然后用"尖锐的"眼神看着她,舒尔茨回忆道。她总结称,他好像是在用自己的方式告诉我们,只要是纳粹高层想要的,他们都能得手。

一网打尽的杀戮方式和被害人的不同背景都表明,希特勒和纳粹党卫军（党卫军首领憎恨罗姆和他的冲锋队）决心要清除任何他们认为过去或者将来可能与他们为敌的人。巴伐利亚领导人古斯塔夫·冯·卡尔在退出政坛前曾主持过镇压啤酒馆政变的行动，所以他的尸体被发现砍成了碎片。其他受害者还包括副总理弗朗茨·冯·帕彭的秘书和其他相关人员。惯耍阴谋的帕彭曾经帮助削弱施莱谢尔的力量，并竭尽全力为希特勒效劳。

帕彭曾向美联社记者洛克纳保证，"我们只是雇佣希特勒"，他和其他老政治家们会将他置于掌控之中。在这次风波中，帕彭本人还是幸免于难，尽管他曾遭到殴打和短暂的软禁，直到被希特勒派至维也纳担任公使。1934年7月25日，距离"长刀之夜"发生后还不到一个月，奥地利的纳粹党暗杀了奥地利总理恩格尔伯特·陶尔斐斯。陶尔斐斯本人也是个独裁者，但却反对希特勒的纳粹运动。尽管如此，帕彭还是毫不犹豫地接受了新的任命，并着手为1938年的奥德统一做准备。

帕彭仍然愿意为纳粹政权效劳的决定，令对眼前发生的一切感到恐慌的外国人和德国人都很鄙视他。在多德的官邸举办的美国大使馆国庆晚会上，犹太记者贝拉·弗洛姆注意到，每个人都很紧张，但是大家在一点上却意见一致："大家都觉得遗憾，送命的那个是施莱谢尔，而帕彭却只损失了几颗牙齿。"

7月1日，多德和他的女儿玛莎提出开车去看看帕彭的住所。玛莎发现这位副总理的小儿子站在窗帘后面看他们。他后来告诉多德一家，他全家都很感激这样的示好，因为一度没有其他外交官敢接近他们的房子。多德大使也回送了卡片，上面写着："我希望我们很快能去贵府造访。"据玛莎所言，她的父亲并不同情帕彭，他认为帕彭是"邪恶的懦夫，是名狡诈的间谍和叛徒"。但这只是他向德国新任统治者的残酷的手段表达不满的一种方式。

国庆晚会上，多德府上张灯结彩，桌上装饰着红白蓝各色鲜花，还摆放着小小的美国国旗。当管弦乐队演奏起美国音乐时，这些背井离乡的美国人，包括外交官和记者们，开始与他们的德国客人们周旋交际。

玛莎和她的弟弟比尔语带讽刺地用德语问候前来的德国客人："你还活着吗？"这是自"长刀之夜"后被问得最多的问题。有些纳粹分子明显对此有些不快。

过了一会儿，管家告诉玛莎，帕彭的儿子也来了，也就是三天前站在窗口看他们的那位。在与多德大使交谈时，他明显很紧张，抗议着对他父亲卷入罗姆、施莱谢尔和其他希特勒反对者的阴谋的指控是多么荒唐。几天后，当帕彭被释放和短暂脱离了危险之后，就携儿子来多德家登门造访。这引得很多美国记者纷纷赶来，试图打探这位仍在希特勒政府正式任职却差点成为最早几名受害者之一的政客。尽管多德对帕彭有些个人的疑虑，可帕彭此举只是想表明他拥有美方的支持。按照玛莎的说法，这表明"德国人还是有礼貌的，当时对美国的公共舆论还是心存敬畏的"。

即使多德对帕彭的获释起到了一定作用，使他得以继续为他的新主人效劳，但多德却对此有另一番解读。就在同一个星期，柏林大学的一位教授来拜访多德，表面上是要探讨多德原本要在7月13日于柏林大学历史系作的一场讲座。可考虑到时局紧张，他们打算取消讲座。这位德国教授对于纳粹在他的同胞中间唤起的野蛮本性感到很沮丧，他震惊于纳粹党居然能有如此的野蛮行径。他特别赞扬了伦敦《泰晤士报》刊登的一篇社论，文章描述说"长刀之夜"是一种倒退回中世纪的行为。"可怜的德国，她在接下来的几十年都难以恢复了。如果我能去任何一个国家，我将马上离开这所大学。"他宣称。

在7月8日的日记里，多德承认同样感到一种不断加深的悲观情绪。他接待了一个美国代表团，但是对方要求禁止任何媒体报道这次来访，因为他们不想因此遭到美国国内的攻击。希特勒的疯狂杀戮加重了美国和其他国家对德国的仇视。而对于德国本身而言，据多德的记录，"我无法想象任何一个国家比这里所盛行的心理还要变态。"大使也不断质疑自己的使命感。"我在这里的任务是为和平和更好的外交关系而奋斗，"他写道，"但是只要希特勒、戈林和戈培尔还是这个国家的总指挥，我就看不到我还能做些什么努力。我也从没耳闻目睹过像这三位一样不合格的国家领导人。"当你读到这里的时候,你几乎可以听到多德叹息着问自己:"我是不是应该辞职?"

## 军队向谁效忠?

1934年2月23日是威廉·夏伊勒的30岁生日,当时他正与他的奥地利妻子苔丝住在巴黎——但是他并没有为自己的现状感到兴奋。1925年大学毕业后,他离开爱荷华州的锡达拉皮兹市,开始了一名年轻记者的冒险生活,一心想着探索世界。他负责《芝加哥论坛报》巴黎站以外的工作,有机会见到欧内斯特·海明威、F. 斯科特·菲茨杰拉德和伊莎朵拉·邓肯这类人物,他也会揽下一些可以让他周游欧洲或者远走阿富汗和印度的工作。在印度,他与玛哈特玛·甘地成为朋友,还染上了疟疾和痢疾。1932年,随着大萧条越来越严重,他失业了,一只眼睛还在一次滑雪事故中失明。在西班牙时,他和苔丝就靠存款生活,他也试图写过一本小说和回忆录,但都没能出版。他们返回巴黎后,《纽约先驱论坛报》巴黎站在1934年1月给夏伊勒提供了一份工作,但在一个月后的生日当天,他在日记里写道:那是"我有生以来最糟糕的工作"。

大新闻似乎都发生在别处——德国、俄国、意大利,这些国家都是铁腕领袖掌权。而法国还在不断上演罢工和动乱,相形之下显得群龙无首。"1925年,我才21岁,还正年轻,那时候我来到巴黎。我爱巴黎,就像爱一个女人一样,那时候的巴黎已经不再是我日后见到的巴黎。"1934年1月,他返回巴黎前这样写道。

6月30日,他激动地在日记里记录道,与柏林的电话线路一度中断了好几个小时。"多么好的一个故事!"他惊叫。他引用了关于希特勒亲自逮捕罗姆以及冲锋队几名头目遭到枪毙的报道。"法国人很高兴,他们认为这是纳粹灭亡的开端。"他继续说。

而夏伊勒并没有记录下他自己的任何评论,他意识到这辈子值得记录的最大的历史事件马上就要发生了。"真希望我在柏林工作,"他总结说,"这是我想去报道的故事。"两周后,关于大清洗运动的范围和残忍程度的更多细节曝光以后,夏伊勒补充说:"人们几乎忘了德国人虐待和受虐的愿望有多么强烈。"

在夏伊勒战后写作的、几乎被遗忘的小说《叛徒》(*The Traitor*)中,他描述了当时的心情。小说的主人公奥利弗·奈特是一名有抱负的美国记者,当他和大学导师讨论去欧洲的计划时,导师告诉他巴黎非常有意思,不过到那以后,导师当年也只是又一个整天沉浸在美酒和女人堆里的"来到巴黎的年轻美国人"而已。那些女人会"和你胡诌一个你不知道的欧洲"。而且,法国"太停滞了","在我们这个时代,法国不可能会发生什么震撼世界的大事。"

导师接着说,德国人却不是这样,尽管有巴赫、贝多芬、席勒和歌德这样的大师,但他们的文化"仅仅停留在浅薄的表面,他们的野蛮主义——日耳曼丛林的异教徒野蛮主义——越来越有爆发并吞噬他们的危险"。大事件正在德国酝酿,导师坚持这样说,任何想在新闻界打响名号的年轻人都应该去德国,而不是巴黎。可以肯定的是,夏伊勒写这本小说时,已经有几分"后见之明",但毫无疑问这本小说反映了他在1934年时的新闻直觉。他迫切地渴望到柏林去。

8月2日,86岁的冯·兴登堡总统去世。他一度被认为是政坛上举足轻重的人物。但自从希特勒成为总理后,兴登堡看上去就显得无关紧要和软弱无能。"现在谁会当总统?希特勒要做什么?"听到这个新闻时夏伊勒在日记里这样发问。第二天他就知道答案了:希特勒宣布他将接管总统的权力,而且兼任总理,军队还被要求宣誓"无条件效忠德意志帝国和人民的元首,以及海陆空三军的最高统帅阿道夫·希特勒。"这不是要报效祖国的誓言,而是宣誓要效忠一个拥有绝对无限权力的个人。

夏伊勒对这一大胆的举动印象深刻。"这个人真是足智多谋。"他在8

月4日的日记里写道。希特勒还宣布要在8月19日举办一次全民投票，以通过他将集政治和军事权力于一身的决定。为了给自己辩护，希特勒声称有人密谋要对付他和纳粹军队，所以他才会发动6月30日的大清洗运动。参加完美国商会在柏林举行的一次会议后，弗洛姆在日记里写道："没有人相信希特勒的生命曾受到威胁或有人策划过反革命活动。"

资深记者尼克博克在早期的很多新闻报道里都显示出了他的洞察力，但8月3日他却报道称，罗姆的褐衫党策划了"很有可能成为现代政治历史上最可怕的大屠杀"。其预定的目标是：国防军的领袖，包括总参谋部的几位高层——据尼克博克的观点，这也解释了为什么将军们愿意接受"曾经的下士"成为他们的总司令，并且宣誓效忠。尼克博克表示，他只是转播从柏林方面传来的消息，消息来源很有可能是几名纳粹高层军官，并且没有添加任何笔墨暗示他对上述解释有过怀疑。

赫斯特的记者韦根对希特勒的宣言并没有作任何评价，但是对其夺权做法却表达了更为苛刻的观点。当注意到"世界上任何一个国家都无人能匹敌希特勒现在的权力地位"时，他补充道："一直到昨天还可以说他只是国防军的工具，今天却可以说军队只是他的武器。在8月19日的选举上，支配选民的将是恐惧而不是自由。"

兴登堡总统尸骨未寒，希特勒就开始迅速巩固手中的权力。此时夏伊勒的愿望也得以实现：他接到赫斯特环球新闻服务中心老板的电话，给他提供了一份在柏林的记者工作，夏伊勒欣然接受。"我必须好好复习德语。"他在8月25日的日记里写道。他和苔丝从巴黎搭乘一趟列车，于晚上10点抵达柏林的弗里德里希大街火车站。夏伊勒一下火车，两名便衣警察就抓住他，问他是不是"某某先生"，据夏伊勒回忆，因为他并没有听清名字，对方一直重复。"我期待迟早能见到传说中的秘密警察，但是好像并没有那么快。"他写道。在检查完他的护照后，那两名便衣最终放走了他。想到即将展开的人生新篇章，夏伊勒在当晚写下第一篇柏林日记，以他自认并不高明的一句双关语结束："我从一个糟糕的地方来到了赫斯特。"

就在同一天上午，当时远比夏伊勒有名的另一名外国记者登上了一趟反方向的列车，从柏林前到巴黎。多萝西·汤普森上一次离开德国是因为她被下了驱逐令。汤普森，或者说因为她的作家丈夫而变得有名的辛克来·刘易斯夫人，自从7月25日陶尔斐斯总理被谋杀后就去了奥地利，想要报道那里的纳粹活动。8月初期，她决定从奥地利开车途经慕尼黑来到柏林，重新回到她的老根据地。她一路经过小镇和村庄，了解大众的情绪。汤普森意识到，1931年末在对希特勒进行采访时，自己也许严重低估了他，如今她要专心研究一下希特勒究竟想要做些什么。

汤普森不确定她是什么时候进入到德国境内的，因为没有边境守卫阻拦她，但是她注意到挂满纳粹旗帜的房子突然出现在了眼前。途中，她看到一名戴着黑色袖章的褐衫党徒，猜想应该是为了纪念兴登堡总统。但是当她问他的时候，冲锋队员说是"为了罗姆"。汤普森还注意到，街头到处都是选举的横幅。这是为了迎接在即将到来的星期天举行的全民选举，以肯定希特勒在兴登堡死后所拥有的至高权力。其他国家的选举都是选民在两个候选人之间选择，而与之相比，"在德国，希特勒任命自己为总统，这就是法律，然后人民投票表达是不是喜欢这条法律，"她后来写道，"如果他们喜欢，就意味着他是总统，如果他们不喜欢，他也是总统。"

汤普森发现德国的道路上挤满了汽车、摩托车和自行车，驾驶员几乎都是年轻男性。"我在一个全是年轻男人的游行队列中，"她回忆道，"我感觉德国只有年轻男人，成千上万的，各个身强体壮，狂热地涌向某个地方。"选举海报被汤普森描述成"伤感的、福音书一般的"，海报上写着："我们与您同在，亲爱的元首。"

在加米施，一位从芝加哥来的游客告诉汤普森，他已经去过因《耶稣受难剧》而出名的巴伐利亚村庄奥伯阿默高。"这些人已经疯了，"他说，"这不是一次革命，而是一次重生。他们认为希特勒就是上帝。"在《耶稣受难剧》中有一幕是犹大收受30块银币，坐在旁边的妇女惊呼："那是罗姆，他背叛了元首。"

在一个叫穆尔瑙的巴伐利亚小镇上，用汤普森的话说，在一个全是"漂亮的小孩"组成的希特勒青年营中，挂着一面硕大的横幅，上面写着"我们为祖国而生，为祖国而死"。当汤普森抵达慕尼黑的时候，她带着介绍信去约见一些之前从没见过的人。"我去见他们时，他们都不愿开口说话，"她在报道里说，"你可以看出来，他们都吓坏了。"

在另一站，她终于见到一个愿意开口聊天的天主教牧师。"纳粹运动是自马丁·路德以来对天主教最沉重的打击，"他告诉她，"但是这也是对所有基督教的一个打击……在纳粹党的观念里，民族主义已经被提升到一个神秘宗教的地位，不仅主宰人的肉体，也主宰人的灵魂。力量，而非善良，是衡量一切的标准。"她问道在基督教和纳粹的挣扎中，哪一个会占上风。"纳粹在拉拢下一代，"牧师回答说，"那是他们的计划——拉拢下一代。"换句话说，纳粹试图用他们自己的"神秘宗教"取代基督教，而且他们正在这样做。

当汤普森最终抵达柏林的时候，她直奔"像家一般"的阿德隆酒店，微笑的酒保已经准备好他最拿手的干马丁尼。"哦，我好开心我回来啦！"酒店的一切都很完美。"礼貌、干净和精准的秩序才代表真正的德国。"但是她的记者同事警告她不要使用酒店的电话，因为会被监听，所以汤普森去酒店后面带有电话亭的廉价酒吧给她的一些德国旧识打电话。

这位美国记者与一名在一家国家银行当速记员的年轻女人共进午餐。对方的"眼睛像水一样纯净"，汤普森写道，"当你看着她的时候，你就知道她这辈子都没有撒过谎。"

"你认为这里有外界所认为的那么糟糕吗？"那名女性问汤普森。当汤普森回答说她回到德国来就是想亲自看看这里的情况时，那女人称她一开始并没有加入纳粹党，即使纳粹上台后她的收入发生了很大变化。总的来说，工资水平比之前要低，当然主管和其他高级职员是降薪最厉害的，而普通职员觉得自己待遇反而更好些了，社会差距也在缩小。"就好像我们都属于一个大家庭。"她说。当谈到食物配给的时候，她说只要大家还没有失业，人人都愿意做出牺牲。

汤普森还问及了"长刀之夜"。那个女人承认她"非常震惊"于一些纳粹领袖的"可怕行径"和腐败行为。"这也是希特勒要处决他们的原因。"她总结说，好像这是合乎逻辑的完美解决办法。

当汤普森指出，在美国，人们受到惩罚之前会先进行审判时，这名德国女性似乎并不理解。"真有意思，"汤普森陷入了沉思，"除了少数知识分子以外，我在德国没有碰到过任何人在乎那些人是否经过审判程序。似乎他们都已经忘了世上还有法律这种东西。"

汤普森还见了一名她早些时候认识的褐衫党徒。对方承认纳粹内部存在冲突，一些冲锋队领导确实想要除掉戈林和戈培尔，但是他坚持表示，褐衫党从没有想过要削弱希特勒的政权或者有任何反对他的举动。"希特勒出卖了我们，"他说，"根本不存在任何阴谋，也没有人背叛希特勒。"他描述说他的同事被纳粹行刑队枪决的数量远比被报道的要多，受害者人数多达300人左右，而非希特勒所说的77人。

汤普森还见到了一名德国记者奥特，他之前是言论自由的忠实拥护者，但是用汤普森的话来说，奥特现在"写的文章却说言论自由不是什么好东西"。他们一边喝咖啡，一边吃着葡萄干糕点。奥特从容地解释说，和善的人无法推动革命。"革命需要恐怖分子，"他说，"之后，等革命胜利了，发起革命的人就成了挡道的。"苏联人可以将失宠的人送到西伯利亚去，而在德国"除了枪毙他们别无选择"。他承认枪杀前总理冯·施莱谢尔的妻子"在国外也造成了坏的影响"，大清洗运动做得"不漂亮"。但是他坚持说这一切造就了一个更强大的德国。"我怀疑在历史上有没有任何革命比这更加有序。革命果实现在已经巩固了，而且会维持很多年。"

汤普森一边听奥特说话，一边还在想着发生在6月30日的其他谋杀案。一名叫威利·施密特的慕尼黑音乐评论家被杀害了，因为他被误认为是一位和他同名同姓的冲锋队员，其实那名冲锋队员在同一天早些时候已经遇害了。天主教领袖埃里希·克劳泽也无缘无故地被杀害了，他火化后，骨灰用挂号邮件寄给了他妻子，这是汤普森在一家英国报纸上读来的故事。"我一直在想,当邮递员按响门铃的时候是什么情形。"她回忆道,想象着邮递员叫不知情的寡妇签收包裹,然后把帽檐尽量压低的情景。"在德国,人民都非常有礼貌。"汤普森说道。她大声对奥特说:"是的,德国就是一个井然有序的国家。"

汤普森在柏林只待了10天。有一天酒店服务员打电话给她:"早上好,女士,有一位来自国家秘密警察组织的先生找您。"他说。一个穿着类似于希特勒常穿的那种风衣的年轻男子给了汤普森一张驱逐令,限她在48小时之内离开德国。"考虑到您在美国媒体上发表的大量反德国的出版物,德国当局考虑到民族自尊,所以没办法给您更多的热情款待。"驱逐令上这样写道。

尽管其他记者也受到被迫离开的压力,但这是第一起彻底驱逐记者的事件,在美国国内很快就有头版故事报道此事。"外国人聚居地对此事的总体看法是,这再次证明了纳粹主义完全无法与其他任何思想共处。"《纽约时报》驻柏林站记者弗雷德里克·伯查尔写道。

一些英美国家记者来给前往巴黎的汤普森送行,还为她送上了美国的红玫瑰。当列车缓缓启动的时候,她探出窗户,紧握玫瑰,"为这样的同志友谊唏嘘不已",伯查尔补充说。

而据汤普森自己所言,她被驱逐的真正原因是"亵渎神明"。她解释说:"我的冒犯之处在于,我认为希特勒归根究底只是一个普通人,而这对于德国的狂热信徒而言就是犯罪,德国人认为希特勒是上帝派来拯救他们的弥赛亚——这是一个古老的犹太说法。"汤普森在9月返回纽约后,又重新变回了超级明星,记者们争相来采访她对于驱逐她的德国有什么看法。她宣称:"德国已经开始陷入战争,但是其他国家都不相信这一点。"

与此同时,新来的夏伊勒正在拿他20世纪20年代第一次见到的柏林与现在的新柏林作对比。"我想念共和国时期的旧柏林,无忧无虑,思想解放,文明的空气,塌鼻子的年轻短发女人,留着平头或长发的年轻男人——这些都没有什么差别——他们整晚都坐在那和你聊天,言语中闪烁着智慧,充满了热情。"而现在,夏伊勒看到柏林到处都是褐衫党和党卫军组成的护卫队在行进,还不断高喊"希特勒万岁!"无休止的咔嗒作响的脚步声刺激着他的神经。到新岗位才不到一周,夏伊勒就承认,他已变得如此焦虑,以至于他已经"陷入了严重的抑郁之苦"。

来来往往的记者都意识到德国正在经历一场非常迅猛而又可怕的转变。再也没有人敢对希特勒轻描淡写了。

在美国,多萝西·汤普森的丈夫辛克来·刘易斯用两个月匆忙完成了新小说《不会发生在这里》(*It Can't Happen Here*),该书大部分内容都建立在他对德国的观察之上。小说在1935年出版,故事背景设定为美国也出现了像希特勒一样的法西斯独裁者。书中的反派主角伯齐利厄斯·温德普声称他有办法解决一切经济问题,而且会以人民的利益为至上。"我的抱负就是让所有的美国人都认识到他们一直是,而且将继续作为这个古老地球上最伟大的民族而存在!"他如此宣称。而一旦夺权,他就撤销国会,组建起"一分钟部队"——相当于德国的褐衫党,打击报复任何试图反抗的人。

小说取得了巨大的成功,最终销售量超过30万册,但是也因为共产党和其他左派以极大的热情拥护小说里传递的信息而引起了争议。刘易斯很享受这样的热情,但是对于其根源又有些不安。"任何想以布尔什维克主义来反法西斯的人,都是在找借口。"他写道。但是他达到了主要目的:让很多国人相信法西斯主义是一个威胁,对于任何有展露的苗头都应该警惕起来。

## 狂热和暴怒的宿命论者

初来柏林的记者很容易就以为,他们将在一个奇特而愈发邪恶,但却极有意思的国家进行报道。被夏伊勒描述为"油滑的、殷勤的、有野心的、比其他任何人都与纳粹官员相处得更好的"国际新闻社记者皮埃尔·赫斯来德国后，称这里是"希特勒的土地"和"纳粹的土地"。当然，在这片土地上，没有谁比阿道夫·希特勒更加引人注目。不管是老记者还是新来的，都在寻找见到希特勒本人的机会，试图对他和他的纳粹运动做一番评估。回顾他待在柏林的8年，一直到1941年12月美德开战的前一个月，赫斯写道："你必须长时间辛苦工作。为了跟进希特勒的动态，常常要到处奔波，寝食难安。"

1935年1月，赫斯为采访希特勒付出的努力在合适的时候获得了回报。当时希特勒正在上萨尔斯堡的阿尔卑斯山的小屋里等待萨尔州全民公投的结果。在国际联盟的委托下，萨尔州在之前的15年一直由英国和法国代管。毫无疑问，萨尔州的居民肯定会按希特勒的意愿投票给他，以确保这片领土能回归德国的怀抱。赫斯盘算着，这时候元首应该情绪高涨，不失为一个合适的采访机会。

他没错，当他抵达小木屋的时候，看到希特勒正在检查投票的反馈结果，眼睛里"闪烁着喜悦"。按赫斯的描述，希特勒穿着"他的高尔夫套装"，戈林穿着一件肥大的白毛衣站在旁边，陪他的"老板"一起庆祝选举的结果。希特勒马上问候了他的美国客人，并坚持要他加入午餐前常规的山间散步。和往常一样，他不允许保镖陪同，只是带着他的白色的匈牙利牧羊犬，用多节木头制成的拐杖和装在口袋里的鲁格尔自动手枪。

牧羊犬在雪地里领路，希特勒一路保持轻快的步伐，等到达一座山顶的时候，赫斯已经上气不接下气了。希特勒告诉他这是很好的锻炼方式，看到他的客人有些挣扎，希特勒有些暗喜。然后他告诉赫斯他们刚刚离开的小木屋就是被很多这样的小山环绕着。"一个好的步枪手，如果借助望远镜瞄准器的话，能轻易击毙坐在走廊或后屋的我。"他告诉赫斯。希特勒还补充说，他打算把这附近的所有土地都买下来，并且对外人封闭起来，"这样希姆莱（党卫军统领海因里希·希姆莱）就不用担心了。"而且赫斯刚刚爬山的这条路也会被封锁，车辆未经批准不得入内。

希特勒又指向另一个方向的萨尔斯堡，说希姆莱和其他军官声称

"在黑夜里，从那里用一个精心瞄准的大炮能把我们从床上炸飞。"希特勒勉强笑了笑，解释说他已经告诉希姆莱必须要有耐心，因为"我不能就这么随意跨过边境，把奥地利的这块土地给要过来，"他补充说，"我是一个宿命论者，一切自有定数。"

赫斯觉得不管采取了什么安全措施，希特勒一个人来这些山里散步都是一种冒险。他指着几百码以外的前方的两个樵夫，表示他俩或者其他人都有可能在希特勒外出散步时袭击他。这时，希特勒叫赫斯滚一个坚实的雪球，远远地抛出去。当赫斯扔出雪球时，希特勒拔出手枪，对着雪球准确一击，雪球在空中爆裂。看着赫斯疑惑的表情，希特勒叫他再扔一个雪球，再次证明了他精准的枪法。"你看，我并不是毫无防备的。"他说，接着又吹嘘说党卫军和国防军高层都认为他比他们许多的神枪手还要优秀。

散步的和谐气氛很快就被打破了，因为赫斯斗胆向希特勒谏言，如果他坚持实施1920年提出的《二十五点纲领》，包括占有新的领土和殖民地以建立"大德意志帝国"，就会引发大规模的冲突。希特勒停下脚步，"他好像一下从一名巴伐利亚的高山漫步者变成阿道夫·希特勒。"赫斯回忆道。只听希特勒回击道："在放弃任何一条党纲之前，我会先跑到那棵树下上吊自杀。"尽管纳粹党已经有些偏离了最初的纲领，但是希特勒坚持说："党纲只能不折不扣地执行，因为它表达了德国的意志。"

在山间散步结束后，赫斯对希特勒下了这样一个结论："他是一个狂热分子，如果有现实需要，他会陷入彻头彻尾的狂热和暴怒。"

## 驻德记者不再是美差

像洛克纳和韦根这样的老牌记者都担心德国新领袖们的狂热主义会影响他们的记者工作。"自从希特勒在1933年上台后，在德国当记者就再也不是什么美差了。"洛克纳用一种典型的低调陈述道。在1933年8月5日给威廉·伦道夫·赫斯特的信中,韦根告诉他的老板:"我无论如何都要力劝你把我从德国调走。"韦根还提到越来越严格的、对电报、电话和邮件的监控和纳粹对德国境内的言论自由进行全面打压,他写道:"对于一个热爱自由的人来说,如今在德国工作一点都不开心……希特勒还骄傲地宣称他的德国秩序井然,纪律森严。这么说的话,法国的圣康坦和纽约州的新监狱也很有秩序和纪律。"

纳粹渐渐意识到,如果他们强行驱逐外国记者,只会在宣传的战斗中失利,因为那些记者回国后都会成为大众关心的焦点。但是意识到这一点也仅仅只让他们换种折中的方式来对待那些他们不喜欢的记者。比如让一些反纳粹的德国人接近记者们,并提供一些秘密的军事信息。《芝加哥论坛报》的西格瑞德·舒尔茨就不止一次把这些声称可以提供秘密情报的人赶出办公室,并警告她的同事尽量远离他们。1935年4月的一天,她回家时发现一个写有"重要信息"的信封,看上去是那些人中的某一个寄来的。打开信封,她看到了一张飞机引擎的设计图,她立刻就把它扔进了壁炉里烧掉。她知道,如果这个图纸在她的住所被发现,就是一场间谍审判案中完美的定罪证据。

在回办公室的路上,舒尔茨见到三个男人朝她家走去,看上去有点像她之前见到的几个秘密警察。她挡到前面,告诉他们不用费劲去一趟了,因为她已经把信封烧掉了。正当对方哑口无言的时候,她招呼了一辆出租车,大声对司机说带她去美国大使馆。

舒尔茨相信是戈林在背后陷害她,因为之前他们就德国不断扩展的集中营问题有过几次紧张激烈的交谈。5月2日,正当戈林正和他的新婚妻子艾美·索娜曼在阿德隆酒店享用着丰盛的午餐时,这位好胜的记者跑过来,悄悄地但是很严肃地告诉戈林她之前的遭遇,并且对他的"特务们"大加遣责。戈林吃了一惊,坚持说:"这都是你的想象。"舒尔茨继续讲她的故事,还补充说她已经将具体的细节向美国大使馆汇报了,这时戈林生气地打断她:"舒尔茨,我一直怀疑:你从来就没有学着去尊重国家当局。我想这就是你们这些从犯罪猖獗的芝加哥来的人们的特点之一吧。"一个在戈林的空军部的熟人告诉舒尔茨,在他们那里都称她为"来自芝加哥的恐龙"。但此后倒再也没有陷害她了。

尽管有此类事件,但纳粹党对领导人的阿谀奉承还是令记者们印象深刻。对大多数记者而言,近距离观察希特勒和他的追随者们最好的机会就是一年一度的党代会,也就是在纽伦堡举行的为期一周的纳粹代表大会。希特勒以下的各级纳粹领导人都会对外国媒体前来瞻仰他们的名气和权力而感到高兴。

"今天日落时分,希特勒就像罗马皇帝一样驶进这个中世纪的小镇,当他经过密密麻麻的纳粹方阵时,他们狂野地欢呼,挤满了狭窄的街道……并没有比小巷宽多少的街道上,全都是穿着褐色和黑色制服的纳粹党徒。"夏伊勒在1934年9月4日的日记里这样写道。当希特勒的车驶过记者们住的沃腾伯格花园酒店时,这位新记者第一次目睹了希特勒。这位德国元首站在敞篷车上,穿着一件旧风衣,笨拙地整理帽子,"为答谢这疯狂的迎宾队伍,他伸出右臂行纳粹军礼,看上去有几分虚弱"。

希特勒的一脸木然令夏伊勒感到震惊——"尽管他的眼神有些呆滞,但那已经是他脸上最有表情的部位了。"而夏伊勒则期待见到更激烈更戏剧化的场面,以致他惊呼"我一直都无法理解希特勒究竟在这群疯狂向他致意的暴徒身上施加了怎样一种神奇的力量。"他们确实是歇斯底里的。那天晚上,夏伊勒发现自己在希特勒的德意志旅馆前面"被上万名歇斯底里的暴徒包围着",他们高喊:"我们需要我们的元首。"夏伊勒见到拥挤人群的表情时很惊讶,尤其是那些妇女见到希特勒在阳台上短暂亮相时的夸张表情。

"他们让我想起我曾在路易斯安那偏远地区见过的一些即将上路的降临派成员的疯狂表情,"他写道,"他们仰望着他,好像他是一个救世主,他们的表情转化成一种超人类的东西。如果希特勒再多停留几刻,我想很多妇女会因为太兴奋而昏迷过去。"

第二天,夏伊勒开始理解为什么希特勒会引发这样疯狂的膜拜。在老会议大厅举行的纳粹党代会开幕会议上,他注意到纳粹党"不仅是在上演一场华丽的表演,还有几分在大哥特式教堂举行复活节或圣诞节弥撒的神秘主义和宗教狂热。"会场上飘扬着颜色鲜明的旗帜,当希特勒戏剧性地登场时,乐队立刻安静下来,开始演奏朗朗上口的进行曲,然后开始对"烈士"们一一点名——在失败的啤酒馆政变中死去的纳粹党员。"在这样的氛围中,希特勒吐出的每一个字都像从天上传来的上帝的圣谕,"夏伊勒记录道,"人类的——至少是德国人的——批判力在此刻完全丧失殆尽。"

等到纽伦堡庆典结束时,夏伊勒承认他"已经筋疲力尽了,很快就患上了人群恐惧症"。但是他还是很庆幸自己来了。"你必须经历这样的场面才能理解希特勒是怎样让人们着迷,才能感受希特勒释放的运动活力以及德国人拥有的绝对的纪律性。"他写道。

对于这次大会,外国记者比参会的德国人肯定存在更多偏见。夏伊勒、尼克博克和几个英国记者从房间里俯瞰纽伦堡城堡外的护城河,这时希特勒再次驾车经过。"尽管希特勒受到纳粹党卫军的严密保卫,但是说他不可能遭到暗杀,纯属无稽之谈。"夏伊勒写道。他和在场的其他记者一致同意,最简单的方法就是从房间里直接扔一个炸弹到希特勒的车上,然后赶紧逃到人群中去。

美联社的洛克纳与其他四名记者一道被邀请加入希特勒的车队,车队在进入纽伦堡的中世纪城堡之前要绕着城市进行一次胜利游行。记者们被安排在希特勒后面的那辆车,这样他们就可以直接观摩到群众的反应。"追随者们在见到希特勒后陷入了歇斯底里的狂喜,简直把他当成是上帝派来的救世主,他们会毫不犹豫地把希特勒比喻成基督。"洛克纳在写给远在芝加哥的女儿贝蒂的信中这样解释道,这也与夏伊勒的观察一致。

当车队接近城堡的庭院时,希特勒从车上下来,向记者们走近,并问候他们。但是在他向洛克纳伸出手之前,这位美联社的记者就先开口了:"总理大人,我在这座我祖辈生活过的城市欢迎您。"

希特勒有些吃惊。"怎么说？"他问，"你不是美国人吗？"

"是的，确实是，"洛克纳回复说，"我是美国人，但是我的家族世世代代住在这座城市，一直到我祖父和父亲移民美国。因此，我认为我有资格在这里欢迎您。"

当时，洛克纳还没有考虑到这个说法会引起什么后果。有记者回忆道："希特勒恼羞成怒，转身离开，向城堡昂首阔步走去。"直到那时洛克纳才意识到，自己不经意间提醒了这位元首，他不是土生土长的德国人。"我碰触了一根极度敏感的神经。"他总结说。他将希特勒之后再也没有邀请他进行过私人会面归咎于这次事件，尽管洛克纳在德国一直待到七年后、美德两国开战时才离开。

对于很多国家的记者来说，纽伦堡集会是一次典型事件，在游行车队里纳粹为他们安排了特别席位以确保他们的言论不会有差错。两年以后，也就是1936年，一位年轻的合众社记者理查德·赫尔姆斯——后来的美国中央情报局局长——也是参加纽伦堡大会的记者团成员之一。当时赫尔姆斯坐在一辆汽车的后座，同车的还有纳粹思想家阿尔弗雷德·罗森堡和一名波兰记者，他们紧跟在希特勒的汽车后面，他后来回忆道：

> 我必须承认，这趟游行确实有些让人着迷。群众不知道紧跟希特勒后面的豪华轿车里坐着谁，所以也盲目地追捧着，只有老到的电影明星才能抵抗这种奇怪的替代体验。不难想象在后面车里坐着的纳粹党的省级高官们是什么样的感受。
>
> 然而很多人都憎恨纳粹，当然也包括我。不过这很让人飘飘然。德国人对于希特勒的迷恋是毋庸置疑的。今天我们很容易忘记在他的巅峰时刻——这个词在舌头上打结——希特勒确实是一个派头十足的政客。

尽管许多普通的美国记者都没有机会与希特勒私下会面，但普奇·汉夫丹格还在尽力为希特勒引荐一些有影响的美国人，其中一个目标人物就是赫斯特，这位有实力的出版商经常来欧洲旅行，并且特别提到他很喜欢德国。赫斯特对慕尼黑尤其着迷——"城市、环境、气候、聪明而乐观的巴伐利亚人、商店、剧院、博物馆——还有啤酒，"他告诉一位记者，"事实上，这是个令人愉悦的地方，你必须要小心点，否则你可能会乐不思蜀，撇家舍业地留在这里。"

1934年夏天，赫斯特又来欧洲旅行。汉夫丹格与他取得联系后，尽力说服他来纽伦堡参加纳粹党集会。两人在慕尼黑见面后，普奇在德国发表了一篇文章，并且被8月23日的《纽约时报》引用。普奇引用赫斯特的话说，公选结果是支持希特勒的，这是"民意的一致表达"。赫斯特补充说："德国正在为从《凡尔赛和约》的恶意条款中解脱出来而战……事实上所有热爱和平的人们一定会带着理解和同情来加入到这场战争中来。"在他的文章里，普奇还报道说赫斯特将参加下个月的纽伦堡集会。

汉夫丹格显然言之过早。赫斯特担心他出席纽伦堡集会会被认为是对希特勒的纳粹运动的强力支持，所以他拒绝了。不过几经犹豫，他还是接受了普奇的邀请，在纽伦堡盛会结束后，也就是9月16日，在柏林与希特勒进行了会面。

当他们在总理府见面的时候，希特勒——汉夫丹格为希特勒担当翻译——直接问道："为什么我在美国遭到如此的歪曲和误解呢？为什么美国对我的政权如此反对呢？"

据报道，赫斯特当时解释说美国人"相信民主，反对独裁"。

希特勒回答说他是由德国人民选举出来的，他们再三表达了对他政策的支持。"那就是民主，不是吗？""那可能是民主，但是，就那些政策的内容而言，那也是独裁。"赫斯特说道。

这些记录是由赫斯特的旅行秘书哈利·克罗克提供的，如果准确的话，就表明赫斯特并不像美国国内一些评论家所指控的那样是一个对希特勒完全不加批判的盲目崇拜者。但是毫无疑问，汉夫丹格已经实现了他的目的，那就是让赫斯特见到希特勒更积极的一面。弗洛姆在日记里写道，普奇在"吹嘘他最新的成绩"——也就是精心策划了赫斯特与希特勒的会面，这期间，希特勒"为了吸引赫斯特施展了全部的魅力"。

"希特勒肯定是一个非凡的人物，"赫斯特在与希特勒会面后给他的朋友兼秘书约瑟夫·威利克姆博上校的信中这样写道，"在美国我们太低估他了。他有着巨大的能量、强烈的热情、惊人的演讲技巧和强大的组织能力。"然而，他也发出了警告，"当然，这些品质很有可能被用在了错误的地方。"

## 希特勒应该娶个美国老婆？

"希特勒需要一个女人，"汉夫丹格对刚来柏林的玛莎·多德说道，"希特勒应该娶一位美国老婆——一个可以改变整个欧洲的命运的可爱女人。"然后，他用典型的戏剧高潮的方式宣称："玛莎，你就是那个女人！"玛莎意识到"这听上去像普奇的大部分阴谋里的夸张恶作剧一样"，但是她不确定普奇是不是认真的。"我对于这个慷慨赋予的角色相当满意，对于能有机会见到这位奇怪的领导人而倍感兴奋。"她写道。她仍然相信希特勒是"一位迷人而又杰出的人物，他拥有伟大的权力和魅力"。

在玛莎的回忆录里，她显得有几分讽刺，但是真实地反映了她的心理状态："既然我受命改写欧洲的历史，我决定穿上我最端庄最迷人的服饰——这通常很吸引德国男人：他们很希望他们的女人在场而不要多嘴，只是作为她们陪伴的光彩照人的男人的附属品而存在。"

普奇和玛莎一起前往希特勒最喜欢的凯瑟霍夫酒店，在那里遇到了波兰歌手扬·基耶普拉。他们一起喝茶聊天，一直到希特勒在保镖和司机的陪同下出现并在旁边一桌坐下。基耶普拉被叫去希特勒那桌，两人交谈了几分钟。然后，普奇走到元首身边，俯身和他耳语了几句。当普奇回来找玛莎的时候，明显很兴奋，告诉她希特勒已经同意见她了。玛莎来到希特勒的桌旁，他站起身来亲吻她的手，嘴里念念有词，玛莎并没有听清楚，因为当时她的德语还很初级。他们的见面非常短暂。当玛莎要回到自己那桌的时候，希特勒再次亲吻了她的手。玛莎回忆道，希特勒还时不时地往她的方向投来"好奇而又尴尬的注视"。

那次会面给玛莎留下了"这样一个画面：一张柔弱的脸庞，大眼袋，厚嘴唇，脸上基本没什么骨骼。"她几乎没有注意到他那出了名的胡须，但是她观察到他的眼睛"让人吃惊和难忘——看上去是淡蓝色，眼神热情，坚毅，能蛊惑人心"。总的来说，玛莎觉得她那天下午见到的希特勒"极度温柔谦逊"，而且"低调、健谈、亲和"。她被"一种笃定而又安静的魅力以及温柔的话语和目光"所吸引。

那天晚上玛莎回到家里，告诉父亲她与希特勒的这次会面，大使并未掩饰自己对女儿竟如此轻易地被希特勒吸引的惊讶。多德承认，希特勒确实很有个人魅力，还开玩笑地叫女儿很长一段时间不要洗手，这样就可以留住希特勒特别恩赐的亲吻。他还说，如果一定要洗的话，要当心不要洗掉希特勒嘴唇亲吻过的那一小块区域。玛莎对这样的嘲讽有些恼怒，但是尽量不表现出来。

在对希特勒的近距离观察上，美联社柏林分社总编洛克纳十几岁的小儿子罗伯特·洛克纳与希特勒的另外一次更短暂的邂逅却体现了完全不同的情况。一天晚上，罗伯特和他的继母一起去柏林一家歌剧院，等待父亲的到来。这时，一队党卫军突然闯进来，为希特勒的入场清道。等希特勒随后进来时，他们大喊"希特勒万岁"，在场的德国人都不得不伸出右臂行纳粹军礼。罗伯特没有效仿，而表现得像个乖戾的十几岁的美国小孩。"我很招摇地把双手插进口袋，明显在嚼着口香糖，这都是纳粹看不惯的。"他回忆道。刹那间，希特勒突然看向他，这个少年被希特勒"尖锐的目光"和强劲的威慑力给吓到了。

初出茅庐的安格斯·图蒙在罗伯特父亲负责的美联社柏林分社工作，他回忆起小洛克纳在那次事件后，曾这样描述他的感受。"从那以后，我就能理解那些年轻的官员或者其他任何人，在这个问题上，会怎样被希特勒的眼神所恐吓。"他这样说道。

尽管罗伯特·洛克纳年纪还小,但是他显然比玛莎·多德更了解德国——也更能适应希特勒和他的纳粹党带来的恐怖和威胁的氛围。然而,这并不仅仅是两个美国年轻人之间观点的差异。这也突出了希特勒是怎样在众多场合成功地俘获女人们的芳心,尤其是在她们第一次陪他出场的时候。路易斯·洛克纳回忆起他在1935年参加的一场由约瑟夫和玛格达·戈培尔夫妇举办的招待会,许多戏剧和电影界的人士都到场了。希特勒似乎很喜欢他的女伴、有名的女演员多萝西·维克。他向她问候时,轻轻按了按她的手,维克一下就脸红了。希特勒邀请维克与他同桌,期间他谈笑风生,甚至还猛拍自己大腿。洛克纳听到女人们再三提到一件事情:"一旦你看着希特勒的眼睛,你就会成为他永远忠诚的追随者。"

除了希特勒以外,玛莎·多德一开始也被很多在外交场合流连的德国男人吸引,但她却不怎么喜欢被她斥为"极度讨喜的、英俊的、谦恭的,但却极度乏味的"国防军军官。除了普奇以外,她也乐于享受其他男人的陪伴:比如,"一战"期间的王牌飞行员恩斯特·乌德特,他还曾带她登上过他的飞机(玛莎后来以乌德特为原型写作了一部不怎么出色的小说《散播风声》(*Sowing the Wind*));德皇威廉二世的孙子路易·斐迪南亲王,他也是多德大使和洛克纳府上的常客;以及众多年轻的外交官和纳粹党卫军。其中被玛莎称之为"金发、健康的雅利安才俊"的一个约会对象,总是再三向她打听她父亲对于在德国发生的大事件的看法。玛莎最终意识到他的意图后,她承认那是"我对德国仕途生活的最早一次幻灭"。

当玛莎正处在她所认为的"最亲纳粹的时期"时,她遇到了一名法国外交官。在得到玛莎父母的允许后,外交官开始带她出去约会。玛莎反而不那么在乎这样的礼节。尽管她的一些德国男性朋友警告她这人是一名法国间谍,她本身也是反法亲德的,但玛莎还是被"这位浪漫和完美的高个子男孩"所吸引。当他谴责纳粹的军国主义时,她与他据理力争——但是后来玛莎也承认他的一些言论确实引起了她的"一些思考"。玛莎的一个朋友西尔维娅·克莱恩认为，玛莎的政治思想一直被她的感情生活所主导。"她只是喜欢和有魅力的男人上床，那是她学习政治历史的途径。"西尔维娅说道。

当然，玛莎对于约会对象的选择也比较挑剔。在她刚来柏林的时候，她认识了盖世太保的头目鲁道夫·狄尔斯，他也是多德府上的常客，总是向大使多次担保，他正在做力所能及的一切来反对针对美国人的暴力。玛莎的父亲和其他外交官认为，狄尔斯确实比其他德国官员更加同情美国人的不平待遇。不过，他也主管过早期的集中营。而玛莎也承认她从一些人口中听说在那段时期"每天至少有十二人"被杀害，但是没有人能阻止玛莎和狄尔斯出去约会。他们去夜总会跳舞，一起去乡下兜风。"我被这个有着敏感脸庞的怪物迷住了，他有着残忍的破碎之美。"她这样宣称。当然她也不介意狄尔斯是有妇之夫。玛莎将他的妻子贬为"一个可怜的消极的家伙"。

一个在鸡尾酒派对上认识玛莎的年轻犹太人警告她说，狄尔斯只是把她作为在纳粹党内斗争中的保护伞罢了。"玛莎，你真傻，你在玩火，"他说。但是她不打算听他的劝阻，还是继续和这个盖世太保头目见面。"我对他的类型和谈吐都很感兴趣，"她写道。"他有意无意地给我展现了一幅间谍幕后活动的画面，而这些是我从别处无法得到的。"这句暴露性的评论后来被解读为玛莎间接承认了她在为另一个政权从事间谍活动。

玛莎很快就感觉到，狄尔斯被党内斗争弄得很紧张。1933年12月，他甚至还向美国总领事麦瑟史密斯倾诉，他对自己的生命安全心存担忧。狄尔斯想要麦瑟史密斯给纳粹当局写封信说说他的好话，表扬他为保持德美关系做了很多贡献。麦瑟史密斯和多德大使都对他表示了同情，但觉得写这样一封信还是有些不妥。

玛莎担心她无意中对狄尔斯泄露了一些关于她的德国朋友们的消息，可能会为他们招来杀身之祸，也怕对别人泄露了关于狄尔斯的消息。一天深夜，在舞会结束之后，狄尔斯来到多德的官邸，又在图书室里小酌了几杯才回家。很显然，他又想谈论他脑海里最新的阴谋诡计。玛莎从沙发上抓过一个枕头。狄尔斯问她要做什么，玛莎表示她要去把电话盖住。据玛莎回忆，狄尔斯脸上很快闪过一丝阴笑，并点头表示赞成。

当玛莎不得不一直采取这样的防范措施时，她承认她让自己陷入了"一种近乎歇斯底里的紧张状态"。她开始在脑海里不断回忆她与许多德国人的对话，怀疑是否被录音或监听了。待在二楼的卧室里时，她会突然听到从碎石道上传来的令人不安的脚步声，看到快速闪过的黑影，并把听到的任何爆裂声都当成枪声。而对于狄尔斯而言，在"长刀之夜"之前，他一直像一只紧紧依附于她的"惊弓之鸟"，玛莎回忆道。狄尔斯从1934年6月30日的流血事件中幸存下来，但在早些时候就已失去了盖世太保头子的职位，并且再也没有在纳粹统治集团内获得类似的高位。

## 罗曼史与"朝圣"之旅

玛莎·多德声称，是各种不同的因素——从德国的野蛮宣传到她不断扩大的交友圈——把她从一名纳粹的辩护者变成了1934年春天的一位狂热的纳粹反对者。并非巧合的是，这段时期玛莎陷入最热烈的一段恋爱。她的新恋人叫作鲍里斯·维诺格拉多夫。在玛莎1939年的回忆录《通过大使馆的眼睛》里，并没有明确提及他的名字，而只是称他为6月30日带她去湖边沙滩的那位"外国大使馆的年轻秘书"。维诺格拉多夫是苏联大使馆的一名一等秘书，高大英俊，有着金色头发，因为他之前做过新闻发言人，所以在柏林的美国记者圈中很有名。当玛莎带他来记者们晚上常聚的意大利泰华尼餐厅时，他们发现他是一个志趣相投的伙伴。

玛莎生命里新出现的另一个重要人物是从美国中西部来到德国的米尔德里德·哈纳克。米尔德里德在威斯康星大学认识了来自德国的交流生阿维德·哈纳克，并且很快就嫁入了这个家世显赫的普鲁士书香之家。1929年，这对夫妇迁居德国。刚开始米尔德里德在柏林大学教授英美文学，后来还在成人夜校当老师。在亲眼看到大萧条对学生们的影响后，她注意到了他们的疲态，因为他们知道自己"没有未来"。和她的德国丈夫一样，米尔德里德也对纳粹的崛起深感担忧，但她当时并不相信纳粹会夺权。"据那些善于评估现状的人说，德国不会建立像意大利那样的独裁政权。"她在1932年7月24日写道。

米尔德里德的信心来源于，她相信世界上已经存在了一个解决资本主义危机的典范。她和阿维德去了苏联，为那里"充满希望和成就"的氛围深深折服。她在给母亲的一封信里激动地解释说，这个国家"正在进行一场极其重要的试验，让人们学会爱邻如己"。回到柏林后，哈纳克夫妇成为苏联大使馆招待会上的常客。

纳粹上台后，哈纳克夫妇不得不小心谨慎地隐藏他们的政治观点，米尔德里德在写给家里的信中也尽量避免亲苏的言论。但是当她遇到玛莎的时候，两人一拍即合。拥有新的政治观点和苏联爱人的玛莎与米尔德里德相谈甚欢，对于那些没能像她们那样看到光明的人们，她们会迅速做出评判。玛莎承认，对于那些还具有亲法西斯倾向的美国人，她"惊讶于他们的天真"，而她似乎忘记了自己刚刚转变政治观点就发表这样的言论有多么讽刺。

在1934年5月27日，米尔德里德、玛莎和鲍里斯——以及出版商恩斯特·罗沃尔特的儿子海因里希·玛利亚·雷蒂希-罗沃尔特——驾车前往汉斯·法拉达的农场。法拉达1932年的小说《小人物，怎么办？》(*Little Man, What Now?*)在德国成了销量巨大的畅销书。尽管纳粹很喜欢书中对于魏玛德国生活的残酷描述，但仍然对他高度怀疑。法拉达尽力绕开当前的政治，在某些场合甚至去迎合讨好纳粹。然而，很多媒体攻击他的书中缺乏意识形态，这足以让当局察觉到一股危险的独立思想的暗流正在涌动。

但是玛莎对于法拉达要与妻子儿女隐居农场、在写作中也不再过问政治的决定非常恼怒。"他已经与现实生活隔绝了，并且在这样的隔绝里找到了幸福。"她语气里充满责备。她继续说，从他们的对话中可以知道，"尽管我知道他不是、也不可能是一名纳粹——什么是艺术家？——我从他的态度里感觉到一种明显的退避。"米尔德里德则没那么挑剔，她告诉她的同伴们，法拉达是一个有良知的人。"他并不开心，他没有加入纳粹，他并非无药可救。"她说。事实上，法拉达在"二战"以后写成的最后一部小说《每个人都孤独地死去》（*Every Man Dies Alone*）已经被公认为是对希特勒统治下的德国的恐怖生活最有力的描绘之一——任何胆敢抵抗纳粹的人都将付出可怕的代价。

那个夏天，在维诺格拉多夫的帮助下，玛莎实现了她的第一次朝圣之旅，来到了她最新的理想国：苏联。"我这辈子已经受够了那些血腥和恐怖。"她解释说为什么想从德国逃出来给自己放个假。当然，哪里还有一个国家比苏联更远离血腥恐怖呢？尽管她之前也曾来过苏联，但是从她踏上莫斯科的那一刻起，她对斯大林的俄国就陷入了无止境的盲目崇拜，甚至超过之前她对希特勒的德国的热情。这里没有军国主义，没有无礼傲慢的行径，也没有严格的管控，一切都让她眼花缭乱。布尔什维克革命是人类的胜利。"莫斯科的人们终于结束了挣扎，每个人都在珍惜并且享受革命的胜利果实。"

尽管她承认这里还存在一些惊人的贫困，但是苏联人已经在竭力改变现状了，玛莎坚持认为。斯大林生活俭朴，为人们树立了好榜样，工人们在这样一个工人阶级领导的国家生活得很幸福，"潜藏在大部分人们心中的良知和理想主义在我的身上被唤醒"，她写道。但这并不妨碍她吹嘘自己在伏尔加河的游轮上一日三餐都食用鱼子酱，还有"极有营养的苏式浓汤，美味的肉类、黄油、冰激凌和鱼类……"也不妨碍她"惊叹大多数人都能享受一切美好的事物"。她补充说，和德国不同的是，苏联"几乎就是一个民主国家"，这里没有人会受到威胁。

尽管玛莎变得反纳粹亲苏联，但是一旦面对感情问题，她还是一点没变。回到德国后，她还是一如既往地渴望与有魅力的男士交往，不管他们的政治观点如何。这点尤其体现在与托马斯·沃尔夫的关系上。沃尔夫的小说《天使，望故乡》（*Look Homeward, Angel*）在德国和其他地方都红极一时。他于1935年造访德国时，人们像对待凯旋的英雄一样欢迎这位年轻却已家喻户晓的作家。刚一抵达柏林，美国邮件收发处就有来自各地的记者、外交官和仰慕者的信件、电报和电话在等他了，所有人都想要见他。在写给他的编辑马克斯·珀金斯的一封信里，沃尔夫感叹："在这过去的两周里，至少我在柏林是个名人了。"

用玛莎的话说，"汤姆，一个身高六尺六的男人，有着大诗人般的脸庞，大步走在街上，完全无视他所引起的轰动……对于德国现阶段的文化荒漠而言，托马斯·沃尔夫就像过去的一个象征，在过去，大作家就是大人物。"沃尔夫在20世纪20年代中期曾经来过德国，对那个时代的美好回忆加上他近期的文学成就让他觉得，柏林仍然是一座魔力之城。在从柏林写给珀金斯的信里，他宣称："我觉得自己又重新充满了能量和生命力……"他终于完成了他的新小说《时间与河流》（*Of Time and the River*）。沃尔夫沉醉在他在德国所受到的追捧里，从一个派对到另一个派对，他永远都是众人关注的焦点。

"汤姆对纳粹的不批判态度可以部分归咎于他狂热的精神状态。"玛莎写道。她的宽容态度很好解释：她想要谄媚一个像沃尔夫这样一个誉满全城的名人，让他也拜倒在自己的石榴裙下。她与沃尔夫的恋情弄得满城风雨，玛莎经常公开训斥沃尔夫重度酗酒。几十年以后，德国出版商的儿子雷蒂希–罗沃尔特向一位采访者透露了他与沃尔夫谈论玛莎的一次对话。沃尔夫告诉他说，玛莎"就像一只盘旋在我阳具周围的花蝴蝶"。

沃尔夫表示，在他1935年到访德国时确实注意到了一些"让人困扰的事情"。一直到第二年夏天返回美国，当他的自我陶醉渐渐消退，他才开始意识到纳粹统治到底意味着什么。在雷蒂希–罗沃尔特为其安排的《柏林日报》的采访中，在聊起德国的优点时，他还是增加了几分诗意。"如果这世上没有德国，有必要创造一个，"他宣称，"这是一个神奇的国家。我了解希尔德斯海姆、纽伦堡、慕尼黑，我了解德国的建筑和灵魂，以及她光荣的历史和艺术。"但是如玛莎解释那样，当沃尔夫再次返回德国时,"他变得冷静多了,这次他想要探索纳粹成功背后的真相"。

那次访问之后,沃尔夫写作了中篇小说《我有一件事情告诉你》(*I Have a Thing to Tell You*),小说分三期刊登在1937年3月的《新共和国周刊》上。后来他把故事扩展了,变成小说《你不能再回家》(*You Can't Go Home Again*)的一部分。这是他在1938年38岁生日之前突然死于脑疾后出版的两部小说之一。这部中篇小说充满了自传色彩,大胆地描述了沃尔夫对于德国的感受。这是关于一个美国作家离开德国时写的故事,"在我亲眼见到这片伟大的土地前,她就已经深深地镌刻在我童年和青年时期的精神世界里……在这里我像回到了家一样。"

但是小说里的主人公意识到,他必须永远地离开德国。一个德国朋友担心失去工作、情妇甚至是生命,因为"这些愚蠢的人"——纳粹党——无所不为。与此同时,他提醒这位美国人,对于他所观察到的真相不能完全照实写下来,因为有关当局会封杀他的书并且毁掉他的名誉。"一个人必须写他该写的东西,"沃尔夫的主人公、也是他的另一个自我回应道,"一个人必须做他该做的事情。"

当主人公的列车驶离柏林时,他思索着他熟悉的人们"现在离他像梦一样遥远,被囚禁在另一个世界"。

但是他很快就因为同一包厢里活泼友好的同伴们而振奋起来。"一个看上去有些古板的大鼻子小男人"在整个旅程中都烦躁不安,刚开始也让其他乘客倍感不适,但是他也慢慢放松下来,加入到大家欢乐的对话中来。当列车到达亚琛边境时,所有人都趁着换火车头的间隙下车休息十五分钟。那个小男人说他要去补票,就独自溜开了。其他人就在附近走走,然后回到站台重新上车。

准备归位的乘客们从外面看到,那个不安的男人——脸色变得"很苍白"——与一帮官员坐在同一个包厢里,面朝他们。为首的询问者"像日耳曼人……头是被剃过的,后脑勺看得到厚厚的褶皱,一直延伸到他那肥胖的脖子。"在意识到这位同行者是一名试图逃跑并将财产私运出去的犹太人时,小说的主人公感觉到"一种莫名的、想要杀人的愤怒"在他的体内升腾。"我想要拧断他那肥大的脖子,"他写道,"我想把他那红肿而又僵硬的脸打成果冻。"他承认他身边的每一个人都有这种想拔刀相助的冲动。看着那些官员把那名犹太人押解下车,他感到非常厌恶。

当火车进站时,主人公和其他人看了犹太人最后一眼。他也看向他们。"那一眼里饱含了一个人痛苦的沉默,"沃尔夫写道,"我们都觉得自己赤条条的,很羞愧,还有几分负罪感。我们都觉得我们在告别,不是向一个人告别,而是向人性告别。"

同车厢的一个迷人的金发女人的话语加剧了这名美国作家的同情和愤怒。他发现这个女人充满了魅惑,散发着"一种几乎无耻的肉体吸引力"。她尽力让包厢里的人摆脱那种阴郁的情绪。"那些犹太人!"她说。"如果不是因为他们,这些事情根本就不会发生!是他们制造了这一切的麻烦。德国必须自我保护。"

正如他小说里的德国朋友所预言的那样,《我有一件事情告诉你》的出版导致了沃尔夫的书在德国遭到禁止,他也再没回过德国。在接受他的家乡北卡罗来纳州《阿什维尔每日新闻报》的采访时,他谈到了自己的德国之旅。"我带着对德国人最深的敬意和崇拜来到德国,但是我觉得他们被错误的领导阶层出卖了。"他宣称。在深入回忆起他在欧洲的经历时,沃尔夫补充说:"在欧洲我见到了我们这里所不具备的某种完美。然而,那里也弥漫着一种有害的仇恨氛围。最后我还是想回家了。"

尽管他死后出版的小说名叫《你不能再回家》,沃尔夫最后还是回家了。

# 第8章

# "疯帽子的午餐会"

## ——1936年柏林奥运会闹剧

1923年,纳粹党抗议在慕尼黑举行的德国体操节。希特勒在请愿书上将反对原因阐述为"犹太人、法国人和美国人"也在参赛选手之列。1932年,在正式上台之前,希特勒将奥运会斥之为"共济会和犹太人"的共同阴谋——尽管早在一年以前柏林就已当选为本届奥运会的东道主。掌权以后,纳粹党依然极力反对各项准许犹太人和黑人参赛的国际赛事。

## 奥运时节来临

托马斯·沃尔夫最后一次造访柏林是在1936年的夏天，正如他在自己的小说《你不能再回家》中所写的那样，当时正值"奥运时节"。作为书中的主人公和作者本人的化身，乔治·韦伯作了如下论述："日耳曼民族的组织才能……被展现得淋漓尽致，奥运会的空前盛况令人凝神屏息。"韦伯——也就是现实中的沃尔夫本人——之所以有这样的感受，是因为他敏锐地感知到了隐藏在这一盛事背后的不祥预兆。"德国人的精心准备大大超越了奥运会的规格……这一体育赛事仿佛成了他们昭示国家力量、展现新政权成就的工具。"

但颇具讽刺意味的是，长期以来，希特勒和纳粹党都坚决反对举办奥运会等国际赛事。1923年，纳粹党抗议在慕尼黑举行的德国体操节。希特勒在请愿书上将反对原因阐述为"犹太人、法国人和美国人"也在参赛选手之列。1932年，在正式上台之前，希特勒将奥运会斥之为"共济会和犹太人"的共同阴谋——尽管早在一年以前柏林就已当选为本届奥运会的东道主。掌权以后，纳粹党依然极力反对各项准许犹太人和黑人参赛的国际赛事。《民族观察报》愤怒地表示，让黑人和白人同场竞技是"对奥林匹克理念的侮辱和践踏"。"我们强烈要求，"它宣称，"必须禁止黑人参赛。"

但同时，希特勒和纳粹党倡议，青年人应该广泛而有序地参加体育锻炼，以保持健康的体魄。这一倡议的目的，在于培养青年一代勇于进取的个性和对纳粹运动的忠诚。主管柏林突击队体育活动的布鲁诺·马里茨声称："在我们纳粹党人看来，体育是政治的发端——首先是因为政治对万事都有指导意义，其次是因为体育中蕴含着丰富的政治学。"

在纳粹上台后不久，德国奥组委主席，也是柏林奥运会主要推动者之一的西奥多·莱瓦尔德与希特勒、戈培尔以及内政大臣威廉·弗里克进行了会面,试图说服新任领导人支持该赛事。他称,赛事本身的收入必将超过国家为此所支出的花费——更为重要的是,它将起到"巨大的宣传效果"。他指出,届时全世界有近一千名记者来到现场,其宣传价值将令其他任何活动"望尘莫及"。后来,这一点被证明起到了决定性作用。

出于同样原因,远在美国的诸多犹太团体和激进主义分子,尤其是左翼分子,也在积极酝酿一场抵制柏林奥运会的集体运动。他们指出,纳粹党对犹太民族的歧视违背了奥林匹克精神的宗旨,即人人均可参赛。美国奥组委主席艾弗里·布伦戴奇也对该观点表示赞同。他称:"如果仅从我个人而非官方的立场而言,我反对让一个违反了基本奥林匹克精神的国度去承办奥运会,任何种族都应拥有平等参赛的权利。"

在莱瓦尔德的鼓动下,纳粹最终同意欢迎"各个种族的运动员"参赛,但有一点要求,即外界无权干涉德国代表队的人员构成。1934年9月,布伦戴奇抵达德国,据说是为了调查德国犹太人是否受到了公正对待。德国的体育官员们带着他简单参观了场馆设施,并在他与犹太人交谈时充当译员。纳粹党内主管体育的重要官员阿诺·布莱特麦尔在出席与犹太体育官员的会议时,总是身着党卫军制服。布伦戴奇并没有意识到,这种行为会对与他会面的犹太人造成极大威慑。在布伦戴奇看来,犹太人的坦诚回答令他十分满意。此外,他还宣称德国政府已向他承诺,"柏林将消除一切对犹太人的歧视"。显然,他对此感到欣慰:"这已经足够了,我相信德国人会践行诺言。"有一次聊得兴起,布伦戴奇甚至声称,他和德国人有一个共同点:他所在的芝加哥绅士俱乐部也拒绝犹太人入会。

美国奥组委的另一名成员查尔斯·谢里尔也于1935年来到柏林,试图说服纳粹党至少招募一名犹太运动员进入德国代表队。他毫无羞耻地表示,组委会只是需要一个和"黑人代表"同样的角色。但在与希特勒的私人会面上,他却突然改变口气,称自己是"德国和纳粹党的朋友"。另外,希特勒对于招募犹太运动员的强烈反对也没有引起他的任何异议。在希特勒看来，那样做将有损于雅利安民族的纯洁性。谢里尔形容此次会面"美妙无比"，并在9月举办的年度纽伦堡集会上，以希特勒私人嘉宾的身份在四天里说尽了溢美之词。"简直太不可思议了，"他写道，"你几乎可以听见（纳粹）这部严丝合缝的机器正在精密运转的声音。"

在美国国内，关于支持还是抵制柏林奥运会的问题，各个派别依然争论不休，这其中也包括美国奥组委等多个体育组织。而此时，身居柏林的多名外交要员比布伦戴奇、谢里尔等所谓的"真相探索者"对德国进行了更加翔实的描写。多德大使与犹太体育官员进行了私人会晤，以避免遭遇上述考察者所受到的人为安排。在给华盛顿的报告中，他记述了对方所描述的纳粹对犹太运动员的"公然歧视"和对仅有的几名入选了德国国家队的犹太运动员的长期恐吓。

早在1933年，一向不愿听信纳粹党花言巧语的美国总领事麦瑟史密斯就预言，新政府很可能会通过允许少数犹太人参加奥运会来作秀。但他警告称，"那仅仅是正在发生的歧视行为的一块遮羞布而已。"他和另一名外交要员雷蒙德·盖斯特共同致力于披露德国国内的歧视行为，以驳斥谢里尔等人为纳粹党"洗白"的言论。1934年，麦瑟史密斯被调派到维亚纳之后，仍然力劝国务卿科德尔·赫尔拒绝参赛。他在1935年12月的一份电报中指出，柏林奥运会"已经成了纳粹党企图征服世界的宣言"。假如奥运会无法如期举办，"那将是对正在崛起的德国纳粹党最沉痛的打击之一"。他补充道，诸多"智慧而博学的观察家们"相信，这次赛事将对"整个欧洲的政治走向"起到决定性的作用——他本人也对此深信不疑。

虽然包括美国体育联盟主席耶利米·马奥尼及多名体育官员在内的人们均对柏林奥运会强烈抵制，但布伦戴奇和谢里尔的论调还是略微占了上风。对来自柏林和维也纳的呼吁，赫尔几乎无动于衷，而罗斯福总统则始终对此事保持缄默。在其权威性著作《纳粹的竞赛：1936年奥林匹克》（*Nazi Games: The Olympics of 1936*）中，大卫·克莱·拉奇这样写道："身为一名圆滑的政治家，罗斯福当然知道，表明立场比保持沉默所引起的风险要大得多。"此外，拉奇补充道，罗斯福政府一向被认为过于"亲犹"，甚至连他的犹太裔顾问萨缪尔·I.罗森曼法官也警告他切勿声援此次抗议活动。

当奥运会如期举行的时候，其盛况正如每一位支持者和反对者所预期的那样。在《你不能再回家》一书中，沃尔夫作了如下生动描述：

> 每一天都是那么美妙壮观，动人心魄；整个体育场五彩斑斓，华丽夺目。迎风招展的各色旗帜令美洲大游行，总统就职典礼和世界博览会上的花哨装饰黯然失色。赛会期间，柏林成了奥运场馆的延伸……整个城镇都飘扬着各个参赛国的国旗……50英尺高的旗帜，仿佛过去迎接君王驾临战场时的盛大气势。

所有这一切，都是为当今德国领袖的出场作铺垫。"他终于来了——就像微风拂过草地那样，让人们不自觉地随他的脚步站起身来。在这片欢呼声中，也夹杂着人们的期许和对国家的祈福。"沃尔夫这样写道。希特勒笔直地站在一辆崭新的汽车里，进入主会场时，他向观众举手示意，"掌心向上，但并非是纳粹式的行礼，而是类似佛陀或弥赛亚那样庇护苍生的手势。"

感到惊讶的不仅仅是希特勒的追随者们。"如今的柏林已是漂亮而繁华的宜居之地，"《纽约客》记者简纳特·法兰尼赞叹道，"过去的一年，德国愈发繁荣的经济和日趋稳定的政局超越了战后的任何时期，而柏林就是最佳明证。"德国政府希望向全世界传达的，恰恰就是这样的印象。作为在美联社工作的一名德国人，鲁迪·乔斯顿回忆称，几乎在一夜之间，魏玛时期那些有趣的事物又重新兴盛了起来。"一切都免费供应，大量的舞厅重新开张营业，"他称，"到处都在播放美国音乐，于是大家都觉得：'看来希特勒也不赖嘛。'"纳粹甚至还准许7000名妓女在柏林重操旧业。

无论是在街头还是所谓的新上流社会，每位来访的人都可以纵情狂欢。"纸醉金迷的奥林匹克盛宴，"弗洛姆在日记中写道，"所有的外国人都被宠坏了、诱惑了、陶醉了、迷失了。"夏伊勒则表示，外国人对这种放任生活的迷恋令他失望不已。"恐怕纳粹的宣传策略已经取得了成功"，他在奥运会即将结束时写道。

一位名为卡拉·德·弗里斯的美国妇女对希特勒几近痴迷。当德国元首有一次来到游泳馆时，她甚至成功地绕开其贴身保镖，在希特勒脸上亲了一口。乐队指挥阿特·杰瑞特时年22岁的妻子，也是1928年洛杉矶奥运会金牌得主的游泳运动员埃莉诺·霍尔姆·杰瑞特，由于在越洋旅途中参加了过多的派对，而被布伦戴奇开除出参赛名单。但她还是留在了柏林，并成功说服赫斯特国际新闻机构给了她一份报道奥运会的工作。她的报道极为出色，并多次出席纳粹最高领导人的招待会。当戈林赠予她一枚银质的"万字符"胸针时，她愉快地将它别在胸前展示给所有人。

但这些都不能完全取悦希特勒。弗洛姆在日记中写道，当德国选手获得胜利时，希特勒会"极度兴奋地尖叫着鼓掌"表示祝贺；但当其他选手赢得比赛时，他则显示出了"令人厌恶的"、缺乏体育精神的一面——尤其是对于杰西·欧文斯等美国黑人运动员。"美国佬派这些扁平足的物种来和德国贵族们同场竞技，简直太有损公平，"他抱怨道，"将来我要投票禁止这些黑鬼参赛。"

当欧文斯拿到他的金牌之一时，沃尔夫正和玛莎·多德一道坐在外交官专区观看比赛。他禁不住发出"一声呐喊"，玛莎回忆道，引起了坐在一旁的希特勒的注意。"希特勒从座位上扭过身子，朝体育场看去，试图找到那个恣意妄为者，然后愤怒地皱起眉头。"事实上，德国元首已经违背了他自己订立的某些原则。在向德国媒体发出的一项指令中，纳粹党明确要求"不得忽视对黑人运动员的报道……黑人也是美国公民，理应受到同等的尊重"。

虽然有人认为，这一指令的目的在于愚弄世人，让全世界都以为纳粹运动建立在包容的基础之上，但颇具讽刺意味的是，很多德国人真的成了美国黑人运动员的忠实粉丝。尤其是欧文斯，无论他出现在哪一个场馆，观众都会爆发出巨大的欢呼声。1935年到1936年期间，凭借研究基金在德国居住了近半年的美国黑人社会学和历史学家W. E. B.杜波依斯写道："杰西·欧文斯在全世界惊愕的目光中飞驰而过。他备受追捧，许多人要求与他合影、做访谈，身边索要签名的粉丝常常围得他寸步难行。毫无疑问，他是1936年奥运会上最受欢迎的单人项目运动员。"尽管包括希特勒在内的纳粹高官对美国黑人运动员的参赛表示不满，但仍有许多选手受邀到普通德国民众的家中享用咖啡或晚餐。

因此，当欧文斯和他的黑人队友们离开德国时，并没有受到许多人预期的那种悲惨遭遇——况且美国本土对黑人的歧视也好不到哪里去。合众社驻柏林记者、后来出任中情局局长的理查德·赫尔姆斯，在奥运会后碰巧和欧文斯同在返程的"玛丽女王"号上。攀谈中，这名短跑健将对那些称希特勒故意冷落他的报道嗤之以鼻。"欧文斯是一个安静而谦虚的人，"赫尔姆斯回忆道，"虽然希特勒没有为他颁发金牌，但他并不认为自己如传统报道中所写的那样受到了侮辱。"

联想到自己在德国的经历，杜波依斯很容易就理解了为什么美国黑人会对希特勒的德国怀有一种复杂的情感。"我在这里受到的是一如既往的礼遇和周全照顾，"他报道称，"但同样的情形绝不可能在美国任何一个地方发生。即使是偶发事件，你也难免会遭遇某种人身攻击或种族歧视。但在这儿，我举不出任何类似的案例来。"

他还称，德国人在新任领袖的带领下感到"富裕而满足"，但与此同时，德国也笼罩着"沉默、紧张和压抑"，所有反对派都遭到了取缔。他当然也注意到，纳粹"公然宣扬种族差异的运动，坚决抵制一切非日耳曼血统的民族，尤其是犹太人，这一点超越了我所了解的任何私人或集体仇怨。"他补充道，情况"极度复杂，没有任何人能做到毫无谬误地说清这一切。"在重新将话题拉回到奥运会上后，他总结称："那些接受临时访问的、不讲德语的奥运观众的说辞毫无价值可言。"

但对于大多数美国运动员来说，无论黑人还是白人，都不太关心上述问题。他们此行的目的是参加比赛——并且和观众们一样，好好游玩一番。赛会期间，下面这段发生在德美之间的跨国恋情，就和奥运赛场上的精彩竞技一样轰动一时。

　　雷妮·瑞芬舒丹是希特勒最钟爱的电影导演，她拍摄的《意志的胜利》将纽伦堡纳粹集会永久地记录在了胶片之中。如今，她正忙于奥运会的拍摄，为她的第二部作品《奥林匹亚》提供素材。弗洛姆丝毫不掩饰对这位知名女导演和前电影演员的厌恶。"（她）穿着灰色的法兰绒便裤，头戴一顶鸭舌帽，高调地出现在各种场合，"这位犹太记者在日记中写道，"她常常坐在元首身旁，面带着杂志封面式的做作笑容，一副自我感觉良好的样子。"但是，令瑞芬舒丹情不自禁的人并不是纳粹领袖，而是美国的十项全能冠军格伦·莫里斯。

　　奥运会十项全能比赛的第二天，在德国冠军埃文·胡伯的引见下，瑞芬舒丹第一次见到莫里斯。当时，他正头顶一块毛巾躺在草地上休息。"当胡伯介绍莫里斯和我认识时，我们互相对视了一眼，然后就深深地被对方所吸引，"这位电影导演在自传里用言情小说中司空见惯的语气写道，"那一刻简直太不可思议了，那是我从未体验过的奇妙感受。我竭力去控制我内心汹涌的情感……"当莫里斯以打破世界纪录的成绩赢得奥运冠军之后，他与另外两名队友共同站上了领奖台。瑞芬舒丹当时也在看台上，但由于天色已晚，她无法摄录颁奖的整个过程。领完奖以后，莫里斯径直冲向了这位电影导演。故事说到这里时，她的回忆录又从言情小说变成了色情小说。"当我伸出手去祝贺他时，他抓住了我的双臂，一把撕开我的上衣，然后埋头亲吻我的胸部。这一切就发生在体育馆的正中央，就在近十万观众的眼皮底下。这人可真是个疯子，我心想，"她写道，"但我始终无法忘记他眼中的那股狂野劲儿……"

　　瑞芬舒丹称，在此事发生之后她试图避免与莫里斯见面，但他们还是在撑杆跳赛场再度相遇。"我们都控制不了自己的情感，"她写道，他们就在奥运会期间和电影拍摄过程中迅速坠入爱河，"我完全失去了理智"。她承认，并且认为莫里斯就是她今后的丈夫。当莫里斯要回国参加在纽约举办的一个盛大的庆功游行时,她感到极度沮丧。随后,她得知他和一位美国教师有了婚约。他仍然会给她写信,她也一直坚信自己仍深爱着他。虽然瑞芬舒丹最终决定断绝这段关系,但她还是把在柏林为他拍摄的影片寄给了他,这也帮助他在一部好莱坞电影中获得了"泰山"的角色。后来,她听说他在1940年离了婚,并因酗酒和吸毒死于1974年。

通过对"他的悲惨命运"的描述,瑞芬舒丹似乎在暗示,假如莫里斯当初选择和她在一起,情况就会大有改观。在奥运会进行得如火如荼之时,希特勒最钟爱的电影导演正幻想着和一名丝毫不关心她奋斗事业的美国人过上一种全然不同的人生。

## 纳粹的"教义"

作为第一个与希特勒有过正式会面的美国官员,杜鲁门·史密斯于1935年再次来到柏林,但这次是以高级武官的身份。第二次和纳粹领袖见面与第一次已相隔多年,虽然他曾在奥运会等多个场合远远地看见过他。在总理府的一次聚会上,杜鲁门挤过人群与希特勒握了握手。当他准备转身离开时,希特勒握住了他的手臂。

"我们是不是在哪里见过?"希特勒问道。

"是的,总理阁下,1922年,慕尼黑。"杜鲁门吃惊地回答道。

"哦,没错,是您介绍了我和汉夫丹格认识。"希特勒记起来了。

这件事生动地说明了,希特勒也和众多高明的政治家一样,对人生中的重要人物和事件有着非凡的记忆力,即便在多年以后依旧能了然于心。

来到柏林之后,杜鲁门和妻子凯被它在这十多年间的巨大变化深深地震撼了。"柏林依然是我所熟悉的那座城市,"凯在她未出版的回忆录中写道,"柏林还是柏林,但它已完全不是原来的样子了。街道和建筑还在，但已见不到那些寒碜的门面和破旧的围墙。全都用油漆重新粉刷过，变得整齐划一……这像是一场梦，既熟悉又陌生……来往的人们衣着整洁，看上去红光满面、精力充沛。"另外，她还毫无讽刺意味地认为："当时的柏林极为安全，因为所有的酒鬼、流浪汉和同性恋们都被关到了集中营里。"

如果说上述观点有违她的本意，那么凯并非对所谓的"某种紧张氛围"全然不知。在这样一个国度，政府可以将目标指向任何人。有一天，当她和杜鲁门回到住处时，一位女仆告诉他们今天有一个电话修理工来过。尽管女仆一再表示电话并没有故障，但他仍然坚持要对线路"检修"一番。这件事发生之后，史密斯夫妇在电话机上盖了一件厚厚的大衣，以防止他们的谈话被窃听。并且，只有在城郊的古纳森林里散步时，他们才会谈起某些敏感话题。他们相信，试图暗中监视他们的绝不仅仅是纳粹党而已。在凯的建议下，杜鲁门开除了办公室的一位美国秘书。此人久居柏林，是激进的左翼分子，杜鲁门怀疑他在为苏联窃取情报。

凯还指出，纳粹试图用一种新的教义去取代基督教——凯将其称之为"旧日耳曼宗教"；而事实上，纳粹主义中并没有保留任何早先宗教的痕迹。根据凯的一位信奉天主教的朋友透露，某些地区的小学生在用餐前已经被纳粹要求不再说原本的基督教祷词，而改成"亲爱的耶稣，请远离我们，没有你，我们照样吃得很开心。"

当陆军部军情处主管驻外武官的查尔斯·班尼特上校准备再次派遣史密斯前往德国时，他殷切期望史密斯能充分利用之前的人脉关系，为美国获取更多有价值的情报。"你和希特勒、布劳姆贝格（德国作战部长和陆军总司令）等德国最高领导层都是旧识，其他候选人，无论有多么优秀，在这一点上都不及你。"班尼特这样写道。当然，史密斯已经不能再像在慕尼黑第一次会见希特勒时那样去拜访他。实际上，他在那次聚会上和希特勒的短暂交谈也是他们的最后一次直接对话。但是，相比在柏林的其他武官，史密斯之前所积累的关系网为他赢得了巨大的优势，这也有力地印证了班尼特对他信赖有加的正确性。

与其他国家不同的是，在史密斯的公务预算中，并没有间谍雇佣支出这一项。但他有一份长长的姓名清单，里面包含了所有他所认识的德国官员。这其中，有的是他在第一次来德国时结识的，也有的是1928年到1932年期间当他还在佐治亚州本宁堡的步兵学校担任教员时结识的。当时出任该校副校长的是尚为陆军中校的乔治·C.歇尔。每当有德国人前来造访时，史密斯就担当他的助手和翻译官。

纳粹上台之后，出台了一项严苛的规定，即德国官员不得随意上门拜访在德国的外国人，除非两人之前有过交情。这就意味着，大部分的驻德武官都无法邀请德国官员来家中作客。但史密斯似乎是个例外。凯回忆道，他们抵达柏林后不久就举办了一场聚会，"当其他武官看到我们的聚会上来了这么多的德国官员之后，都变得目瞪口呆。他们极度羡慕我们的关系网络，而杜鲁门自然就成为他们想要获得情报时的首要途径。"

凯指出，和他们形成鲜明对比的是英国和法国，这两个国家"几乎没有任何人脉关系"，因此在间谍身上的支出可谓不菲。当然，大多数国家的武官都是这种情形，这也使得杜鲁门成了他们中间的红人。但她承认，波兰人所拥有的关系网，甚至可能比她丈夫的还要庞大。

为了获得有关德国军事计划和部署的情报，杜鲁门使出了浑身解数。在他第二次来访的初期，德国的军官还是会在双肩上佩戴代表所属部队的徽章。杜鲁门细心地记录下这些部队，努力拼凑出可能有用的信息，他甚至还发动妻子凯和小女儿卡琴一起帮忙。"他教会了我和卡琴如何观察他们肩头的徽章，然后回头向他描述。"凯这样写道，省略了女儿名字中的元音变音符号，尽管后者一再坚持。"每次我们一起开车出去的时候，她和我分别坐在车子的两侧，我俩都把脸紧贴在车窗上观察。这就像一场有趣的游戏，我们感觉是在猜谜。"

卡琴出生于1924年，她至今仍对这段记忆津津乐道。她回忆道，她的父亲曾怀疑他们的司机罗伯特在监视他们。因此，每逢周日休息时，杜鲁门都会亲自开车带着她们到乡下。卡琴常常和她那条名为泰拉的松狮犬一起坐在后排，充当望风者的角色。"不能太明显了，稍微扭过头看一下，那边是不是有一栋高大的建筑。"有一次当他们行驶在一片树林中时杜鲁门对她说道。他当时试图寻找的是德国人为生产战斗机引擎而专门建造的一个工厂。

当卡琴和荷兰大使的女儿们一起坐火车前往海牙旅行时，发现了德国部署在两国边界处的多处炮台——她立刻将这一情况写在一张明信片上寄给了她的父母。"人们都以为他在柏林收买了很多间谍，其实我是他唯一的眼线。"卡琴笑着说道，12岁的她已经自认是一名出色的情报人员。

但有一个棘手的问题，杜鲁门在很早的时候就已经预见到了。他所有的人脉关系都在德国陆军，而在纳粹的空军部门，他几乎没有一个熟识的人——正如他自己所言，他对于"空军的组织架构和战术布置的了解并不比一名普通的步兵好多少"。并且，他所掌握的有关空中火力的技术知识更是可以"忽略不计"。作为杜鲁门的助手，西奥多·柯尼希上尉是一名很有才干的军官，监视德国日益壮大的空军实力的任务，本来也应由他负责。但杜鲁门担心，他的小团队并没有配备足够的装备。因此，他唯有依仗"他们的智慧"，以弥补资源上的不足。

希特勒宣布要让德国再次崛起，令这一任务显得异常紧迫，杜鲁门对此也十分关注。1936年3月，当德军违背《凡尔赛和约》的非军事化规定，重新出兵占领莱茵兰时，杜鲁门急忙赶回了家里。"你和卡琴需要多长时间才能离开这里？"他对凯问道。凯环顾了一下整个房子，回答说搬家工人大概需要花三天时间整理好所有的物品。"三天！"杜鲁门回应道，"假如法国人反击，你们只有30分钟收拾整理！半小时以内，轰炸机就会抵达这里。收拾好两箱行李。告诉罗伯特在车里多准备几罐汽油，要足够将你们运到法国。"当凯问道他准备怎么办时，他表示自己将"与大使馆共存亡"。凯按他说的照办了，不过面对希特勒精心设下的这场阴谋，法国没有做出任何回应。

两个月后，当他们在公寓里吃早餐时，凯读到了巴黎版的《先驱论坛报》上的一篇头版新闻，内容是查尔斯·林德伯格参观法国的一家飞机制造厂。在接下来的几天里，杜鲁门开始盘算是否可以让这位曾经完成过飞越大西洋壮举的著名飞行家也能获得像法国那样的参观许可。他和助手们找到了纳粹的空军总司令戈林。结果正如他们所希望的那样，纳粹很乐意向林德伯格展示他们的作战设备和生产基地。在随后的5月25日，杜鲁门给林德伯格写了一封信，传达了纳粹对他的邀请。尽管和林德伯格素未谋面，但他在信中真挚地表达了自己的看法。

"无须赘述，我想您也一定知道，目前德国空军的发展十分迅猛，而且我相信，其规模已足以匹敌世界上任何一个国家。"杜鲁门写道。此外他还指出，长期以来纳粹空军的建设都以极为隐秘的方式进行着，一直到近期才初露端倪。他称，德国人已明确表态，相比其他国家，他们愿意向美国展示更多的装备。"戈林将军非常重视和美国的友好关系，"他这样写道，并且在信中强调该邀请来自空军总司令本人和他所在的空军部。"单从一个美国公民的角度来看，我认为您的来访将对祖国大有裨益，"史密斯最后总结道，"我相信，他们一定会不吝为你展示更多的东西。"

当时林德伯格和妻子安妮正居住在英国。1932年，他们的儿子在美国遭遇了绑架和谋杀，媒体一直在大肆报道此案。为了获得些许清净，他们来到英国暂避。史密斯在信中的真诚呼吁打动了林德伯格，他回复称他"很有兴趣去看看德国在民用航空和军用航空上所取得的一些成就"。这一应允开启了他此后对德国的多次访问——以及世人对他"同情希特勒政府"的指责。不过，正如史密斯所期待的那样，林德伯格的到来确实为美国实现了在军事情报收集方面的突破。

## 美国飞行家访问德国航空工业

史密斯当然清楚,德国人希望借助林德伯格来扩大影响力,但他仍竭力使这位引人瞩目的飞行家尽可能地躲避媒体的关注。最终,林德伯格首次来德参观的日程被确定为1936年7月22日至8月1日,这意味着,本次参观的最后一天正好赶上柏林奥运会开幕。德国人坚持要让林德伯格作为戈林的特别嘉宾,一同参加开幕式庆典。这是史密斯所不愿看到的,因为届时现场必然会有来自全世界的各路媒体注意到林德伯格的到来。但事已至此,史密斯也束手无策。于是,他将精力转移到说服让德国人允许林德伯格参观更多的飞机制造厂、研究中心和空军部队上,并且由他或柯尼希作陪同。这样,这位美国武官不仅有机会亲眼看到纳粹的空军设施,而且还能使人脉圈得到进一步的扩展。

当林德伯格夫妇乘坐一架私人飞机抵达柏林时,德国空军部的官员、汉莎航空的高管、德国民航部门的代表以及美国驻德武官们早已在机场翘首以待。杜鲁门和凯主动提出邀请,希望林德伯格夫妇到他们的公寓合住。很快,这两对夫妇间就建立起了良好的友谊。"史密斯上校是个热情的人,喜欢寻根究底,说话很有一套,"安妮·莫罗·林德伯格在日记中写道,"而史密斯夫人有很敏锐的观察力,聪明伶俐并且幽默风趣。"

从安妮的日记里可以看出,一个初来乍到的人很容易为这个国家的外表所迷惑("干净、有序、整洁……看不到贫穷的痕迹……到处是欢庆的氛围,彩旗飘扬"),但其中也包含了一些带有讽刺意味的话外音。在正式场合打招呼时,"每个人都穿着军装,军靴敲打地面的声音此起彼伏。几乎没有人注意到我的存在,我也很少看到其他女人。"有一次,查尔斯和德国官员们坐在前面的一辆敞篷车里,而她与凯、卡琴、史密斯坐在一辆普通的小车里"静静地跟在后面"。她写道:"啊,没错——女人在德国就是附属品！"至于德国纷繁的礼节，她称："军工产业使人们的生活变得复杂，它占用了太多的时间和空间。"

在参观行程的头一个整天，查尔斯作为贵宾出席了空军俱乐部的一场午餐会，现场还有诸多德国高官和美国外交官。查尔斯知道他将被邀请发言，因此提前准备了一篇讲稿，并交给杜鲁门看了一下。他的演讲渲染出一种严肃的气氛。"身处航空事业的我们，肩头担负着极其沉重的责任。因为一方面来说，我们把和平时期的世界拉得更近了，从另一方面来说，一旦爆发战争，我们完全有能力摧毁任何一个国家的防线，"他说道，"以地面部队去对抗空中打击，无异于以卵击石。"

空中力量的发展已经改变了"攻守之势"，我们再也无法"依仗地面部队来保护我们的家人，我们的图书室、博物馆以及其他重要建筑，我们手无寸铁地暴露在空袭的危险之中"。这意味着，把握好航空事业"革命性转变"的方向至关重要。"我们的责任就在于，在航空事业不断发展的同时，没有毁坏那些我们原本希望保护好的东西。"林德伯格说道。他的这次演讲受到了全球新闻界的关注；德国媒体全文刊登了他的讲稿，但未作任何评论。在凯看来，"德国人对这次演讲并不满意"。后来，当讨论林德伯格接下来的行程安排时，空军部的官员补充道："但不得再让他发言了。"

林德伯格访问期间，在戈林位于威廉大街的官邸举行了一场极其重要的社交活动。到场的有众多德国空军最高级别的官员，其中包括"一战"中的传奇飞行员恩斯特·乌德特。作为贵宾的林德伯格夫妇和史密斯夫妇乘坐黑色奔驰轿车，在多辆摩托警车的护送下抵达现场。对杜鲁门来说，他终于获得了和纳粹空军一把手直接对话的机会——并且，他充分利用这次机会观察了他的一举一动。"戈林展现了他性格中的很多面，"杜鲁门写道，"依次是，魅力不凡，平易近人，自负虚荣，机智过人，阴沉可怖，古怪反常。尽管他已是大腹便便，但仍可以看到他年轻时那副俊朗和威严的相貌的影子。"

安妮·林德伯格写道，43岁的戈林"身着镶有金色穗带的白色外套，看上去神气、年轻、高大——好像发福后的亚西比德……"他和安妮握了握手，但并没有正眼看她。安妮坐在戈林和他的妻子艾美的右手边，而凯坐在他们左手边，但这位主人的注意力只集中在查尔斯身上。当他问查尔斯最近一次长途飞行为他检查仪表的副驾驶是谁时，凯抢先说出了安妮的名字。听到这一答案后，戈林说了一个德国人常用的表达法，直译过来的意思就是："那简直笑死人了。"言下之意是，他并不相信凯的话。

午餐的流程极为繁琐，一共上了五种酒，每一种都对应一道菜，这令凯感到惊奇不已："我还从未像这样喝过酒。"但是，与这位主人的古怪习惯相比，这只能算小巫见大巫了。当查尔斯问及他们能否看一看他的宠物幼狮时，戈林欣然同意。一行人在穿过长长的大厅时，看到周围装点着栩栩如生的古典式挂毯和其他各色艺术品。最后，他们来到了一座图书馆，门已经完全打开，他们一眼就看到了那头幼狮。据凯目测，它大概有三英尺高，四英尺长，但它似乎并"不乐于"见到这么一大群人。"我让你们瞧瞧我的奥古有多听话，"戈林宣布道，"过来，奥古。"

戈林在沙发上坐着，那狮子一下跳到了他的大腿上，开始舔他的脸。凯远远地站在一旁，虽然中间还隔着一张桌子，但接下来发生的一幕仍一览无余地发生在她的眼前。一名德国副官突然笑了出来。"狮子大概是受了惊吓，在那身雪白的外套上撒了一大泡尿，"凯回忆道，"戈林的脸一直红到了脖子根"。这位主人一把推开他的宠物跳了起来，"他的脸因愤怒而涨得通红，怒火在他蓝色的眼睛里燃烧。"这时，艾美·戈林冲过来，抱住了自己的丈夫，"赫尔曼，赫尔曼，它就和一个婴儿没什么区别。"她恳求道。"一定是人太多的缘故！"戈林终于冷静下来，言下之意是赞同了妻子的说法。

杜鲁门扭头看别处，假装对此视若不见，安妮也是同样的反应。"非礼勿视，非礼勿言。"她在日记中写道。趁着宾客们潜心赏玩图书馆内的艺术品的间隙，戈林连忙去换了一身衣服。回来的时候，他穿了"一身丝绸，散发着浓重的古龙水味，还别了枚钻石胸针"。

尽管凯曾担心戈林会因为这个小插曲而对杜鲁门和其他在场的人心存芥蒂，但这次午餐会成功地开启了这位武官与纳粹空军总司令之间的良好关系，两人在之后的参观期间都维持着密切联系。后来，当戈林的这头狮子变得愈加野性难驯而不得不被送回柏林动物园后，杜鲁门还带着女儿去看过它一次，甚至还让她把它抱在大腿上。在这张照片里，卡琴正对着照相机镜头，露出一丝勉强的微笑；她戴着厚厚的手套，避免直接接触到狮子的身体。"当时我吓得要死，"她回忆道，"但我的父亲爱极了这张照片。"

但这次午餐会绝非杜鲁门不知道该和戈林聊些什么的唯一场合。据他本人回忆，一年后，在空军俱乐部的某次聚会上，戈林大谈特谈他对希特勒的效忠。当他发表以下宣言时，甚至连眼眶都有些湿润："史密斯啊，人类历史上只有过三个真正意义上的伟人：释迦牟尼、基督耶稣和阿道夫·希特勒。"和平时一样，杜鲁门用第三人称在日记中写道："这段讲话令这位武官无言以对。"

但林德伯格的这次来访所带来的最大收获在于，他们可以每天去参观德国人的空军设备。举例来说，在罗斯托克，林德伯格和一位名为柯尼希的副武官被准许考察德国最新研制中型轰炸机——亨克尔He-111。林德伯格称，该机型比法国的轰炸机更加先进，甚至足以和英美抗衡。此外，他们还观看了乌德特试飞新型战斗机中的佼佼者He-112——并且目睹了飞机在俯冲过程中发生解体，这位著名的飞行员被迫跳伞逃生。不过，上述参观和对另外两种机型（He-70侦察机和He-118俯冲轰炸机）的考察，加上位于瓦尔纳明德的现代化海军飞机制造厂，已足以令美国人惊叹。"我此前从未见过有任何一家工厂能同时生产出这样四种特性鲜明的机型，并且每一种的设计都是如此精巧。"当晚回柏林以后林德伯格对史密斯这样说道。

在写给银行家哈利·戴维森的信中，林德伯格指出："从规模上看，无论是亨克尔的工厂还是容克的工厂，都让我们难以望其项背。"在另一封信中，他承认自己被"德国人特有的一种精神"和这个国家的新领袖已经建立起的"强大力量"深深震撼。

在林德伯格离开以后，柯尼希上尉仍被允许继续参观德国的空军基地和工厂，这使得他能够不断充实和细化关于纳粹空军实力的汇报材料。根据上述考察结果和1937年10月林德伯格的再次来访，史密斯向华盛顿报告称，照此趋势发展，德国"在1941或1942年之前就能在技术上和美国比肩"。他甚至警告称，假如美国因为某种原因而放缓了发展速度，那么"德国在空中力量上的优势将会提前到来"。在介绍德国空军时，戈林的措辞中或许略带夸张成分，但史密斯倾向于宁可信其有。在由多德大使夫人组织的一场鸡尾酒会上，著名的社会记者贝拉·弗洛姆无意间听到了林德伯格对乌德特说的话："在航空实力排行榜上，德国位列世界第一，所向无敌。"德国官员们也很高兴，宣称林德伯格"为我们赢得了所能想到的最佳宣传效果"。

史密斯和柯尼希坚信，他们获得的所有情报都表明了希特勒想要建设一支强大空军的野心，他们也定期地将该结论上达至华盛顿。当诸多专栏作家在"二战"尾声阶段抨击史密斯与林德伯格走得过近时，罗斯福总统的顾问伯纳德·巴鲁克在1945年6月13日给时任总参谋长乔治·马歇尔的信中有这样一段话："他（史密斯）对于德国战备的警告是多么详细和及时啊！可我们几乎置若罔闻！"

当然，史密斯与林德伯格的争议关系可以一直追溯到后者对德国的第一次来访。当时恰逢奥运会开幕，林德伯格夫妇在离开德国之前短暂地出现在了贵宾区。为表示对林德伯格的欢迎，纳粹在他的所到之处全都铺上了红毯。他们希望向全世界展示，德国在政治领域也有着和在军事领域同样的强大力量。在1939年"二战"爆发之前，林德伯格又先后四次造访德国，而每一次他都受到了同样的礼遇。

1936年首次访问德国以后，在纳粹的苦心传达下，查尔斯和安妮都形成了一种印象。在8月5日写给身居哥本哈根的母亲的信中，安妮这样宣称："这是我在柏林的第十天——我一直想写信告诉您我的感受……柏林就好比欧洲这座大火山的中心地带……"她在信中详细描述了在目睹

"国内保守派所谓的邪恶、动荡、一无是处的独裁主义国家和滑稽小丑希特勒"以后内心的震惊。

在安妮看来，真正的事实是："德国的强大、团结和进取毋庸置疑。在我的一生中，我从未如此强烈地感受过这样一种聚焦的力量。每当看到人们——尤其是年轻人——的活力、自尊和斗志，都令人激动万分。"但对于这样一种"由某个人一手缔造和操控"的力量，安妮也表达了自己的忧虑。她补充道，希特勒"就像一位神圣的宗教领袖，也像一位一心想要国家强大的狂热空想家"。此外，她也表达了对新德国的某些不满："他们对待犹太人的方式、他们的蛮横、愚昧和粗鲁……"但她最后总结道，假如全世界能够认可德国的新一届领导人，将他们"引导上正确的方向"，而非忽视或侮辱他们，那么德国"将是一支对世界有益的生力军"。

查尔斯也从丹麦给杜鲁门写了信："尽管我还有很多顾虑，但我不得不说，德国人的确令我敬佩。"在写给银行家哈利·戴维森的信中，林德伯格谈到了对希特勒的看法："他无疑是一个了不起的人，我相信他已经为自己的国民做了很多。"虽然他承认，希特勒和德国民众有着宗教般的狂热，但他表示"这比我预期的要好得多……"而且，若是"没有这样一种狂热"，希特勒现有的很多成就都只会是一纸空谈。

1938年10月18日，在林德伯格第三次访问德国期间发生的一件事，树立起了人们对他"亲纳粹"的观点。近期才回到德国、即将出任大使一职的休·威尔逊举办了一场男子派对，受邀者的名单上包括戈林以及航空部的众多官员和专家。当戈林和助手抵达现场时，他先与威尔逊打了个招呼，随后径直走向林德伯格。这位纳粹空军总司令手握一只红色小盒，在用德语作完一番简短发言后，他宣布授予林德伯格"德国鹰十字勋章"。这是一个普通公民所能获得的德国最高荣誉。后来在威尔逊与林德伯格的通信中，两人都表达了对于这突如其来的一幕的惊讶。当时杜鲁门·史密斯也在场，他称林德伯格"根本没有机会"拒绝这枚勋章。"假如他真的那样做，他首先开罪的是这次聚会的组织者威尔逊大使，其次是在某种意义上握有德国大权的戈林部长。"他写道。

后来，林德伯格公开抗议美国干预欧洲战事、参与主张孤立主义的第一运动，甚至宣称苏联才是欧洲文明存亡的真正威胁——假使苏德两国爆发战争，"我希望看到代表欧洲的德国人民战胜带有亚洲特征的苏联人民"——上述表现都反映出，他俨然成了纳粹的一员帮凶。因此，批评家们对他"希特勒辩护家"的称呼也是恰如其分的。但颇具讽刺意味的是，正是在这位政治盲的帮助下，史密斯和他的团队才得以收集到比其他国家更多的有关纳粹空军的情报。在林德伯格看来，他对于自己的角色感到很满意；他认为，这些情报为他的观点提供了依据，即美国有理由避免与这样一个军事力量强大的国家发生新的冲突。

但史密斯收获的情报并非全都准确——他本人也承认，他曾忽视了德国早期筹备发射火箭的某些信息。而对于军队与纳粹之间的不信任程度，他也做出了错误判断；另外，用他自己在1937年的话来说，"希特勒务实、谨慎的外交政策"也并不符实。但总的来说，他定期向华盛顿提供的空军情报具有重大价值。并且，作为柏林武官中对纳粹空军消息最灵通的人，史密斯早已声名远播。但他本人一直强调，这都应归功于愿意与他密切合作并为他创造机会的林德伯格。

1938年，在英国使馆的一次宴会上，曾任德国教廷大使的梵蒂冈国务卿红衣主教巴采利派助手去请史密斯与他同坐。"当他用流利的英语问我纳粹空军的准备情况时……我无比震惊，"史密斯回忆道，"我仍清楚地记得他提出的一个问题：我们美国人如何看待德国最新研制的双发动机战机——梅塞施密特-110型。"一年之后，巴采利当选教皇，改名为皮乌斯十二世。

## "一场精心策划的恶作剧"？

在希特勒的亲信之中，普奇·汉夫丹格是相对特殊的一个——他本人也十分中意这点。但这并非因为他的母亲是个美国人，或是他的哈佛文凭令他在纳粹的领导层中独树一帜。他总喜欢对人解释，他一直试图教化希特勒，但不幸的是，他的努力每每遭到希特勒身边那些极端分子的挫败。"我能感觉到，那些党内狂热分子的魔爪已经伸向了他，而更为理性的我们所提出的建议往往都会遭遇否决。"他在回忆录中以典型的口吻写道。

请注意他的措辞"更为理性的我们"。他实际上想表达的是，他是这些人中唯一一个能够理性思考的。1970年，当希特勒的传记作者约翰·托兰对他进行采访时，曾问他希特勒身边有没有才智过人的人。"没有！"普奇大声说道。

汉夫丹格宣称，他对于希特勒领导能力的担忧也与日俱增。"你也许要问，既然对希特勒本人，对他和身边这些人之间的关系有如此深重的忧虑，我为何仍要辅佐他这么多年？"他写道。这是他给出的答案："我敢毫不犹豫地说，我是个纳粹理想主义者。"

尽管很多在柏林的美国人，特别是记者，都将汉夫丹格视为接触希特勒的中间人——美联社记者洛克纳等人甚至将其视为好友，但仍有不少人对他抱有猜忌和不满。在纳粹党上台以后，连经常需要透过他来牵头约见希特勒的赫斯特集团资深记者韦根都觉得，他与普奇之间的关系变得有些紧张。韦根在一份日期为1933年10月23日的笔记中写道，汉夫丹格曾向他抱怨，希特勒如今已将美国记者视为"最令人头疼的敌人之一"，并且将这一责任归咎于韦根。两人关系紧张的另一层原因来自财务纠葛。根据韦根的报道，普奇曾多次取走韦根的稿酬，虽然在希特勒掌权以后他一度表达过想要归还其中一部分的愿望。

威廉·伦道夫·赫斯特对韦根这些关于汉夫丹格的笔记和信件产生了浓厚兴趣。这位宣传家"大概想靠一些专题故事赚点外快",他在1934年11月20日给韦根的信中写道,"这还谈不上违法。但我认为当前最不幸的是汉夫丹格无法在宗教事务上为希特勒提供有用的建议。先是犹太人被孤立,然后是天主教徒,最后就该轮到新教了。"不过,他仍然要求韦根保持耐心:"不要对汉夫丹格博士和其他看似不友好的政府官员心存不满,多向他们提些好的意见,将他们引导到更加开明的道路上去,这样才能赢得国内外人民的拥护。"当时,众多身居柏林的美国记者已经不再抱有上述幻想。而对于普奇的评价,新来柏林的记者显得更加尖刻。1934年9月,通过在纽伦堡集会上对普奇的观察,夏伊勒将其描述为"一个魁梧、狂躁、毫无逻辑的小丑,常常自诩为半个美国人或哈佛毕业生"。不过,他也承认仍然有很多英美记者"十分追捧他,尽管他滑稽而愚蠢"。

战后,汉夫丹格自称是纳粹反犹主义的反对者,但他的行为却与该说法大相径庭。在诸多场合,他都曾出言污蔑像乔治·麦瑟史密斯和埃德加·莫勒这样敢于直言的美国使节,称他们是"犹太人"。1934年5月12日,在多德一家为麦瑟史密斯举办的欢送会上,贝拉·弗洛姆在入口处遇到了普奇。

"我在想,我们怎么也会接到邀请,"汉夫丹格对她说道,"这明明是犹太人的聚会。麦瑟史密斯算一个,罗斯福也算一个。纳粹党厌恶他们。"

"汉夫丹格博士,我们已经讨论过这个问题了,"这名犹太记者答道,"您不需要在我面前演这么一出。"

"好吧,"他说,"即便他们都是雅利安人,你也绝不能从他们的行为上看出这一点。"

两人的对话以普奇给了她一块水果糖而告终。"尝一下,这是专门为元首准备的。"

弗洛姆从小就爱吃类似的食物，因此她礼貌地接过了。正当她准备张口咬下去时，她发现了印在糖果上的纳粹标志。"尽管我试图弄掉这个丑恶的标记，但直到吃完以前，那个标记似乎始终在斜眼看我。"她写道。

一个月之后，汉夫丹格高调造访美国，参加哈佛的25周年同学会。这一消息引发了校内外的激烈争论。一个犹太组织的委员会宣称，美国人不应该向他表示出"任何形式的礼节"。而专栏作家海伍德·布龙警告称，须预防普奇来访期间可能发生的"流血骚乱"，并呼吁将他作为一名不受欢迎的入侵者而驱逐出美国。普奇注意到，布龙是他在哈佛邻班的同学，因此他将布龙的攻击蔑称为"班级间的嫉妒"。在纽约港登陆时，普奇以同样轻蔑的口吻回答了采访记者关于德国犹太人的问题："在德犹太人的情况相当不错。"但当犹太记者们请求他用五分钟再深入谈论一下该话题时，他将他们甩在了一边。

当示威者集结在普奇乘坐的轮船不远处高喊着"和希特勒一同下地狱"的口号时，哈佛校园内也在进行着一场无声的辩论。犹太学生本杰明·哈尔彭给《哈佛学生报》撰写了一封题为"元首万岁"的信，他在信中表达了对本次同学会组织者艾略特·卡尔·卡特勒邀请汉夫丹格担任助手的决定。意识到舆论的剧烈反响以后，卡特勒打消了这一念头，仅以普通校友的身份邀请汉夫丹格前来。不过，《哈佛学生报》也反映出了当时在校园内占据主导的观点。该报宣称，"仅仅因为政治立场而将一名哈佛人拒之门外的做法是极其幼稚的。"

接下来的几年里，普奇发现他越来越难以说服身居德国的美国人相信，他是希特勒政府中唯一有理性的人。与此同时，他也在与希特勒及其核心成员之间的关系上遇到了麻烦。纳粹领袖似乎不再相信，普奇能够妥善处理好德美两国的关系，从而避免美国站在自己的对立面。1933年11月，当罗斯福政府与苏联正式建立邦交关系时，希特勒对他说道："你瞧，汉夫丹格，你的美国同胞们开始与布尔什维克为伍了。"而在此之前，希特勒曾直截了当地表示："从我所处的位置来看，我对美国的了解已经远远超过了你。"普奇后来声称，在希特勒执政早期，他就注意到了政府的荒谬和希特勒智囊团的不切实际。当普奇参加完哈佛同学会回到国内时,"长刀之夜"事件——对冲锋队领导人及其他纳粹目标的清洗运动——的余波尚未平复。他立刻就被传唤到海利根达姆,希特勒、戈培尔等人都在这一波罗的海胜地休假。"这就像路易斯·卡罗尔的名著中的场景——疯帽子的午餐会,"他写道,"当整个国家都在谋杀、恐惧和猜疑中痛苦呻吟时,玛格达·戈培尔正穿着一身轻快的夏日裙装服侍他们,餐桌旁还有几位年轻女郎,其中一两人甚至出身于贵族家庭……"

普奇补充道,直到此时他才意识到,自希特勒掌权之日起,"恶魔就已经侵入了他的身体"。但后知后觉的他仍然认为,是戈培尔等人将希特勒推上了无可挽回的道路,而他依旧保留着将希特勒引回到正常轨道的幻想。在这些自我辩白的背后,他真正关心的是自己的职位,而非冠冕堂皇的政治。普奇自己也注意到,他在希特勒心中的地位正在急速下跌。如今,不少人已敢公然对他进行指责或嘲弄,而希特勒对此似乎并不在意。另外,他也很少接到纳粹领袖让他去演奏的邀请。

1935年,当杜鲁门和凯·史密斯回到柏林之后,前往普奇位于总理府背后的小公寓进行了拜访。整个客厅被一尊巨大的希特勒半身像和一架三角钢琴占据了一大半。进门的时候,杜鲁门随手将自己的帽子挂在了希特勒的头顶。"普奇急忙把它拿了下来。"凯回忆道,他认为杜鲁门的做法是不礼貌的,并表示他并没有在开玩笑。在吃甜点的时候,他们开始交换各自所知的一些消息。"很明显,普奇与戈培尔的关系并不融洽,"凯继续道,"普奇暗示,戈培尔妒忌他……对于希特勒的影响力,试图将他从元首身边排挤出去。"

事实上,汉夫丹格的影响力一直在下降,因此他所谓的"妒忌"一说并不可信。但普奇就是这样一个人——他总喜欢夸大自己的重要性。不过,有一点他没有说错:戈培尔并不需要一个竞争对手,并且有越来越多的证据显示,他正试图将普奇完全排除出希特勒核心集团。

汉夫丹格声称,他曾考虑辞职,但遭到了很多人的劝止。然而事实很可能是,他必须想方设法攥紧手中的每一分权利,即便当他的对外新闻办公室已经被无礼地迁到了距离总理府很远的地方。近两年时间里，他不曾受邀与希特勒出席任何活动。在最后一次与元首一同出席的午餐会上，希特勒让他到钢琴那边去"弹一下你的曲子"。当普奇问他指的是哪一首时，希特勒答道："葬礼进行曲。"汉夫丹格回忆道，他在弹琴的时候有"一种不祥的预感"。

1936年，在与妻子海伦离婚之后，普奇又失去了一条与希特勒之间的关联纽带。海伦就是那个在啤酒馆政变之后，被认为阻止了希特勒自杀的那个女人，她也是希特勒在慕尼黑打拼期间单相思的对象。海伦对丈夫的拈花惹草行为一再忍让，但她一直拒绝到柏林同他一起生活——最终，她决定永久保持这种分居状态。和普奇一样，海伦后来也声称她开始对希特勒和纳粹感到不满，尤其是在"长刀之夜"事件发生以后。但直到1971年接受约翰·托兰的访问，她始终没有提及任何她所反对的事物，包括犹太大屠杀，以及那位历史性人物对她残存的好感。"的确，他与众不同，"她说道，"毕竟，你也可以想象，一个出身寒微的人最终能够睥睨天下。他确实是个了不起的人，是的，这毋庸置疑。"

在许久没有见到海伦以后，希特勒曾向她的一位熟人打听她的近况。当得知她已经和普奇离婚的消息后，他说道："哦，好的，好的，我马上发电报恭喜她。"随后，他又补充道："哦，不对，不应该那么做。"在叙述这些内容的时候，海伦显然对德国领袖在掌权之后仍对她念念不忘而感到高兴。海伦于1938年回到美国，并在那里度过了"二战"的那几年；而直到生命的尽头，希特勒似乎始终在她心中占有一个特殊的位置。

在意识到自己的地位终将不保后，普奇开始向伦敦大量转移黄金和白金等贵重财物。他声称，他也帮助过一些受害者，其中包括释放因抨击当局而被关押在萨克森集中营的一对德裔美国夫妇的女儿。但最重要的是，他变得异常警觉：他经常寄宿在朋友的住处，并随身携带护照和多个国家的签证。

据普奇本人回忆，1937年2月8日那天，当他还在慕尼黑的公寓里时，电话响了起来。总理要求他立刻赶赴柏林汇报工作，并已为他安排好专机。普奇很高兴，心想着兴许他又重新获得了希特勒的青睐。尽管专机并没有来，但他依然搭上了汉莎航空飞往柏林的班机。在飞行途中，他又被告知必须立马赶往西班牙，协助正在那里报道国内战争的德国记者开展工作。普奇无法理解事情的紧迫性，并抱怨称至少也该等到他过完两天后的五十大寿再启程。但通知他的官员态度强硬，坚持要求他按计划行事，并声称假如他在西班牙有出色的工作表现，他将重新赢回希特勒的信任。他们很清楚，普奇梦寐以求的就是这个。

在得知这一秘密任务将持续五到六周以后，普奇被火速送到了斯塔肯机场，准备乘坐军用飞机。在途中，一名护卫人员告诉他，在西班牙时他必须使用奥古斯特·雷曼这一化名，他的职业是画家和室内设计师。有一位随行摄像师全程记录下了他们赶往机场的这一路。到了这个时候，汉夫丹格开始觉得事情有些不对劲；而当基地的总指挥卡斯特纳上校递给他一顶降落伞并命令他穿上时，他的神经变得更加紧张。

升空之后，这名自称弗洛德尔上尉的飞行员要求他坐到副驾驶的位置上来。他称他认识"奥古斯特·雷曼"这个人，并问普奇此行的任务是什么。当普奇告诉他，他准备前往萨拉曼卡向一位将军汇报工作时，弗洛德尔说出了一个令他毛骨悚然的消息。"汉夫丹格先生，我没有收到任何将您送到萨拉曼卡的命令，"他称，"上级给我的指令是，在位于巴塞罗那和马德里之间的警戒线上空将您扔下。"

普奇震惊万分。"这不就是让我去送命吗，"他抗议道，"是谁命令你这么做的？"

弗洛德尔告诉他，他是在起飞前才得到的指令，签署人是戈林。当普奇还在抱怨时，弗洛德尔补充道："他们告诉我，是您自己要求参加这次行动的。"

按照汉夫丹格的描述，这段经历的后半程简直就像一部毫不掺假的惊险小说。大约半小时后，飞机的一个发动机发出一声异响，随后弗洛德尔关掉了它。在向普奇投出一个意味深长的眼神之后，这名飞行员告诉他，飞机发生了故障。"我得停下来检查一下。"他说道。

他们在莱比锡附近的一个机场着陆，但此时机修工都已经下班了。在餐厅休息的时候，弗洛德尔宣称，马上就会有车子接他们到镇里去，因为今天是不可能把飞机修好的。又点了一轮酒水之后，普奇自称肠胃不适，借机溜了出去。天色已暗，他很快找到了机场旁的一条公路。路上的一位农妇告诉他，附近有一座火车站。当晚，他先是坐上了前往莱比锡的火车；熬到天亮后，他又坐早班火车赶回了慕尼黑。在自己的家乡只待了不到一个小时后，他坐上了第三趟火车，这次的目的地是苏黎世。抵达那里时，正好是他五十岁生日的当天。直到"二战"结束以后，他才重新回到德国。

难道这真是纳粹高层精心设计的一项阴谋，要将一位多年效忠希特勒的老臣置于死地吗？在后来戈林写给汉夫丹格的信中，他称整个事件只是"一场毫无恶意的玩笑"，意在提醒他重新考虑"曾经说过的某些狂妄言论"。他还表示，假如汉夫丹格回到德国，他也不会受到任何人身伤害。当今位于纽约的犹太遗址博物馆馆长大卫·马维尔对该事件进行了深入研究，得出的结论是，这的确是"一场精心策划的恶作剧"；其目的是要将汉夫丹格羞辱一番，并非真要他的命。但普奇始终坚信，他惊险地逃过了一场想要置他于死地的阴谋。

在柏林，很多美国人都对汉夫丹格的突然失踪感到疑惑。在过去的几年间，普奇都会在自己的住处举办一个纪念华盛顿生日的派对，受邀的有多德大使、杜鲁门·史密斯以及路易斯·洛克纳等人，还有少数德国人。今年的派对日期定在2月22日，在这位主人失踪之前，请帖就已经分发出去了。一直到派对前的一两天，普奇的秘书才通知宾客们，今年的派对取消了，但却没有给出具体原因。洛克纳猜测，普奇遇上了大麻烦，并着手开始收集相关的蛛丝马迹，其中包括一些新闻报道，说的就是他成功逃脱了飞往西班牙的某个可能有危险的航班。

3月17日，在玛莎·多德组织的一场鸡尾酒会上，洛克纳等人都在猜测普奇的行踪。"汉夫丹格一点都不神秘，"一名海军副官说道，"因为我昨天就在苏黎世悠乐湖酒店的酒吧里碰到了他。"

听到这一消息后，洛克纳立刻离开了聚会，并向苏黎世的酒店打了电话。"你是怎么找到我的？"普奇问道。洛克纳以记者的标准方式回答他，他们从不泄露消息的来源。这名美联社记者就这样赢得了汉夫丹格的故事，并且对汉夫丹格拒绝接听其后的所有电话感到非常满意。

## 沮丧和失望的美国人

在普奇成功"逃亡"之际，多德大使在柏林的四年任期也即将画上句点。事实证明，这段时间所带来的，更多是沮丧和失望，而非累累硕果。多德大使自抵达柏林之初就与希特勒及其政权划清界限的做法是完全可以理解的——从很多意义上说，甚至还值得敬佩，但这对他履行大使一职却没有丝毫裨益。"长刀之夜"事件以后，他在自己的日记中称，他将尽力避免同希特勒见面。他在日期为1934年7月4日的日记里写道："我绝不会主动要求去见一个在过去几天里大开杀戒的刽子手。"四年间，他一再反思，担任这样一个看不到任何希望的职务究竟意义何在？

美国国务院的上级们也有着同样沮丧的心情。"假若一名驻外大使拒绝同当地政府对话，那他在那儿能顶什么用？"副国务卿威廉·菲利普斯抱怨道。实际上，多德与少数德国官员还是有联络的，因此菲利普斯有些言过其实——但也差不了多少。另一方面，这位由学者改行的大使也对国务院和外交部官员公开表示过蔑视。他曾指出，他们沆瀣一气，倚仗手中的特权和常青藤的学历而自视甚高。对于他这样的外来者，他们更是处处刁难，而他也不准备去讨好这帮人。

事实上，多德执迷于缩减开支的做法也使他更加遭人嫌弃，其中包括使用内容简短的电报。在柏林任职期间，他发回过诸多富有价值的报告，有些篇幅也很冗长。通过这些报告，美国获得了比法国和英国更为深入的对纳粹政权的解读。然而，锱铢必较的多德却总是给人一种"汇报不积极"的印象,这点他自己也承认。他称,他只是在"一两百字足矣"的情况下,尽量避免使用三四页的长篇电报。此外,他还辩解称:"我绝不会在一周内发送两份自相矛盾的报告。这就是我的理由,虽然国务院可能并不喜欢这样。"

在武官们眼中,多德也同样不受欢迎。杜鲁门·史密斯将他称为"一位声名远播的历史学家和和平主义者"。根据史密斯的说法,多德"对军事表现出了明显的厌恶",并且对驻外武官的工作和德国军力的急速飙升丝毫不感兴趣。"多德博士是否合适在这一非常历史时期出任驻德大使,还很值得商榷。"史密斯后来这样写道。而在凯未公开的回忆录中,她全然顾不得任何外交辞令,称主张和平主义的多德要求包括史密斯在内的所有武官,在参加正式典礼时都不得穿军装。凯表示,"我还从未对任何人产生过如此强烈的鄙视。"当然,多德本人并没有那么糟糕。正如他的传记作者罗伯特·达勒克等人所言,即便换一位八面玲珑的大使来替代多德,也决计得不到更好的结果。但在任期的最后一段时间,柏林留给多德的唯有失望——那些与他共过事的人们也同样对他感到失望。1936年底,他再次考虑辞职——并公开表示,"四年的任期已经受够了"。随着健康状况的恶化,他回到美国进行了两个半月的调养。1937年10月,他重返德国。"再次来到柏林,"他在10月29日的日记中写道,"我能做些什么?"

但真的面临离开时,多德却又改变了主意,要求延长在柏林的任期。不过,此时的罗斯福已经不再像1933年派遣他时那样富有同情心,将希望寄托在一名像芝加哥大学历史学家这样坚定的民主党人身上。对于他的主动留任,美国总统甚至还和希特勒达成基本的共识:两人均对多德所倡导的世界和平会议失去了耐心。

1937年12月29日,多德怀着这样一种苦闷彻底告别了柏林:最后,他还是不得不提前辞职回国。"无论过去还是现在,国务院的官员们总对我和我的主张感到不满。"他写道。回到位于弗吉尼亚州的农庄之后,多德的身体每况愈下。"二战"爆发以后,这位被罗斯福打上和平主义标签的老人向他致信："希特勒妄图征服全球。如果我们再不加入英法军团，就将迎来一段极其困难的时期。"1940年2月9日，70岁的多德与世长辞。而此时，距离美国参战仍有相当长的时间。

多德并非独自离开柏林，他的家人也随他一起启程回国，这其中当然也包括他的女儿玛莎。对新事业的追求促使玛莎在柏林的最后那段时期里做出了很多惊人之举。当她的情人鲍里斯·维诺格拉多夫被召回莫斯科后，她仍不定期地前去与其约会或与他相约在巴黎见面。而当维诺格拉多夫被派遣到驻华沙的苏联大使馆工作时，她也毅然前往。不过，她与苏联之间的联系远不止这种浪漫故事。在记述柏林岁月的回忆录中，她悄悄地写道："总的来说，驻柏林大使馆的苏联人都很有魅力——他们轻松、随意、活泼、聪明。"

这其中，就包括以苏联《消息报》驻柏林记者身份自居的特工布卡特斯夫。据多数资料记载，布卡特斯夫接替维诺格拉多夫，试图从玛莎口中为苏联秘密警察和间谍机构——内务部套取情报。内务部的一份档案中这样写道："玛莎自称是共产党和苏联的坚定支持者。"1936年1月，布卡特斯夫报告称他已与玛莎多次会面，她"坦言愿将所知信息告诉苏联使馆。目前，她正在努力学习共产主义和斯大林的《列宁主义问题》，还常去拜访她的老师（阿维德）哈纳克。"

哈纳克是玛莎的美国朋友米尔德里德·哈纳克的丈夫，是一位已经加入了共产党的德国人。和玛莎一样，米尔德里德也必须将自己对共产主义的忠诚隐藏起来——但不同的是，她将继续留在柏林，等待命运的宣判。

虽然玛莎并不是一个坚贞不渝的情人，但她的心仍然记挂着维诺格拉多夫。1937年3月14日，她向苏联政府请愿："我们决定请政府同意我们的婚事。"两周后，她在莫斯科见到了内务部负责外交事务的主管亚伯拉罕·斯拉茨基。在后者的要求下，玛莎起草了一份声明，以表示她对克里姆林宫的忠心："毫无疑问，我已准备好在任何时候、以任何形式向党表明我的忠诚。目前，我已掌握我父亲私人的、机密的通讯名录，以及他与美国国务院和总统的联系方式。"很显然，她的父亲对她的所作所为一无所知。

此后，她突然话锋一转，称她几乎已与德国社会断绝了一切个人联系，而她广泛的外交人脉也并未产生任何实质性的结果。换句话说，她在柏林已没有利用价值。"我的父亲为德国人所排斥，他在外交官们中间也不受欢迎，所以他根本无法获知任何机密。难道我的价值仅仅在于从他那里获得这种情报吗？"她反问道，"难道我就不能在美国或者类似国际和平会议这样的欧洲机构里面做些更有价值的工作吗……"

她还提到，尽管她也极力争取延长她父亲的任期，但他们在柏林的日子还是屈指可数了。因此，她试图从其他方面去帮助苏联。与此同时，她也期待这样的努力能使她和维诺格拉多夫重新相聚。

但在多德一家回到美国以后，身处华沙的维诺格拉多夫就被召回了莫斯科。当时是1938年，斯大林的大清洗运动正如火如荼地进行，而其主要目标就是那些与外国人有过接触的人。即便是因为执行任务而出国，也要受到同样的惩罚。玛莎的情人就这样遭到了逮捕，但玛莎并不知晓他的遭遇。在内务部的命令下，维诺格拉多夫给玛莎写了一封信，而她也以欢快的语气在7月9日做了回复："鲍里斯，亲爱的！终于收到你的来信了……你现在好吗？你有没有找到一个替代我的女孩？"随后她补充道："你大概还不知道吧？我已经结婚了。上个月16号，我嫁给了一位我深爱的美国人。"

维诺格拉多夫并没有收到这封回信。在它抵达之前，他已经遭到了处决。

## 第9章

# "制服和枪支"

## ——走上武力扩张的道路

很久之后,史密斯成了美国有名的电视新闻节目主播。在回顾第一次接触纳粹德国的经历时,他不仅谈到了德国的情况,还有自己的心路历程。史密斯作为合众社的初级记者在德国旅居六年。基于这期间的思想变迁,他提出了美国人和其他外国人对于德国的认识过程的理论。他把这个过程分解成四个阶段。

## 认识德国的四个阶段

1936年夏天,霍华德·K.史密斯从新奥尔良市的杜兰大学毕业后,供职于当地一家报社,每周能赚到15美金,直到突然时来运转:他的一个短篇故事获得了100美元的奖金。虽然钱包一时充盈了,但他很清楚这笔意外之财最多能支撑多久,所以他决定前往德国。他注意到,对于美国人来说,那时候的德国是欧洲生活成本最低的国家。他那些新奥尔良的年轻朋友没有一个能支付远赴德国的旅费,却经常和他讨论那里的新政。"新任政府是否站得住脚,是否能解决和美国同样的那些问题。"史密斯回忆道。他解释说,本质上他们是在问:"纳粹德国到底是好还是坏?"

尽管史密斯和他的朋友们所接受的人文教育倡导反对独裁,但是大萧条令他们的某些核心信仰发生了动摇,令他们觉得一切都不是绝对的。因此,史密斯带着一种开放的心态踏上了他的"实情调查"之旅。"就像政治界的笛卡尔,我尽力摒弃先前的观念和偏见。"他宣称。史密斯受雇成为一艘横渡大西洋的货船上的甲板水手。当他第一眼见到他即将踏入的那个国度时,他的反应和普通人并无二致。"在我没有踏足德国之前,它就已经深深吸引了我,"他写道,"从不来梅港沿着威悉河往上,我们经过一个又一个让人幻想的迷你小镇,河畔是一排排可爱的房子和大型的露天啤酒店,一切都无可挑剔。"

很久之后,史密斯成了美国有名的电视新闻节目主播。在回顾第一次接触纳粹德国的经历时,他不仅谈到了德国的情况,还有自己的心路历程。史密斯作为合众社的初级记者在德国旅居六年。基于这期间的思想变迁,他提出了美国人和其他外国人对于德国的认识过程的理论。他把这个过程分解成四个阶段:

"乍看之下,德国非常有吸引力。第一印象甚至让许多坚决反对纳粹的人在发起攻击之前就乖乖缴械投降了，"他写道，"德国干净整洁，是一个真正优雅的国家。这里的大城市比人们预想的还要干净……给人的印象就是秩序、整洁和繁荣——这对纳粹来说具有极大的宣传价值。"在被史密斯称为"我在不来梅港神奇的第一天"里，一名码头工就对他指出，德国人"整洁、干净，这在希特勒上台前就已经由来已久"，意思是其实外来者们都错误地把眼前看到的一切都归功于纳粹新政了。

在大多数情况下，人们确实是那样以为的。一些外来者从来没能超越第一阶段。据史密斯的说法，这"表明他们只有犀牛皮一般的敏感度和茶托一般的深度"。史密斯以他在海德堡见到的一群女学生作为例证。"我认为，阻止她们进一步提高认识的最大障碍在于：德国男人英俊潇洒，而且身穿制服。"

在第二阶段，纳粹德国最显著的特点就是"制服和枪支，在那时德国就已经处于高度战备状态，这让我大吃一惊"。成倍增加的穿制服的人——用史密斯的话说，就是同性恋民兵——突然使得纳粹的军备重整变成了一个具体的现实。处在第二阶段的外来者们被所见到的一切撩拨着神经。"或者，不仅如此，可以说是彻头彻尾的兴奋。"史密斯承认。他从纽伦堡的一个窗户往外看到"一两万人身穿制服排成一条宽广起伏的长河，淹没了房屋之间的街道，他们在铺满鹅卵石的街道上整齐地踏步，进行曲如此嘹亮以至于窗户都被震得咯咯作响，连你的心脏也不禁跟着军乐的节奏澎湃起来"。

史密斯继续说道，当这些魅惑人心的军国主义场面渐渐淡化后，许多外来者就会进入到第三阶段。这一阶段的人们开始主动思考眼前的这个国度，而且会得出一些令人不安的结论。"你开始意识到，这里正在发生的事情就是，成千上万的年轻人正被训练成只有条件反射的机器，"他写道，所有的操练只是为了教会他们"像条件反射一样去杀人……收到简短的指令后，他们的人格会转变得比杰基尔博士化身成海德先生（来自《化身博士》里的典故）还要利索，他们在学习如何打砸抢烧"。

而第四阶段的特点是"一种奇特的深度恐惧"。来到第四阶段的人们往往恐慌于：全世界对这股正在崛起的力量一无所知，并且那些毫无疑虑的局外人根本无法与这股黑暗力量相匹敌。史密斯自己已处于这一阶段，他焦虑纳粹"事实上已经对一个文明社会的存在造成了一种真实、直接而迫切的威胁"。民主社会虽然有种种值得赞扬的特质，但却极为脆弱；而希特勒的帝国却是"强大的、有影响力的和残暴的。它从苍穹向这个世界发出藐视的尖叫，只有聋子才听不到它的声音"。

史密斯指出，有的人最短可以在一周内从第一阶段走到第四阶段，而其他人可能停滞在前两个阶段，也有人进入到了第三阶段但是却无法前进到第四阶段。

当然，只在德国短暂停留的美国人往往无法超越前两个阶段——至少在实际的旅行中是这样的。和许多富有的大学生一样，1937年夏天，约翰·F. 肯尼迪结束在哈佛的本科一年级后就飞到欧洲旅行，同行的还有他的朋友勒莫尼·比林斯。他们自驾游了法国和意大利后，来到德国待了五天，陪伴他们的还有一位德国少女——用肯尼迪的话说，她"非常有趣"——显然是在边境搭上了他们的便车。

肯尼迪的神秘日记暗示，美国游客给人留下的印象是有些粗暴的。他记录道，在他们一起去了一家"有些特别的"慕尼黑夜总会后的第二天早上，从他们住宿的布里斯托尔廉租屋里传来"和往常一样的咒骂，我们被告知说，我们并不是那么绅士"。在记录纽伦堡-符腾堡的一则日记里，他写道："一切都和往常一样，只是在这里我们多了一次被唾骂的经历。"

肯尼迪还做了一些政治评论。"希特勒在这里似乎很受欢迎，就像墨索里尼在意大利那样，尽管看上去宣传才是他最有力的武器。"他在慕尼黑写道。沿着莱茵河来到科隆，他补充道："一路有很多城堡，非常漂亮。所有的小镇都很迷人，似乎在炫耀日耳曼民族比拉丁民族更加优秀。德国人确实很善良——这让人们都成群结队地向他们寻求保护……"一年后，他的父亲约瑟夫·肯尼迪被任命为美国驻英国大使。在英国，约瑟夫很快就被认为有亲德倾向。

根据他父亲的观点，人们很容易就能理解约翰·肯尼迪日记里的这些简短记录。然而，他们至少体现了一种天真——和无知——这期间造访纳粹德国的很多美国年轻人都表现出来的那种天真和无知。

一年以后，也就是1938年，康奈尔大学数学系副教授约翰·伦道夫偕妻子玛格丽特来欧洲旅游度过暑假。和肯尼迪不同的是，他们精打细算，住的是青年旅社，尽量骑自行车。在德国度过了整个六月的伦道夫对德国的观察细致入微：住宿餐饮和租用自行车的费用，乘坐了几趟火车，以及丢失一个箱子时的惊慌。当然也有一些对于旅游景点的标准式赞叹。"从科布伦茨沿着莱茵河往上到宾根的旅程非常棒。"他写道。而对政治却只有间接提及。很明显，伦道夫夫妇并没有太在意德国正在发生的大事。

"风和日丽的早晨，"伦道夫6月6日在海德堡写道，"所有的市民和纳粹党人走出家门。"在骑自行车抵达图宾根后，他写道："最重要的是，我们在希特勒青年团里有一间私人的房间，两人只需支付一马克。房间里有两张精美的小床，两个小架子，一套桌椅，一个大的衣柜和一部电话。屋顶和墙壁上都装饰有精美的壁画，还有白色的硬木地板以及大大的窗户。旅社是在1935年特别建造的，各方面都很现代精美。"

伦道夫似乎认为，他们正在游览的这个国家和他们在希特勒青年团住的房间一样完美无瑕。直到有一次，他们正好被困在慕尼黑的一场空袭演习之中，他才开始不满地表示这里"并不那么有趣"。伦道夫在旅途中认识的一名德国工程师，对美国的反德宣传充满愤怒。他在1938年12月给伦道夫的信中说："你有没有意识到，在德国，没有一个人失业，没有人在冬天挨冻受饿，除了和我们国情一样的意大利以外，没有一个国家能做到这些。在德国，秩序和纪律至上。你来过这里，目睹过这些。"在伦道夫的日记和论文里，看不到他对这些言论的任何反驳。他刚触及到了德国的表象，就又回到了初来德国时的那种盲目状态。

引起这种盲目的一个因素是，美国的年轻人认为德国人在人际交往中友好热情。1936年，在德国度过第一个夏天后，霍华德·K.史密斯返回美国继续他在《新奥尔良简报》的记者工作。但是第二年夏天，他还是难挡德国的诱惑，想继续调查这个国家的政治体制。为了省钱，他尽量搭便车，并惊喜地发现这样很轻松就可以走遍德国了。"我只是在我唯一的旅行包上挂一面小小的美国国旗，那些单纯友好的人们每次都会停下来载我一程，"他回忆道，"德国人对外国人的友好和不可阻挡的热情——尤其是对美国人——显得极其强烈。"史密斯相信，美国运动员在一年前的奥运会上令人称赞的表现也是"为什么美国人看上去是德国人最喜欢的外国人"的原因之一。因为受到这样的欢迎，所以很多来访者在德国也安于做一名置身事外的看客。

## 1938年的三件大事

然而当时的纳粹德国并非善类，尤其是1938年。这一年发生了三件大事：德奥合并、"慕尼黑协定"和"水晶之夜"。前两个事件——德国在3月占领和兼并奥地利，和英国首相内维尔·张伯伦与法国总理爱德华·达拉第同意德国占领捷克斯洛伐克的苏台德区——代表了希特勒的重大胜利，使他建立"大德意志帝国"的狂言变成现实，并为其向东扩张奠定了基础。第三个事件——"水晶之夜"是指11月9日到10日期间，纳粹在德国各地发动袭击犹太人商铺和住宅的事件，这是希特勒反犹太主义政策的一次大幅升级。

在柏林呆了相当长一段时间的美国记者通常对新德国已经不存幻想——有些人长期以来都在警示人们对这个国家和它意图不轨的统治者们保持戒心。威廉·夏伊勒当然是其中之一。但是就在1937年8月，当他来到希特勒的德国三周年之际，因为通讯社的经费削减，他失业了。随后他收到了一封来自萨尔斯堡的电报，询问他是否愿意来阿德隆饭店共进晚餐，落款为"哥伦比亚广播公司，默罗"。

虽然夏伊勒对落款者的姓名只有朦胧的印象，但他当然知道这个公司和它的无线电广播业务。当他见到哥伦比亚广播公司欧洲区的经理爱德华·R. 默罗后，他们在阿德隆饭店的酒吧点了马丁尼。默罗英俊的脸庞给夏伊勒留下了深刻的印象。"正如他广播里的声音让你期待的那样。"他在日记里写道。夏伊勒还发现他有一种让人放下戒备的真诚："他的眼神根本不可能是装出来的。"在通过声音测试之后，夏伊勒接到默罗的电话，后者通知他被录用了。

夏伊勒成为哥伦比亚广播公司的新记者后，被派驻到维也纳，而非柏林，尽管他的柏林生涯还远没有结束——他后来很快又回到了柏林。夏伊勒和他的奥地利妻子苔丝怀着轻松的心情于1937年秋天离开柏林，并总结了他在柏林的三年。他在9月27日的日记里写道："就我个人而言，在柏林的日子并非不快乐，尽管纳粹的狂热、虐待、迫害、严控、恐怖、野蛮、镇压、军国主义和备战的阴影像永不消散的乌云笼罩着所有人。"

就像霍华德·K. 史密斯所描述的那样，夏伊勒属于真正了解目睹的一切，并感到恐惧的那类外国人。外界对希特勒的德国一无所知，让他感觉越来越恐慌。"不知道为什么，虽然我们记者发布了很多报道，但我觉得无论是国内外，对于第三帝国是什么，它要做什么，它将走向何处，仍然一无所知……也许，正如纳粹说的那样，西方民主已经病态腐朽了，如斯宾格勒预言的那样，已经进入了衰退阶段……德国比对手所预想的要强大得多。"他愤怒地回忆起自己曾试图说服前来德国的访客们相信这些危险的存在，但却徒劳无功。"我和多少来德的有权势的人都说过，纳粹的目标是称霸世界！"他写道，"但他们都笑了。"

夏伊勒特别鄙视那些只是来德国顺道造访却对希特勒和平宣言深信不疑的记者。"这些从伦敦、巴黎和纽约来的替补记者们来德国时，希特勒只会喋喋不休地谈论和平，"他写道，"和平？读读《我的奋斗》吧，兄弟们。"在他的柏林告别日记里，他用"至今在我耳旁喧嚣的纳粹进行曲：今天我们是德国的主人，明天我们是全世界的主人！"作为结束语。

在夏伊勒驻维也纳以后，希特勒为了推进1938年的德奥合并，不断对奥地利施加胁迫和压力。夏伊勒饱含着悲伤和挫败，目睹了整个事件的发生。3月12日凌晨4点，他在日记里写道："最糟糕的事情发生了……纳粹来了，纳粹国防军侵入了奥地利，希特勒违背了那些神圣的承诺、誓言和协定。奥地利完了。美丽的、文明的、不幸的奥地利，消失了！"这种挫败感同时也来自于他无法在哥伦比亚广播电台报道这次事件——纳粹禁止他播报。而他的家事也让他的情绪蒙受阴影：苔丝在两周前剖腹产，生下了他们的女儿，目前还在住院恢复之中，令夏伊勒很担心。

尽管夏伊勒非常了解奥地利，不会将其过分理想化——他观察到"纳粹如何巧妙地"将奥地利的反犹主义"玩弄于股掌之中"——但他还是惊讶于许多奥地利人不仅迅速接受，而且开始拥护他们新的统治者。有天在去医院看完苔丝和孩子之后，夏伊勒在卡尔广场搭乘地铁时发现自己被卷入了一群穿城而过的"歇斯底里叫嚣着的纳粹暴徒"之中。"那些嘴脸！"他写道，"我之前在纽伦堡见过那样的嘴脸——狂热的眼神、大张的嘴巴，还有那种歇斯底里。"

当人群高唱纳粹军歌的时候，夏伊勒认出一群旁观的警察，令他觉得很有讽刺意味。"他们肩膀上的是什么？一个红黑白三色的纳粹十字肩章！他们也被同化了！"马上有人开始攻击犹太人。"那帮暴徒往犹太人商铺的窗户上砸砖头，"他写道，"人群开始欢呼。"

夏伊勒在外国记者们常常聚会的罗浮咖啡馆站下车，他发现同事们都处在一种亢奋状态，来回奔忙于电话机旁以收集最新的报道和传言。而其他人则一脸悲伤，惶惶欲泪。之前当过夏伊勒助手的奥裔美国人埃米尔·马斯来到他的桌旁。他之前伪装成一名反纳粹人士，但是现在他不仅是随意走进来的——简直是昂首阔步而来，夏伊勒记录道。"好吧，我的女士们和先生们，只是时间问题。"马斯满脸得意地笑着宣布，然后故意将他的上衣衣领往外翻，露出一颗隐藏的纳粹十字扣，反复地取下又钉上。两三个女人大声喊道："无耻！"而被夏伊勒描述成有着一半犹太血统的天主教徒戈尔德施米特少校则站起身来。"我要回去拿我的手枪。"他宣称。

夏伊勒试图从维也纳发回广播,也没能成功。他听从默罗的建议准备飞往伦敦,然而事情并没有那么简单。天快亮时,夏伊勒出发去机场。他注意到,市民家里飘扬的纳粹军旗越来越多。"他们在这么的短时间里从哪儿弄到这么多旗帜?"他觉得奇怪。在机场,他发现去伦敦的航班都满座了。"我给出不菲的价格向一些乘客购买座位,可他们大部分都是犹太人,我不能怪他们拒绝我。"夏伊勒写道。但他还是成功地登上了去柏林的航班,并在那里转机去了伦敦。在伦敦,他终于可以顺利进行广播报道了。

"今天上午9点,我从维也纳起飞的时候,它看上去就和任何一个德国城市一样。"夏伊勒告诉他的听众。他描述道,家家户户的阳台上都悬挂着纳粹军旗,街上的人们相互问候时,都行纳粹礼并高喊"希特勒万岁!""三小时后我到达柏林,几乎不觉得自己到了另外一个国家。"他补充说。奥地利的转变是彻底的。至于夏伊勒,他比以往更加确信这只是希特勒征服世界之旅的开始——外部世界亟须对这一危险信号提高警惕。

但在当时,这还不是主流观点,其他美国人得出了完全不同的结论。美国前总统赫伯特·胡佛于1938年2月踏上了前往欧洲的旅程。在去了其他几个国家——法国、比利时、瑞士和捷克斯洛伐克——以后他来到德国,主要目的是提高在某些重要的国际问题上的话语权,尤其是强化他关于美国应避免卷入海外"纠纷"的主张。

在柏林,美国大使休·威尔逊告诉胡佛,希特勒想要见他。一开始胡佛很犹豫,称他只是作为一个普通公民来德国旅行。此外,据他的朋友萨缪尔·阿伦茨说,胡佛告诉威尔逊,他相信"希特勒实际上只是个头面人物,是他底下的一帮人在维持纳粹的运行和一切实际工作"。但是威尔逊竭力劝说他重新考虑,尤其是考虑到他自己一直没有机会见到希特勒。胡佛最终同意了。

3月8日,希特勒穿着绣有纳粹徽章的卡其布外套在总理府接见这位美国的来访者。谈话间,胡佛发现希特勒对于住房、外汇汇率和国际贸易等问题都有详细了解。但据阿伦茨所言,有几个关键词随时都能引爆希特勒,"突然间他就跳起来开始胡言乱语——大发脾气——表明他气得发疯了"。这些关键词就是"犹太人"、"共产主义者"和"民主"。

过了一会儿,胡佛对希特勒表示多有打扰,并宣称:"够了,我对你的观点不是很感兴趣。"他告诉阿伦茨,如果希特勒面对的是美国陪审团的话,"毫无疑问他们会宣判他已经疯了"。然而,胡佛和希特勒都不认为对方的言论是严重的冒犯,胡佛也因此对希特勒有了全新的认识,不再认为他只是某些人的傀儡,而是手握大权。

第二天,胡佛和戈林在后者位于东柏林的"猎人小屋"共进午餐。小屋极尽奢华,装点着挂毯、油画和雕塑,还有16位穿着戏服的吹鼓手在门口迎宾。来到餐桌时,胡佛被桌子中央的一尊与真人同等大小的半身女人像吓了一跳。"是的,那是纯金制作的;那是我的第一任妻子。"戈林告诉他。因为知道胡佛曾经是一名采矿工程师,戈林要求他谈谈对苏联的矿产资源的看法。胡佛对此作了一番乐观的解释。他后来告诉阿伦茨,如果德国人想在将来有一番作为的话,他宁愿他们往东而不是往西。

离开德国后,胡佛继续他的欧洲之旅,先后又去了波兰、拉脱维亚、爱沙尼亚、芬兰和瑞典。他的最后一站是英国。在这里,他接受了媒体采访。尽管他承认"确实存在很多对和平的威胁",但他声称他不"相信在近期的将来会有大规模的战争爆发"。回到纽约后,他于3月31日在外交政策协会上发表演说,总结了他的观点。就在他和希特勒见面和回国发表演说之间,希特勒完成了对奥地利的吞并,但这并没能改变胡佛的观点,他认为美国要避免卷入任何新的欧洲战争中。他说,这样的冲突有着"旧时宗教战争的一切可怕因素"。他的结论是:"如果要维持世界和平,我们必须学会与独裁政府和民主政府和平共处。其他民族在寻找自己的出路时所采取的政府形式不是我们应该干涉的问题。"

胡佛的观点与夏伊勒截然相反。是的,欧洲的形势确实岌岌可危;是的,尽管胡佛相信德国还没有做好采取军事行动的万全准备,他私下也承认德国终究会走到那一步——而且很有可能是针对东方。但是胡佛的观点是让希特勒的德国自行其是,而不是敲响警钟,让所有的西方国家包括美国都动员起来阻止希特勒。胡佛来德国的时候就抱着这样的信念，等他离开时不但没有改变，反而更加坚定。即便在与希特勒的会晤中充满了火药味十足的激烈交谈，也并没能动摇胡佛的观点。他始终认为，美国针对新德国的唯一理智应对实际上就是耸耸肩而已。

## 联姻

雅各布·比姆在1935年2月来到柏林担任美国大使馆的三等秘书时还不满27岁，主要负责汇报德国的内部事务。他在柏林一共待了5年——"比其他任何美国官员的任期都要长。"他在关于那段时期的未出版的手稿中这样写道。

尽管年纪尚轻，比姆对于新工作已经做好了充分准备。他的父亲是普林斯顿大学的德语教授，小比姆也曾在普林斯顿就读本科，后来进入剑桥大学继续学习。他在日内瓦领事馆工作时，得到即将去柏林任职的消息。他还特别提到，他曾向埃德加·莫勒寻求"建议"。莫勒是《芝加哥每日新闻报》的记者，于1933年被驱逐出德国后，驻站日内瓦。"他给我引见了一些只有通过中间人才能接近的德国旧政权时期的代表人物，以及反纳粹的异见人士，"比姆回忆道，"他甚至给我提供了一份需要避免接触的女人的名单。"

比姆承认，这些人中的大部分都不能代表新德国，但他坚持认为他们仍然是"我能接触到的最渊博最有影响力的德国人"。他们中间有热心的日耳曼民族主义者。他们往往出身于贵族家庭，自认为远比德国的现任统治者还要高贵。"尽管他们在行为举止方面冷漠而又严厉，但是他们有着正义的准则，他们憎恨纳粹的肆无忌惮，尤其是对犹太人的虐待。"他写道。

这些民族主义者中的一部分人娶了美国老婆。当IBM的老板托马斯·沃森1937年夏天来到德国的子公司视察时，在阿德隆饭店举办了一场大型晚宴。比姆也在宾客之列。他发现与自己同桌的还有伦敦《泰晤士报》柏林站记者诺曼·埃巴特，一名纳粹地方长官，以及来自东普鲁士的赛赫–索斯伯爵夫妇。前美国驻法国大使亨利·怀特的女儿穆里尔·怀特与赫尔曼·赛赫–索斯于1909年结婚，她是一名美国驻柏林大使馆的外交官的妹妹。比姆和埃巴特看到，在晚宴结束时她与那名地方长官在进行交谈。

"听说贵党会奖励那些有功的犹太人，授予他们'荣誉雅利安人'的称号，对吗？"她问道。

地方长官承认确实有这样的情况。伯爵夫人接了这样一句肯定经过长时间考虑的话："你能告诉我怎么成为'荣誉犹太人'吗？"

不管是对德国人还是对他们的美国配偶来说，这样大胆的言论在当时并不常见。比姆的隐含意思是，很多日耳曼民族主义者的美国太太在本质上是反纳粹的，但是这与《芝加哥论坛报》的西格瑞德·舒尔茨的报道却存在差异。"嫁给德国人的外国女人往往也会变成狂热的纳粹分子，"她写道，"一位美国出生的伯爵夫人拒绝与我认识，因为我'中伤过纳粹德国'。"舒尔茨帮忙在柏林建立了美国妇女俱乐部，但她在"二战"爆发前从俱乐部辞职了。据她解释，原因是那里已经成为"宣传纳粹的温床"和"嫁给德国人的美国女人与她们的纳粹密友约会的常规据点"。

舒尔茨观察到一个更加普遍的现象，那就是纳粹党如何"在包括美国人在内的外国妇女中操控着一种歇斯底里的狂热主义"。伊丽莎白·迪琳是一名来自芝加哥的极端的反共产主义的十字军成员，她把罗斯福总统看成是邪恶的化身。她于1931年和1938年先后两次来到德国。在第二次来德的行程中，她很高兴"那里的状况有很大改善"，"谢天谢地德国是反共的"。在很短的时间后，她再次来到德国——这次是由她的德国老板出资赞助的——她参加了纽伦堡集会，然后宣称："生活在希特勒统治下的德国人民非常幸福满足……没有人不相信希特勒为这个国家做出了巨大的贡献。"

舒尔茨回忆起在外国记者和其他来访客人用餐的餐厅见到迪琳的场景。迪琳戴了一顶鲜红的帽子，挨桌走动，指着记者们，"说一些让人不安的悄悄话"。在她说完以后，一有任何记者从他们身边走过，他们就会立刻安静下来。舒尔茨的好奇心被唤起了，她抓住一个陪着迪琳一起来的年轻女人，想要知道那个老女人到底在做什么。

"你是德国的敌人，我们在你面前必须保持沉默。"这位美国年轻人宣称。

"是什么让你觉得我是德国的敌人？"舒尔茨问道。

"因为你写的那些反对我们的报道。"

舒尔茨强调那位年轻的美国女人用的词是"我们"，毫无疑问她和迪琳都已经与纳粹为伍了。

之后，当地的宣传人士罗尔夫·霍夫曼找到舒尔茨并为迪琳的行为道歉。他告诉舒尔茨，迪琳坚持认为她和《芝加哥每日新闻报》的华莱士·杜尔都应该被驱逐出德国。他也曾向迪琳解释过，尽管舒尔茨的报道有些批判性，但是她只是尽力做到公正。"这些外国支持者被情感冲昏了头脑，不知道如何表达他们的热情。"他笑着说。

和很多老记者一样，比姆对待像迪琳这样一来德国就开始膜拜纳粹的人没什么耐心。然而，早些时候他对纳粹党组织的"劳动服务"项目（是指18岁至25岁的男性必须参加6个月的义务劳动服务）确实有过正面的评价。他的大使馆同事亨利·莱弗里奇被允许参观了三个"劳动服务营"。据比姆回忆，"服务营的劳动者体力惊人，并且对于服务营以及他们做出的义务劳动深感骄傲……"莱弗里奇对此印象深刻。比姆注意到，事实证明这是很好的服兵役前的预备训练，这些人中的很多人在战争中可以随时被召唤上战场。

比姆也得到机会直接参观纳粹的一个项目——KDF——"享受带来力量"。这个福利组织为工人们提供廉价的邮轮航行以鼓舞他们的士气。比姆被允许参加了一次为期一周的北海航行。他总结说，"整个旅程组织良好，没有过分拥挤，游客们好像真正得到了满足。"比姆后来指出，他和莱弗里奇对这些项目的正面报道帮助华盛顿的上级领导对纳粹做出评价，他们对纳粹的立场也变得相对温和了一些。

但是比姆很快就洞察了他所处的环境，他与其他非常了解德国的美国人一样，开始对纳粹持批判性观点。他同时注意到了这里壮观的游行场面和激烈的政治宣传，以及光怪陆离和残忍野蛮的各种景象。

为了纪念纳粹在1933年上台，每年的1月30日，纳粹都会举行火炬游行。外交部会邀请各个大使馆的外交官们一起见证游行队伍。1937年，美国和巴西也在被邀请之列。比姆和他的同事詹姆斯·瑞德伯格被安排在靠近窗户的位置。窗户紧挨着阳台，而希特勒就站在那个阳台上检阅举着火炬经过的党卫军。

游行结束以后，美国和巴西的外交官以为会被护送离开。这时候，希特勒很兴奋地向他们走来，问他们有什么感想。他们不得不说场面非常壮观。希特勒还邀请他们去隔壁的总统府小坐。总统府之前是兴登堡的地盘，现在被纳粹党占领了。一走进房间，里面全是穿着制服的纳粹党徒。希特勒把侍从叫过来给外交官们奉上啤酒。然后，他开始鼓掌并高唱纳粹国歌《霍尔斯特维塞尔之歌》，还命令人群为他让出道来。这只是他怪异行为的序曲，也是他罕见的尝试幽默的举动。

据比姆回忆，希特勒踢正步走过房间，"明显是在模仿一个懒散的大腹便便的冲锋队员"。他来到自己的半身人像前，敬礼、转身、往回走，这一次他有几分"党卫军的风格，收腹而且双唇紧闭"。聚在一起的纳粹高官们都不知道如何反应。在大家尴尬的鼓掌后，希特勒的一个副官把美国和巴西的外交官送出门外。

然而纳粹的残忍手段却并不有趣。比姆总结说，他们故意抹掉了"一些著名的壮举"。他的同事马塞里斯·帕森斯给他提供了一个让他印象深刻的、关于纳粹"残忍和血腥杀戮"的证据。这位美国副领事被送去参观某人的火化仪式。据称死者曾试图暗杀纳粹反犹刊物《先锋报》的创始人尤利乌斯·施特莱歇尔。这名受害者号称是美国公民，所以才由一名美国大使馆的工作人员来替他收集骨灰。但在棺材推进焚化炉之前，帕森斯注意到棺材的尺寸非常短，原因是死者已经被斩首，而他的头颅被放置在"他的肘弯处"。

和许多在美国大使馆的外交人员一样，比姆也很乐于见到多德大使在1937年末离开德国。他认为多德非常"高贵、周到，对纳粹的断言很准确，但是非常不善言辞"。而且他也认为，这位历史学家毫无外交策略的言论"让美国政府非常窘迫"——尽管比姆强调"不是因为反纳粹的内容，而是因为他引发了媒体的推测，认为德国政府将不得不要求美国政府对他免职"。比姆还不满多德"反对大部分国务院高层官员"。

因为这些原因，比姆非常欢迎资深外交官休·威尔逊于1938年初继任。威尔逊在1916年曾在柏林任职过几个月，1920年至1923年间也曾在柏林工作。威尔逊作为外交官的历史成绩以及在华盛顿担任助理国务卿的履历，都让比姆相信他的新领导一定是位老到的职业外交官。"我们尊重威尔逊先生的能力。"他记录道。用比姆的话说，这位新大使是"一位老手，是那种'你并须证明给我看'的类型的外交官。他反对前任领导那种杂乱无章的做法。"

但是，比姆马上意识到，多德对纳粹政权的批判性评估确实要比这位有经验的继任者更准确。威尔逊对"已经在柏林待了好几年的外交人员对纳粹的负面观点存有几分怀疑"，比姆回忆道。他也指出这并不是什么罕见的事情，"因为我们常常要花上好些时间来教会新来者们关于与纳粹共同生活的一些现状"。

威尔逊知道，其他在柏林呆过很久的外交官员，尤其是前总领事麦瑟史密斯，都把纳粹政权看成极其危险的敌人。如果说麦瑟史密斯和其他人对柏林的认识都已经来到了第四阶段，那么尽管威尔逊并非停留在对德国天真崇拜的第一阶段——但他对希特勒的德国还远远没有提高警觉。威尔逊想得出自己的结论，用比姆的话说，就是他"只专注于欧洲的和平外交"。他并不想因纳粹的内政或勃勃野心与其发生正面冲突；他试图借助传统的外交手段来维持和平。

对于那些像比姆一样不想再对纳粹政权延缓判决的外交官来说，威尔逊的到来非常经典地证明了：收益往往和风险并存。比姆和他的几个同事也迅速得出结论，威尔逊"在处理最高级别的国家事务时，不管是在柏林还是华盛顿，总是'处于不利的位置'"。尽管多德与美国国务院的官员们还处于敌对状态，但他与罗斯福总统还是维持着良好的私交。另外，虽然多德在处理纳粹的问题上相当无力，但他也很快意识到，纳粹不可能适可而止。

相比之下，威尔逊相信没必要急着对希特勒的政权下结论，即使到了1938年，他仍旧认为传统的外交政策可以避免与纳粹的正面交锋，而这也正是英国和法国迫切想要采取的态度。这一切，都为慕尼黑阴谋埋下了种子。

## 在刀刃上行走的希特勒

1938年3月3日，在向希特勒呈上国书后，威尔逊马上给罗斯福写了信。他发现"最主要的印象就是在这个传奇人物身上没有发现任何可圈可点之处，"他汇报说，"他像我一样穿着套装，仅戴着一枚铁十字勋章，看上去比我想象的还要健康、结实和神气。他肤色苍白，但他的脸比照片里更有特点，讲话时带着浓重的奥地利口音，但是很容易听懂。"

威尔逊补充说："他不会一直盯着你看，只是在讲话时偶尔扫视一下。至少在我们的谈话中，他很克制，并没有任何手势。"当威尔逊客气地表示，他很高兴见到这样一位把国家从贫困和绝望中解救出来并且走向繁荣和骄傲的人物时，希特勒反倒不愿"将这些成绩归功于自己"。威尔逊觉得这很有意思，不过他坦承他们的谈话有些"苍白"，而且"给我留下了极为不良的印象"。早前见到墨索里尼的时候，威尔逊觉得他会很高兴地与他共进晚餐，喝着啤酒聊聊天。"在我告别希特勒的时候，我并没有这样的想法。"他宣称。

3月12日，他与希特勒进行了第二次会面。威尔逊再一次向罗斯福总统写信，称德国人将希特勒描述成一个艺术家是很贴切的——"从他通过本能而非推理来得出结论并采取行动的这个意义上来说"。威尔逊表示，希特勒知识渊博，"但他只是运用这些知识来证明一些情绪化的想法"。因此，"如果我们也把希特勒当成是一个艺术家，很多事情就好解释了。"

就在同一天，"这位艺术家"精心策划了对奥地利的吞并。在那天的日记里，威尔逊以一种冷静超然的态度对此事做出了评价。"有人也许会从道德的角度来谴责这样的行为，"他写道，"也有人会指责它的残忍，但是我们都必须钦佩这样的行动效率。"

在3月24日写给国务卿赫尔的信里，威尔逊争辩说"德奥合并一事已经尘埃落定"，是时候平心静气地来看待这件事情了。"不管我们喜不喜欢，我相信德国人在欧洲地区的经济优势已成事实。"他写道。他继续说，通过占领奥地利，希特勒完成了他最初的纳粹计划中的两项——"在民族自决的基础上实现所有日耳曼人的统一"和"日耳曼人获得与其他民族一样平等的权利以及废除《凡尔赛和约》和《圣日耳曼条约》"。只有第三项——争取更多的"生存空间"，也就是向苏联扩张领土——还没有实现。在后来写给副国务卿桑姆纳·韦尔斯的信中，他指出，即使那些私下反对希特勒的德国人也"承认当奥地利被合并时，他们心中充满了自豪感"。

威尔逊对他所观察到的一切感到好奇，但却远不如比姆和其他人所期待的那样警觉。"这个地方的一切都那么迷人和有趣。"他在给韦尔斯的信中补充道。胡佛回到美国后，于3月31日发表演说，力劝美国避免卷入到欧洲的冲突和国家事务中去。他在给威尔逊的信中附上了他的演讲稿，并表示这是为了"让我们的人民意识到，我们必须学会与其他民族相处"。在给胡佛的回信里，威尔逊强烈地表达了内心真实的情感。他称，他拜读了总统的演讲稿，"非常受用"，对此有很强烈的共鸣："我也希望我们的平民大众认识到，斥责其他民族并无实质意义，尽力与他们合作却大有裨益。"

但威尔逊并非无视纳粹对犹太人的迫害。在6月2日写给罗斯福的信中，他仍然怀抱希望，"试图找到可接受的途径"来解决纳粹不断没收犹太人财产的问题。他担心可能会爆发一场大战。在1914年写给美国驻巴黎大使威廉·布里特的信中，他也提到了类似问题，但他的结论始终未变。在6月20日写给韦尔斯的另一封信中，威尔逊宣称："20年以前我们试图拯救世界，而现在我们却只是旁观。如果我们试图再次拯救世界，在战争结束时，结果只会和上次一样糟糕。年纪越大，我就越相信，卷入欧洲的纷争对我们有百害而无一利。"

威尔逊在他的信件和报告中，反复强调希特勒拥有大多数德国人或积极或消极的支持。盼望他的政权垮台——或者说期待反对他的那一小部分人来摧垮他的政权，完全是痴心妄想。那个夏末，希特勒对捷克斯洛伐克不断加压。一直与纳粹的保守反对派保持联系的比姆回到大使馆，向威尔逊提交了一份报告，提出威尔逊的这一观点可能有误。因为比姆无意中撞见一起阴谋，其重要性并不亚于暗杀希特勒。

比姆的一个熟人，也就是被他描述成"一个重要的线人"的埃尔温·雷斯蓬德克，是大使馆商务参赞道格拉斯·米勒在1937年离开柏林时引荐他认识的。雷斯蓬德克是一名天主教的经济学家，他鄙视希特勒和他的纳粹运动。20世纪30年代初，他曾在德国国会任职，那时候的总理还是中央党的海因里希·布鲁宁。布鲁宁因试图禁止冲锋队和党卫军而与纳粹树敌，于1934年逃离德国。但是雷斯蓬德克仍继续待在柏林，因为当时他还只是个无名小卒。后来，在被禁止参与政治后，他继续关注着这个国家的经济和金融讯息，并通过米勒和布鲁宁向美国大使馆汇报。9月的第二个星期，当捷克斯洛伐克的危机达到高潮时，比姆被邀请到雷斯蓬德克在柏林郊外的家里参加主题为"男士之夜"的派对。

这是一个小型聚会，除了比姆和雷斯蓬德克以外，还有赫尔曼·穆克曼教授。他曾是一名耶稣会牧师，撰写过关于科学和基督教伦理学方面的文章，并大胆地展开了对种族理论和优生学的讨论。另外一位客人是一名德国空军上校。雷斯蓬德克的夫人在准备好晚餐后退下，把空间留给这些男人们。雷斯蓬德克宣称："让我们来谈谈正事吧，聊聊我们要讨论的问题。"据比姆回忆，谈话随后转向了希特勒对捷克斯洛伐克的苏台德地区的明显野心上来。从雷斯蓬德克和空军上校的评论中可以了解到，他们正参与对抗希特勒的阴谋。其中还包括最近刚刚代替路德维格·贝克将军成为部队参谋长的弗朗茨·哈尔德将军。贝克曾试图让希特勒承诺，对捷克的侵占不会引发战争，结果导致他遭到了解雇。如今，如果雷斯蓬德克和空军上校的消息准确，那么哈尔德将军和其他一些高官似乎是在谋划一场骇人的反叛行动。

比姆写道："如果希特勒真的走到战争那一步，那么他们的计划就是暗杀他。"穆克曼对这样的谈话明显感到紧张。半夜的时候，他对比姆悄悄说："我们赶紧离开这里吧。"他们俩找了个借口离开，比姆开车把穆克曼送回了市中心。两人都长舒一口气。

回到大使馆后，比姆向威尔逊报告了所发生的事，并先请杜鲁门·史密斯过目。这位武官对比姆的报告不以为意，声称在希特勒纪律森严的部队里不可能策划这样的阴谋。但比姆还是把报告交给了威尔逊，他相信大使会把它传递给赫尔的参谋。但是此后，他没能从威尔逊或华盛顿方面收到任何回复。

9月下旬，在英国首相张伯伦和法国总理达拉第同意希特勒占领苏台德地区后，比姆又遇到了雷斯蓬德克，向他询问针对希特勒的所谓"哈尔德阴谋"的进展。"他说因为希特勒没有发动战争，所以计划被取消了。"比姆后来写道。这与"二战"后期哈尔德和其他几位军官的证言是一致的。毫无疑问，他们也希望能实现传说中的对希特勒的反叛，但是他们的大部分言论都遭到了战胜方的有效反驳，尤其是在纽伦堡审判之时。但比姆的记录表明，至少他们当时确实认真考虑过袭击希特勒。

希特勒成功签订《慕尼黑协定》后，情况就发生了剧烈转变。英法两国对希特勒占领苏台德地区的妥协，标志着绥靖政策达到顶峰，也促进了捷克斯洛伐克的瓦解。1939年3月，德国占领波希米亚和摩拉维亚，标志着捷克斯洛伐克的彻底瓦解。陆军元帅埃里希·冯·曼施泰因在战后解释道："我们看到德国简直就是在刀刃上行走，也越来越惊讶于希特勒的运气，他实现了——迄今为止还从未动用武力——所有的政治目的，无论是公开的还是隐蔽的。他似乎有着精准的直觉。"

如果说《慕尼黑协定》杜绝了"二战"之前希特勒军队的内部叛乱的话，那么威尔逊大使——这位和英国首相张伯伦与法国总理达拉第一样在这份臭名昭著的协定上签字的人——认为这实属明智之举。在之后写给美国国务卿赫尔的一封信中，威尔逊对西欧社会因《慕尼黑协定》所"引起的自发的喜悦、轻松和对未来的希望"与"我们国家的媒体给出的相当勉强的赞赏"做了一番对比。但不知道是何原因，这封信未能投递出去。

哪种反应更为合理？威尔逊其实一清二楚。他写道，英国人和法国人"也许比美国人对欧洲的问题有着更深刻的认识，美国人离欧洲大陆那么遥远，可能会……两个国家之间隔着一片宽阔的海洋，很容易对对方做出武断的判断，甚至有可能视对方为敌人。"据比姆说，威尔逊在写给"他的英国同事"——据推测可能是英国驻柏林大使——的信中表示他为了促成《慕尼黑协定》做了"一番扎实的工作"。

罗斯福在给张伯伦关于这个"和平"协定的贺电中也是相同的论调。但是至少在华盛顿，越来越多的人意识到，全世界为这个协定付出了高昂的代价。在9月28日的日记里，国务院欧洲事务部部长杰伊·皮耶尔雷蓬·莫法特写道："我确实认为维持和平的可能性大大提高了，但是同样我也很难想象，如果没有牺牲捷克斯洛伐克，目前的结果该如何实现。"

10月，当比姆休假回国时，发现华盛顿的氛围与柏林外交圈"截然不同"。"人们有一种普遍的愤怒，奥地利被吞并，当地的犹太人也跟着遭殃，而且纳粹占领捷克也无人反对，明显已成定局。"他回忆道。在他与国务卿赫尔参加的一次会议上，赫尔"对于越发可能会发生在欧洲的灾难表达了失望"。

持有这种观点的并不仅仅是身处国内的美国人，那些驻德国的美国记者也深以为然。其中最有名的要数夏伊勒。他在希特勒即将把欧洲推入悬崖之际，又再次回到柏林。当希特勒在9月26日的演讲里发布他的要求时，夏伊勒正坐在楼上的包厢里听讲。他在日记里记录道："他还是会神经性地抽搐。在演讲的全程中，他一直耸起一个肩膀，另一侧的小腿会不自觉地抽动。观众看不到，但是我能看到。"夏伊勒补充说："这么多年来，我第一次仔细打量他，今晚他似乎彻底失控了。"

夏伊勒一直希望捷克人民奋起抗争，即使英国人和法国人都劝他们不要那样做。"因为如果他们站起来战斗，欧洲就将爆发战争，而希特勒一定赢不了。"他在9月19日的日记里写道。当绥靖协定签订后，和平的欢呼几乎令夏伊勒觉得恶心——"这个病态堕落的大陆上的奇特反应。"他写道。同时他也注意到希特勒的身体变化："这两个早晨的希特勒是多么不同……我注意到他大摇大摆地走上来。抽搐不见了！"

夏伊勒明白希特勒已经获得胜利，而他的胜利会带来灾难性的后果，而远非为了保证张伯伦所宣称的"我们这个时代的和平"。让夏伊勒更加郁闷的是：美国全国广播公司的马克斯·乔丹比他抢先一小时报道了《慕尼黑协定》的全文。用夏伊勒自己的话说，这对哥伦比亚广播公司的人来说，是"我经历的最严重的失败之一"。


## "纳粹血旗"

安格斯·图蒙也是一位想探索希特勒的在德国的美国年轻人，他于1938年来到德国。他从伊利诺伊大学毕业后，父亲建议他应该先来柏林学习六个月德语，然后再去巴黎学习六个月法语。"父亲相当于让我又上了一年大学。"图蒙这么评价这一段改变了他之后七十多年的人生的经历。他并没有去法国，一直待在德国，不只学习语言，还从美国记者那里找了份兼职来做。很快，他就被雇为美联社的全职记者，在总编路易斯·洛克纳手下任职，直到1941年12月美国加入第二次世界大战。

1938年后期，图蒙还住在外国留学生的宿舍黑格尔楼里，他去了趟慕尼黑，想去参观纳粹一年一度的"11月9日"的纪念活动——有16人被杀的1923年"啤酒馆政变"的周年纪念日。到达慕尼黑时，图蒙结识了一位年轻的美国传教士。对方能说一口流利的德语，并成功地说服了一名纳粹党卫军让他们进入VIP看台，这样他们就能看到"烈士们"的纪念仪式（那名党卫军当时不知道他们中有一人是传教士）。在看台上，图蒙还能清楚地看到纳粹党内的高官们排成一列，其中包括戈培尔、赫斯、希姆莱、戈林和希特勒。

"形式非常松散，希特勒在褐衫党的中央，只是稍微站出列一点点，"图蒙在他未出版的回忆录中写道，"就他的身材、步伐和模样，一名水手也会说他并不怎么让人印象深刻。如果不是我知道应该看向谁，在我大致扫视人群时很可能会忽略他。"

但是仪式本身是神圣的，一个人扛着"纳粹血旗"走在所有纳粹领导人的前面。"这个情形让人想起扛着十字架走过教堂正厅的侍祭。"图蒙写道。每走50码左右，就会有一座临时树立的20英尺高的方尖石塔，上面刻着一个"陨落者"的姓名。当他们到达国王广场时，有两座白色石陵，每座安置了八口青铜棺材，两侧包围着数百名纹丝不动的党卫军人。当主持人念到棺材上的名字时，所有的党卫军人整齐地回答："到！"仪式的最后播放了纳粹军歌《霍斯特威塞尔之歌》。用图蒙的话说，这才是"真正的煽动者"，歌词写着："被赤色分子和反动派杀害的同志们，你们的精神与我们同在。"

仪式一结束，图蒙就买了一张三等票登上了连夜回柏林的列车，把自行车打包在行李车上。在火车上他很快就平静地入睡了，根本不知道当晚在这个国家发生了什么。抵达柏林时，他取回自行车，从火车站骑回黑格尔楼，希望能赶上一顿便宜的早餐。突然，他听到"玻璃破碎的清脆的声音"。他赶紧刹车，看到一扇破碎的橱窗。当时他还不知道，他眼前发生的正是"水晶之夜"的一部分。尽管大部分的暴力行为都发生在凌晨，但是图蒙看到戴着纳粹徽章的暴徒们还在砸商铺的橱窗，有人还冲到店里将一架大三角钢琴砸得粉碎，然后一台打字机从另一扇窗户里飞出来，砸在了菩提树下大街——"欧洲最有名的街道之一"。

在黑格尔楼短暂停留后，图蒙和一名荷兰学生骑着自行车绕城转悠，想了解更多情况。沿着街道往下，当他们看到浓烟从一家正在燃烧的犹太教会堂冒起时，决定还是不冒险靠近，因为很可能会被逮捕。"我正目睹一幅不真实的画面……其疯狂程度是我见过的纳粹集会的数倍，"他回忆道，"那是合理的，而这是狂暴的。"因为犹太商铺大都会用白漆将店主的名字写在前面的橱窗上，所以店主很容易被找出来。图蒙发现一家商铺上有一块新的告示牌上写着"这家商铺正在被雅利安人收购"。就在同一天的晚些时候，告示牌改成了"这家商铺已被雅利安人收购"。很明显，意思是：这家商铺已经不是目标商铺了。

为了了解更多情况，图蒙和一名英国学生乘坐公交车来到柏林的其他地方。当他们停下来观察眼前的景象时，当地居民却表现得和他们截然不同。"人们沿街走着，目视前方，假装不知道正在发生什么。"他说。然而到了下午，人群不再假装视而不见，而是注视着周围大部分犹太商铺遭到破坏的情景。那些还在任意搞破坏的人中间还有一些十几岁的青少年，其他的是成年男人，现场几乎看不到警察。据图蒙观察，"在场的几位警察也一反常态，显得极其低调，明显是听从了命令而没有阻止粗暴的褐衫党"。

对于无人站出来反对如此暴行的原因，图蒙给出了两种可能的解释：到这个时候，大部分德国人对纳粹的意识形态还是采取"全盘相信"的态度；或者他们因太害怕而不敢说什么。"到1938年秋天，每个人都知道反对纳粹政权会有什么后果。"他写道。

其他美国人也亲历了"水晶之夜"，并感受到了它造成的结果。柏林领事馆的外交官查尔斯·赛耶听到全城都在传播恐怖故事。他的一个朋友亲眼看到纳粹如何将一个小男孩从二楼的窗户丢给楼下的暴徒们。"他的腿摔断了，小男孩试图匍匐着爬过密密麻麻向他踢过来的黑靴子，直到我的朋友来到这群暴徒中间，把他救了出来。"他回忆道。当犹太教会堂起火的时候，暴徒洗劫了犹太人开的百货商店。在威尔特海姆，他们将多架三角钢琴从艺术中心抬至六层楼下的大厅，将其砸成碎片。

暴力活动持续了两天，美国领事馆的职员们只能通过后面的安全通道进进出出，因为前门都被恐慌的犹太人堵住了：他们都想躲到领事馆来。"一整天下来，卡宾斯基、威尔特海姆和罗泰森，这些柏林城里鼎鼎有名的人物，都在我们桌前颤抖不已，乞求我们签发签证或护照——任何能将他们从这个疯狂的城市中拯救出去的东西。"赛耶回忆道。他的小小公寓里"挤满了前来寻求庇护的犹太家庭，直到风暴渐渐平息"。

赛耶在评论普通的柏林百姓对这些事件的反应时似乎要比图蒙要直接得多。他解释说："很多既不是纳粹也不是犹太人的柏林人在一边旁观，惊恐并觉得羞耻，但对这肮脏的一切又无能为力。"战后，赛耶坦承他对柏林人没有什么宽恕之意。后来在同盟国的疯狂空袭之下，尤其是像汉堡那样的历史古镇悉数被毁时，他反诘这样的破坏是否有必要。"但是对于柏林，我从没有这样的担忧，"他写道，"似乎对于我来说，这个破旧的老城市窝藏了太多的邪恶，就算它也像威尔特海姆家的钢琴一样被击得粉碎，也不值得同情和悲伤。"

尽管碎玻璃的痕迹随处可见，但美国的来访者还是有可能错过很多发生在柏林的大事。菲利普斯·塔尔伯特是图蒙在伊利诺伊大学的同学，后来成为有名的亚洲研究专家和外交家。他在"水晶之夜"之后来到柏林。当时他还是《芝加哥每日新闻报》的新晋记者，受柏林站记者华莱士·杜尔的邀请来到柏林，并住在杜尔的公寓。在与图蒙见面时，图蒙告诉了他之前发生的事情。"你看到了吗？"他指着库达姆大街上一户二层楼的破窗户，"我亲眼看着他们在那个晚上砸碎的。"

多年以后，在聊到他在德国的短暂经历时，塔尔伯特承认，如果不是从图蒙和杜尔那了解到的情况，他很有可能会错过很多故事，起码他是带着对德国的复杂印象离开的。"如果用效率来衡量的话，德国看上去并不糟糕。"他回忆道。1938年12月27日，塔尔伯特从德国回来后很快就写好了一封信，信中写道："在谈到反犹运动时，如果不提我见到的另一些事实的话,是有失公允的。"他列举了"纳粹运动实实在在的成果……超级马路、贫民窟的清拆、新建的房屋、大桥和公共建筑",这些"都给这个国家带来了焕然一新的面貌"。但是他也补充说:"那些本应毫无私心的人所采取的方式却让人不寒而栗。"

对于很多目睹这些可怕发展的美国人而言,他们不可能再假装新德国只是一个优劣参半的普通国家。在11月14日写给助理国务卿弗朗西斯·B.赛尔的一封信中,威尔逊终于承认,无须再期待德国政府里那些理性的官员们制定出"一些有节制的纳粹种族政策,至少允许犹太人带着他们的大部分财产有序地移民"。他总结说:"最近几天的这些事件明显让这样的希望破灭了。"

随着人们对纳粹政权的愤怒日甚一日,罗斯福政府将威尔逊召回华盛顿商讨对策。虽然威尔逊正式担当美国驻德大使的任期一直持续到1939年8月31日德国入侵波兰前夕,但他在那期间再没回过柏林。威尔逊离开后,大使馆的运作一直由一些级别较低的外交官维持。尽管雅各布·比姆对威尔逊的表现已经很失望了,但是他记录道,没人来接任他的决议"还是给了大使馆沉重的打击"。他写道,没有大使来维持与纳粹高层官员的联系,"让大使馆处于一种奇怪的隔绝状态,这成了我们的整体劣势"。

## 德国的军事建设

很多大使馆职员越来越专注于判定德国的军事实力和意图,而在这个领域,没有人比杜鲁门·史密斯更有经验。这名资深武官不断寻找新的机会获得更多情报。他安排了林德伯格来访德国的全部行程,让他有机会看到许多纳粹空军工厂和机场的内部真相。与此同时,他还利用来德国参观的两名美国军官,窥见了德国军事的另一面——也就是军官培训项目和军事工程能力。

1935年，美国和德国以一种半公开半隐秘的方式就军官培训学校——位于美国堪萨斯州的莱文沃斯堡的美军指挥参谋学院以及柏林的德国军事学院——的交换生计划达成一致。该计划于次年启动，但是德国人没有能很好地利用这次机会，也许因为他们相信他们的军官在国内能得到更好的培训。"有人巧妙地暗示说德国人对美国莱文沃斯的培训课程并不看好。"阿尔伯特·C. 魏德迈写道。他于1936年至1938年间在德国军事学院进行了为期两年的全日制学习。

据凯·史密斯的记录，那时候来自内布拉斯加州的年轻上尉、"高大英俊的"魏德迈与她的丈夫很快就相熟起来。他们的女儿卡琴·史密斯回忆说，魏德迈和另外一名也在德国学习的来自美国中西部的年轻军官保罗·汤普森经常会来家里吃周日早午餐。汤普森是一名陆军工程兵，当时就读于柏林工业大学。

据凯的描述，汤普森"外向、勤奋、谦逊、英俊，有着红润的面颊、棕色的眼眸、乌黑的头发和迷人的个性。在社交中非常青涩天真，一点都不职业老到"。或者，据卡琴的回忆，"保罗少不更事——真正的单纯。"史密斯夫妇都担心他与一名叫弗里德尔的女人纠缠不清，会被这个女人利用。当保罗向史密斯夫妇宣告，他将在起航回国前与弗里德尔结婚时，杜鲁门对凯说："我希望她不是为了能去美国玩一趟而已，因为很多女人就是这么做的。"但是史密斯夫妇还是参加了他们的公证结婚仪式，并为他们送行。

因为汤普森在密西西比河的防洪问题上已经积累了大量经验，他并不觉得柏林的课程非常实用。杜鲁门将他安排到一个德国陆军的工兵营，在那里他可以近距离地研习德国的方法和设备。据凯说，汤普森后来的报告"让他受到所在部门高层的关注，从那以后……他得到了极为迅速的提拔"。后来他受命为诺曼底登陆和奥马哈海滩登陆训练美国陆军工程兵。在奥马哈海滩登陆中，他下巴中枪但幸存下来，并因勇敢作战而被授勋。他战后退伍并开始了第二职业生涯：在《读者文摘》杂志社担任高级行政管理人员。

魏德迈——后来在部队中比汤普森级别高很多,他继任约瑟夫·史迪威将军成为中国战区第二任参谋长——在德国学习的这段时间里收集到了极为珍贵的信息。这名年轻的上尉在德国军事学院期间非常严格地履行了他作为交换生的使命,两年来将他所学所见一丝不苟地记录下来,形成了一份长达147页的总结报告,交给了他的上级长官。这为美国的高级军官们提供了宝贵见解,让他们了解到德国为那些即将要参加"二战"的最优秀的德国军官们提供了怎样的军事培训。

在他的报告中,魏德迈明确表达了对德国军事培训项目的欣赏。它将深刻的军事历史和"军事领导"的实际训练结合起来,模拟出军官们可能在战场上遇到的各种情况,便于他们采取新的战略。"德国军事学院模拟出的场景中包括了机动战,特别强调速度,并推崇机械化部队和机动部队",军官们要学会快速决策,并认识到"在进攻时一个及时的合理决策比一个迟到的完全精确的决策要有效得多"。

所有这一切都表明,德国人在为新的战争形式做准备。"他们看到了在现代战争中快速变化的形势,对他们的指挥和参谋也做了相应的调整。"本质上,魏德迈已经预见了希特勒在下一年最先对波兰使用的闪电战战术。

在他的战后回忆录中,魏德迈公开陈述了他所要表达的含义——为"德国教学的方法和质量"深深折服。他总结说:"在我看来,德国的教育和课程都要优于我们。"相比之下,他觉得他在莱文沃斯堡接受的教育"更重理论",讲师们大都是"中人之资"。在柏林,他的首席导师是阿尔弗雷德·约德尔的兄弟斐迪南·约德尔。阿尔弗雷德是"二战"中的高级指挥官,后来在纽伦堡作为战犯被判绞刑。而据魏迈德回忆,阿尔弗雷德的这位相对罕为人知的兄弟则是"一位出色的老师"。总的来说,德国军事学院的课程非常"发人深省"并且综合全面。

而让他印象尤其深刻的是实战训练。"我在柏林学习的时候遇到的一个实战问题就包括对捷克斯洛伐克发动模拟进攻,"他写道,"后来,这个问题渐渐发展成为事实。"在1938年的报告中,魏德迈囊括了德国从武器到信鸽等方方面面的细节信息,但他没有做出一个明确的关键性结论。在回忆录里,他补上了这一遗漏。魏德迈指出,他无法预见令希特勒最终覆灭的致命错误,但他宣称:"可以肯定的是,我意识到纳粹领袖们正准备发动战争。"

在柏林学习期间,魏德迈十分小心避免与德国同学讨论政治。但是他之后确实写道,他们有时也"隐约透露"对于领导人的不满。"有时是含蓄的表达,有时只是暗示,表达对纳粹的羞耻、厌恶和不满。"他认识路德维格·贝克,后者在1938年被革除德国陆军总参谋长一职,并因参与了1944年7月20日企图谋害希特勒的阴谋而被处决。魏德迈的同学中还有克劳斯·冯·施道芬贝格,他企图夹着装有炸弹的公文包行刺希特勒,行动失败后也被立刻处决。魏德迈回忆道,施道芬贝格在德国军事学院学习期间,还经常在聚会上朗诵诗歌,"毫不避讳地表达对纳粹或者希特勒的蔑视"。但是他很受欢迎,他的观点从来没有受到过声讨。然而,魏德迈感到,这样的反纳粹情绪在当时的军队里并不普遍。

魏德迈也有机会近距离观察纳粹党里的大人物。他被邀请参加一个部分纳粹要员也会出席的晚会。他把赫斯描述成"迟钝的,不是很聪明"的人,但戈培尔是"一个有头脑的精力充沛的人",而戈林"给人的印象是快乐、热情、外向"。

以上这些描述都表明,魏德迈十分享受他在柏林的两年学习生涯。他认为,无论是同学还是老师,无论他们的观点如何,大家"一直都很友好"。很快他就能很自如地表现一些幽默感了。刚开始上课的时候,当女清洁工跪在走廊的地上做清洁时,会伸出右臂行纳粹礼,并向他问候说"希特勒万岁"。魏德迈常常不知道如何回应。但是后来,他开始幽默地回答说"罗斯福万岁"。到下一年,像他这样的交换生在学校十分出名,连打杂的女佣也开始对他行纳粹礼,但嘴上说的是"罗斯福万岁",然后他就回答说"希特勒万岁"。

后来,魏德迈因此被怀疑有亲德的倾向,他解释说,这样的玩笑多少会被人误解。但毫无疑问的是，甚至在"二战"以后，他对德国表现的同情也超过了大多数美国同胞。"……不管一个人对希特勒对犹太人的虐待和对邻国的恃强凌弱有多厌恶，也应当学习德国国情的历史和现状，以了解隐藏在纳粹革命之下的自我保护机制。"他写道。德国人认为，是希特勒把他们从深渊中拯救了出来，魏德迈补充道："我无须进一步的学习也能知道，将德国视为最富攻击性的民族并加之以反复破坏和平的形象是多么错误。"

和林德伯格一样，魏德迈对德国的军事建设有深刻的洞察，但他在离开时却劝美国不要卷入迫在眉睫的欧洲冲突。然而据凯·史密斯称，魏德迈和她的丈夫在1938年进行过一次意义深远的谈话。"阿尔伯特是与杜鲁门讨论在必要时进攻德国计划的第一人，"她在未出版的回忆录中写道，"那次讨论就发生在我们公寓里。"

这两人经常在各自的经验基础上交换意见。史密斯分享了他对于德国快速增长的军事实力的了解，这也是他在发往华盛顿的报告中所描述的内容。"我认为，在德国军事学院期间，杜鲁门·史密斯的机敏和学识也深深影响了我。"魏德迈写道。回到美国后，魏德迈表示对那些好奇德国政治状况的人几乎没什么耐心。"我对那些肤浅的非军事领域的问题已经厌倦了，"他说道，"他们问我各种各样的问题，包括希特勒的特点、纳粹对犹太人的迫害、戈培尔和戈林的感情生活，但是没有任何与战略，或者德国的军事实力、军事培训和组织等有关的问题。"

但是有一个人问到了魏德迈在长篇报告中涉及的一些主题，这个人就是战争计划的主要起草人乔治·马歇尔。"当我向他汇报的时候，他的桌上已经有了一份报告副本，并且做了很多笔记，表明他已经认真阅读过我的报告。"魏德迈回忆道。马歇尔问他："你从德国的经历中学到的最重要的经验是什么？"这位年轻的军官回答说，德国人将不会以上一次战争的方式参加下一场战争，他们不会再打壕沟战，而是会在"高机动性"的基础上采用全新的设备和战术。魏德迈在几十年后的一份备忘录中写道："我不希望自己听上去是在吹嘘，然而我敢向你保证，随着战争的不断推进，关于我方要采取何种策略和战术的讨论，在马歇尔将军的办公室几乎就是日常谈话——不过仅限于我俩之间。"

当然魏德迈有吹牛的成分，但也情有可原。1941年春天，马歇尔选定魏德迈协助起草"胜利计划"，主要是关于美国如何调动人力和物资来备战。那时候的魏德迈已是陆军少校，他勤勤恳恳地起草这份宏伟的计划，尽管他很同情正在为反对美国卷入"二战"而热心活动的"美国第一运动"。在做这些战争准备的时候，魏德迈充分利用了他在德国获得的第一手信息，也就是他在德国军事学院两年的成果。讽刺的是，尽管魏德迈和林德伯格都反对罗斯福政府直接参与到"二战"中来，但后来美国参战时，两人都提供了宝贵的情报。

## 武力扩张的新高潮

在1937年发行的著名的《德国让时光倒流》的新版本中，被迫于1933年离开德国的《芝加哥每日新闻报》记者埃德加·莫勒按时间顺序记录了希特勒越来越具有攻击性的举动，包括派部队进驻莱茵非军事区、撕毁《凡尔赛和约》并废除其中对于军备建设的限制、德意对西班牙内战中法西斯的直接支援等。"希特勒上台最初四年的简历读起来就像一名普鲁士历史学家或战争诗人笔下的一首胜利颂歌。"他写道。

1938年末和1939年初，这份简历变得更加丰富，胜利的凯歌也奏出了新的高潮。捷报频传：占领奥地利、瓜分捷克。为了支持西班牙内战中的国民军对抗共和党，希特勒派遣了军队和最新的歼击机入驻西班牙，把这场冲突当成他最新武器的试验场地，同时打击了斯大林支持的西班牙共和党。1939年3月，希特勒要求从立陶宛手中夺取波罗的海的梅默尔港口——今天也被称为克莱佩达港——这个小国很快就屈服了。似乎没有什么能阻挡德国的节节胜利。当西班牙的内战最终以国民军的胜利而告终时，比姆从美国大使馆的窗口看到凯旋的德国部队在进行4月胜利游行。他承认那确实是"非常壮观的场面"。

尽管罗斯福总统仍然坚持要尽全力确保和平，但到1939年初，他已经开始做第二手准备了。他在1月4日的国情咨文讲话中强调，存在"除战争以外的很多其他方法，但是必须采取口头警告之外的更强有力、更有效的措施，让侵略者政府清楚认识到我们的凝聚力"。显然，那也意味着增加军费投入。随后，他就提交了一份13亿美金的预算申请，比之前提高了30%，其中还不包括购买新型军用飞机所需的额外的5亿美金。

罗斯福政府一度考虑送威尔逊返回柏林继续履行大使的职责，但当年3月希特勒占领捷克全境时，这个主意被打消了。在国务院的内部讨论中，麦瑟史密斯——美国驻柏林前总领事——"眼睛极其有神，支持任何直接反抗纳粹的行动"，莫法特在日记中记录道。虽然他们两人是好朋友，但常常发生口角之争。"乔治，我想知道你是否意识到自己在做什么？"有一次莫法特告诉麦瑟史密斯，"你正将我们推入即将到来的战争。"但麦瑟史密斯坚持表示，希特勒与西方民主无法并存。

尽管很多同事都变得更加小心谨慎，但罗斯福仍然倾向于抛出和平的橄榄枝。4月14日，他恳求希特勒和墨索里尼保证至少10年内不向欧洲和中东的31个国家发起进攻——其中的大部分国家很有可能就是希特勒的下一个目标。

虽然罗斯福对于成功几率不是很乐观，但他对于柏林方面给出的冷嘲热讽的回应感到非常受挫。4月28日，希特勒在国会发表针对外国听众的演讲。比姆作为大使馆的代表参加了演讲。希特勒开场的方式是询问这31个国家的一些代表是不是害怕德国的袭击。"大部分都给出了否定回答，希特勒不紧不慢地念出了他们的名字，带着一种虚假的戏剧氛围，"这位年轻的外交家回忆道，"这是一场引起哄堂大笑的表演精良的闹剧。"

但是，比姆并没有忽视这次演讲"让人不寒而栗的本质"。希特勒当时并没有询问波兰的意见。他继续谴责波兰拒绝他对但泽的领土要求，也批评英国在这场争端中站在波兰那一方。他先后废除了为确保邻国间十年和平的《波德互不侵犯条约》和规定德国与英国海军总吨位比例应为35∶100的1935年英德海军协定。用比姆的话说，希特勒的行为有点像"世界元首"——他显然认为每个人都懂得这一点。

尽管希特勒的挑衅言辞越来越高调，还是有很多美国人相信他对美国并不是什么威胁。对于那些拼命想要让自己的国家避免卷入这样一场全球性的灾难的人来说，这样的想法也不足为奇。甚至有些美国的公使也抱着这样的心态。在《慕尼黑协定》之后，美国驻伦敦大使约瑟夫·肯尼迪认为，民主国家和独裁国家"会积极致力于通过在世界范围内重建良好关系来解决共同问题"。但让人惊讶的是，从"一战"开始就驻站德国的赫斯特老牌记者韦根撰写了一篇分为两部分的文章来为这种不切实际的想法推波助澜。

在为《大都会》杂志1939年4月和5月两期供稿时，韦根对希特勒的人格和政治理念作了长篇累牍的解读。该杂志声称，作者"毫无争议地是美国驻外记者中的领军人物和我们这个时代最伟大的记者之一"，还引用了1921年韦根与希特勒早期的接触作为论据，特别解释了韦根"本身的非凡能力"，因为他很早就意识到希特勒不可小觑。"只有天才才能辨认出天才，"该杂志这样宣称，不带任何讽刺意味，"卡尔·冯·韦根是真正的天才。"

在4月刊的第一部分里，韦根描述了希特勒是如何成为"划过黑暗的欧洲政治星空的一枚真正的星辰——对有些人来说那是一个凶兆，而对其他人来说则是一个预示"。希特勒像流星那样"正被自身燃烧的火焰所消耗"，这包括"他对犹太人不可思议的深重仇恨"和"他对权力无法满足的贪婪"。但是韦根明显对这位他最初在慕尼黑见到的奇怪人物所取得的成就心存敬畏。"要说他的个人成就，阿道夫·希特勒将作为这个时代、也许是这个世纪的政治天才而被载入史册。"他写道。然而，他也指出，希特勒已经强烈地意识到高潮很快就要来临，他的生命也即将终止。因此，他的行为呈现出"发狂似的焦躁、匆忙、仓促和内在动力"，

"任何人在这样的心态下都容易跌倒"。

然而，在5月刊登的第二部分里，韦根又奇怪地传达了一则令美国读者安心的信息："阿道夫·希特勒对美国不会存在实在的威胁，除非：（1）与英国达成一致或结成同盟；（2）英国也加入法西斯阵营；（3）纳粹德国征服英国。然而这些可能性都很小。"

韦根补充道，希特勒展现了近乎超自然的能力。他预言，英国和法国都不会插手拯救捷克。当谈到希特勒下一步的行动时，韦根表示他并非预言家——但这并不影响他做一次全面预测。"希特勒没用一枪一炮就已经取得了巨大成功，这是几个世纪来无人能做到的，"他写道，"我所了解的希特勒，是不会用这些成就和在历史上独一无二的地位来作赌注的，这场精心策划的侵略战争只是一场未知的赌博而已。"

突然，当战争临近时，韦根听上去反倒不像一位经验丰富的记者，而更像霍华德·K.史密斯笔下的一位初来德国的天真游客——定格在第一或第二阶段，还在思考希特勒和他的纳粹运动真正的意味是什么。

## 第10章

# "孤立无援"

## ——德意志不惜背弃一切

对美国的记者和官员们来说，他们最关心的问题是，那些最有可能遭到德国攻击的国家到底有没有做好迎接战争的准备——波兰首当其冲。曾在柏林待过一阵，当时仍在欧洲各国采访的知名记者尼克博克回忆称，全世界都想知道，波兰人究竟能否拖住德国，为法国赢得足够的时间组织起攻势来拯救他们。

## 世界大战的苗头

1939年4月20日，美联社总编辑洛克纳亲赴希特勒盛大的五十大寿庆典。"我在阅兵台待了整整4个小时，观看这场德国历史上最隆重的军事表演，"4月26日，他在寄给身处芝加哥的儿子和女儿的信中写道，"你能想象吗？像我这样的和平主义者都被现场的氛围深深感染！"曾经给洛克纳当过"跟班"的沃尔夫冈·沃森被招募为波茨坦的一名掷弹兵，也走在这次的阅兵队伍里。当所有人都在欢呼雀跃时，洛克纳却不禁想到，也许用不了多久，沃森就不得不朝着与他身穿不同军装的同龄人扣动扳机。"如果说这次庆典阅兵是一场样板戏，那么我敢预言，下一次战争将是世界历史上最可怕的事情，"他在信中继续写道，"相较而言，1914年的那场战争简直就像儿戏。"

与韦根的乐观不同，洛克纳认为，希特勒这一次绝不会浅尝辄止，在引发一场新的世界灾难前不会悬崖勒马。他向子女们解释道："我担心德国人犯了一个大错：他们过分低估了对手的实力。"他警告称，低估你的竞争对手将可能带来致命后果，"德国的领导者们竟然再次犯下1914年至1918年时的错误！还记得他们当时对美国人越洋参战的说法是多么不屑一顾吗？如今，他们又在向德国民众灌输：英国已日薄西山，法国正忙于内政、无暇插手国际事务，而美国只是唬人的纸老虎，等等。这实在令人担心！"

但沉浸于这种痴心妄想之中的，并不仅仅是希特勒及其核心集团。华盛顿的政府官员们常常质疑杜鲁门·史密斯和其他大使馆人员的报告，并将他们的意见视为危言耸听。不过，比较普遍的一种共识是，战争爆发的可能性在日益增大。1939年初夏，美国国务院欧洲事务部部长莫法特将这一可能性提升到50%。

对美国的记者和官员们来说，他们最关心的问题是，那些最有可能遭到德国攻击的国家到底有没有做好迎接战争的准备——波兰首当其冲。曾在柏林待过一阵，当时仍在欧洲各国采访的知名记者尼克博克回忆称，全世界都想知道，波兰人究竟能否拖住德国，为法国赢得足够时间组织起攻势来拯救他们。"持乐观态度的波兰人认为，他们能抵抗三年以上；但悲观主义者认为只有一年，"他写道，"而在法国人看来，波兰最多只能坚持六个月。"

8月18日，莫法特在日记中写道："波兰大使打来电话，无非就是再次重申，德国的力量被过分高估了……他称，如今的德国军队不能和1914年的那支同日而语。军官们大多没受过系统训练，也无法长期驻留在同一支部队。最出色的将领都已遭到清洗，剩下这些'滥竽充数'的家伙！德国人民并不希望爆发战争。在当前已经实行食品配给制度的情况下，战争意味着现状将变得更加糟糕。"

莫法特总结道："在整个通话过程中，对方表现出了一种不可思议的乐观态度，并且极其低估自己的对手。假如这代表了大部分波兰人的心态，那的确很让我担忧。"

在为哥伦比亚广播公司报道欧洲局势的过程中，夏伊勒逐渐成了一名深度悲观主义者。而他的好友，因1936年出版了畅销书《欧洲内幕》（*Inside Europe*）而大获成功的前《芝加哥每日新闻报》记者约翰·冈瑟，则对慕尼黑阴谋持保留态度。在1938年底发行的新版《欧洲内幕》的前言中，他提到了"当前捷克斯洛伐克的沦陷"，并称"慕尼黑协定有可能——虽然可能性不高，但毕竟还是有可能——给欧洲大陆带来和平。"1939年7月28日，当夏伊勒与冈瑟在日内瓦见面时，他在日记中写道："约翰简直对和平太乐观了。"

在8月初回到柏林时，夏伊勒发现，他的悲观情绪开始逐渐转化为愤怒。在从巴塞尔出发的火车上，他注意到乘客们"看上去整洁而体面，让人不禁对德国人本身产生些许好感"。在与"公认的爱国主义将领"、一名被他称之为"D上尉"的谈话中，这名曾公开反对新的战争的德国人"在每次提到波兰人和英国人时都变得异常狂暴",并不时援引希特勒的语句。在8月9日的日记中,夏伊勒记录了下面这段激烈的争辩:

> 他怒喝道:"英国佬凭什么插手但泽的事情,还以战争来威胁一个德国城市的回归?为什么波兰人要挑衅我们?难道但泽不是我们的城市吗?"
>
> "难道布拉格也是你们的城市?"我反问道。沉默。无言以对。你可以看到典型的德国人的茫然眼神。
>
> "为何波兰人就不愿接受元首的慷慨提议呢?"他又开始发问。
>
> "因为他们担心成为下一个苏台德区,上尉。"
>
> "你的意思是,他们并不信任元首?"
>
> "从3月15日起就不信任了。"我小心环顾了一下四周,以免有人听到这些话。他再次露出了那种茫然的眼神。

1939年3月15日,德国军队开入布拉格,希特勒于当日宣布:"捷克斯洛伐克从此不复存在!"

夏伊勒预见到,波兰也将迎来同样的命运。第二天,他惊讶地表示:"德国人竟居住在这样一个消息闭塞的国度!"德国的报纸充斥着类似"波兰?小心!"或者"华沙威胁对但泽进行轰炸——波兰人不可理喻的挑衅行为"等标题。

"对于颠倒黑白,他们倒是很有一手,"夏伊勒写道,"你可能要问:难道德国民众会相信这些谎言吗?那你可以直接和他们对话,很多人已经这么做了。"

夏伊勒十分确信,希特勒决心在欧洲大陆重燃战火。因此,他在日记中尽情宣泄自己的不满情绪。"街头和咖啡馆里的德国妇女都丑陋无比,"他写道,"她们一定是整个欧洲最不吸引男人的种族。她们走起路来极其难看,仿佛没长脚踝。她们的穿着甚至比过去的英国女人还要老土。"

从柏林来到但泽时,夏伊勒发现整座城市已经"彻底纳粹化"了。

但他很快就发现，真正核心的问题并不是这座所谓的"自由之城"的现状。8月13日，在与但泽相邻的波兰港口城市格丁尼亚的一次广播中，夏伊勒表示，尽管但泽被视为引发下一次大战的"欧洲火药桶"，但目前这座城市依然处在十分平静的状态下。他在最后总结道，也许希特勒打破这一现状的时间会比人民预期的更早。但是，但泽"仅仅是两方角力的象征而已。对波兰人民来说，它关乎他们能否在未来成为一个拥有安全出海口的主权国家；而在德国看来，这里是连接东普鲁士和德国本土的咽喉，德意志民族的未来系于东方。对于其他国家来说，但泽的争夺事关德国是否能征服欧洲大陆。"

在发表完此番言论之后，夏伊勒就坐上了从格丁尼亚开往华沙的火车。途中，他与两名波兰无线电工程师进行了交谈。对于抵抗希特勒的能力，他们都对自己的祖国表现出了极大信心。"我们已经准备就绪，我们将战斗到底，"他们对夏伊勒说道，"我们从一出生就在德国的奴役之下，这次我们宁肯战死，也不愿重蹈覆辙。"来到波兰首都，夏伊勒再次被华沙居民的"镇定和自信"所震惊，似乎来自柏林的各种消息对他们全无影响。但是，波兰人民的"浪漫情怀和过度自信"令他担心，另外，他们还忽略了一点：苏联也企图在他们身上分一杯羹。

一周后，当夏伊勒启程回柏林时，他已经对波兰人将如何抵御德国的进攻有了基本的判断。"我相信波兰人会奋力抵抗，"他表示，"我知道，一年以前我也这么说过捷克斯洛伐克，但是我错了。这一次，我还是同样的观点。"

1939年8月23日，德国外长约希姆·冯·里宾特洛普和苏联外长瓦切斯拉夫·莫洛托夫在克里姆林宫签署了《苏德互不侵犯条约》。此前两天，美国驻波兰大使安东尼·比德尔向华盛顿请求，将使馆人员的家属撤出华沙。正如莫法特在当天日记中所描述那样，里宾特洛普紧急访问莫斯科的消息，就如同一枚"重磅炸弹"。这位国务院高级官员称："毫无疑问，德国开启了多年以来最重大的外交阴谋……在我看来，德国是在向苏联许诺，将对其今后占领爱沙尼亚和拉脱维亚的行动视而不见，甚至包括波兰的一部分领土。"在莫法特看来，战争爆发的可能性在当年夏天就已达到60%。如今，这一概率上升至75%。

在柏林，许多美国记者依然保持着在他们最常去的泰华尼餐馆聚会到深夜的习惯。8月24日凌晨时分，他们获知了苏德签署协议的官方确认。"情况比任何人想象的还要糟糕，"夏伊勒在日记中写道，"从本质上说，苏联成了德国的盟友。被纳粹视为头号敌人的斯大林，如今却邀请德国安心地去收拾波兰。"

夏伊勒注意到，几名曾对苏联口诛笔伐的德国编辑也在此时来到餐馆点了香槟，自称是"苏维埃的老朋友"！两个集权国家间的这次结盟，令这位见多识广的美国记者也目瞪口呆。尽管他知道这一条约意味着什么，但他显然并不了解苏德两国的元首。"我们都没想到，斯大林竟会采取如此残忍的政治手段，又如此轻易地让纳粹牵着鼻子走。"他写道。

夏伊勒和一名被他称之为"乔"的同事来到德国编辑们旁边，双方很快就展开了激烈辩论。"他们一副得意扬扬、幸灾乐祸的样子，嘲笑英国现在不敢参战，对6个月前纳粹领导人让他们说过的关于苏联的话矢口否认。"夏伊勒写道。两名美国人立刻予以回击，提醒他们曾经写过的有关布尔什维克的报道。"这场争论变得越发低级趣味，"夏伊勒总结道，"乔显得失落而不安，我也一样。不久，我们就觉得有些倒胃口。假如我们再不走，可能真的要动手了。"他们借故离开，在蒂尔加滕公园散了会儿步，让心情平复下来。

随着《苏德互不侵犯条约》的签订，英法两国也再次重申了对波兰的支持。当捷克斯洛伐克在3月份遭到入侵时，两国就曾表示誓将竭力保卫波兰。8月25日，英国和波兰正式在伦敦签署《英波协议》。不过，希特勒仍试图干扰英国的决策。他继续与英国首相张伯伦保持密切联络，并多次会见英国驻柏林大使内维尔·亨德森爵士。夏伊勒确信，战争即将到来，但他指出："街头的人们依然认为，这一次希特勒仍能不战而胜。"

美国国务院要求，除紧急情况以外，美国公民不得随意前往欧洲。身处柏林的美国外交官们获得了有关战前准备情况的第一手资料，他们比华盛顿的高官们更加确定,避免战争的可能性已微乎其微。据雅各布·比姆回忆:"大约从8月中旬开始,探照灯不断在柏林夜空巡视,搜寻飞行在高空的敌机。仿佛来自火星的、戴着护目镜的摩托车队士兵,护送着军队在全城巡逻。"8月26日,夏伊勒补充道,德国政府发布了新的配给清单,其中包括食品、鞋子和肥皂。有车的人还被要求上缴备用电池。

在希特勒及其核心集团看来,德国已经做好了开战准备。

## 这是真正的战争

在回忆起70年前的1939年8月的最后几天时,安格斯·图蒙仍然觉得,当时的自己在执行任务时显得过于怯弱。意识到"即将有大事发生"的美联社总编辑洛克纳,派遣了初出茅庐的图蒙前往位于波德边境的格莱维茨。事实证明,洛克纳还是低估了事态的严重性。

有天晚上,当图蒙坐着出租车出城时,突然发现大量的纳粹国防军在朝边境线行进。他立刻要求司机掉头回城,以免惹上不必要的麻烦。几天之后——确切地说是8月31日晚——睡梦中的他被酒店外的声音惊醒。透过7楼的房间窗户,他看到一大队满载德国士兵的越野车在赶路,后面还跟着不计其数的步兵。不过,随后出现的一支乐队令他深信,这仅仅是一次普通的演习。"你不可能带着乐队上战场。"这是他当时的看法。于是他回床继续睡觉。第二天,也就是9月1日早晨,当他再次朝窗外望时,看到许多大卡车正将受伤的德国士兵从波兰运出来。德国对波兰的入侵正在进行。

图蒙惊恐地意识到,在第二次世界大战爆发的头一晚,他正在蒙头大睡。他立刻下楼,找到了住在这家酒店的一支德国部队的新闻官。在做完自我介绍之后,他表达了自己想要到前线进行报道的渴望,因为这是美联社记者的工作惯例。他指出,记者们曾跟随德国部队到过奥地利和苏台德地区。"没错,图蒙先生,但这次的情况有些不同,"这位新闻官表示,"您回柏林去问问我们的宣传部长,就知道是怎么一回事了。"

这位德国官员没有撒谎:这一次的确不同,这是真正的战争。

在德国进攻波兰的前夕,身居柏林的很多美国外交官就已得知了这一消息。在8月31日步行上班的路上,大使馆领事处一位名为威廉·拉塞尔的24岁员工看到当天众多德国早报的头条都赫然写着:"最后通牒"、"无法容忍的暴行"或是"凶残的波兰人"。突然,一阵锐利的警报声把他吓了一跳:柏林已经开始进行防空演习了。他还注意到,波茨坦广场已经被满载士兵的卡车、摩托车和运送大炮的拖车堵得水泄不通;天空中不时有飞机在盘旋巡视。"我强烈地感受到,整个城市正因即将到来的战争而兴奋。"他回忆道。

在拉塞尔马上就要进入使馆时,一个身材矮小、手拿一顶灰帽子的光头轻轻碰了碰他的胳膊,"我有话对你说。"他低声道。

他叫汉斯·诺曼,是一位犹太人,曾在移民处看到过拉塞尔,很快就确定,拉塞尔确实是使馆的一名工作人员。因为无法从拥挤的人群里挤到使馆的大门前,诺曼变得狂躁不安。拉塞尔让他边走边说。诺曼称,一周之前他从达豪集中营获释,现在急需一张美国签证。"盖世太保命令我在十天内离开这个国家,"他恳求道,"我今天必须出境,否则永远休想。"

拉塞尔问他所言是否属实,因为很多人为了签证不惜满嘴谎言。"天哪,看看我的头上,你就知道我有没有在撒谎了。"诺曼回应道。拉塞尔注意到,在他短短的发根下,一道道红色的伤疤清晰可见——这是囚犯的标志,他们被剃成光头,而诺曼的头发显然刚长回来不久。

诺曼接着说出了今天必须离开德国的原因。"今晚战争就会打响,我有几个知道内情的朋友,"他说,"假如今天出不了境,我就失去了最后的机会。天知道他们还会……"

尽管这位年轻的美国人听过很多类似的诉求,但他还是决定帮助诺曼。走入使馆时,拉塞尔发现这里简直成了竞相争夺美国签证的"一座疯人院"。他找出了诺曼的申请材料，然后请求副领事保罗·科茨能让他加个塞。但科茨训斥他感情用事："这对其他人不公平。"

但拉塞尔依旧不依不饶。"我也知道这不公平，"他回应道，"但请您想想，现实中有公平可言吗？德国警察将一个遵纪守法、无处可去的人从自己的家乡驱逐出去，难道就公平吗？肆意摆布一个已近乎绝望的人，难道就公平吗？去他的公平！"

拉塞尔无意间听到旁边一个妇女在请求他的同事救救她那被关在达豪集中营的丈夫。"我很抱歉，"那位美国人说，"您的丈夫前面还有好几千人的申请材料，至少要等八年才能排上他。"

"但求您至少做点什么，"那位妇女哀求道，"他会死在里面的。一旦战争爆发，他将永远无法离开那个地方。"

领事官员还是摇头，示意对话到此结束。那位妇女在整理好材料后离开时，禁不住失声痛哭。大部分申请签证的都是犹太人，据拉塞尔描述，他们"挤满了领事馆的每一个角落"，但美国并未因此而增加签证的配额。

但拉塞尔一整天都在为诺曼的签证而奔忙。见他如此坚决，另一名领事官员动了怜悯之心，为他留出了一个配额。他还告诉拉塞尔，最好能亲自送诺曼去机场，以防他无法登上前往鹿特丹的航班，因为现在这个时间已经无法办理荷兰签证。在滕珀尔霍夫机场，两名身穿黑色制服的冲锋队员和两名官员查看了诺曼的证件，并盘问了拉塞尔来机场的目的。这位美国人表示，他是大使馆的工作人员，他只是过来送诺曼登机，因为他拥有美国签证和从荷兰开往美国的船票。

"诺曼的确有美国签证，"其中一名冲锋队员不无讽刺地指出，但他并没有荷兰签证，"这难道不是很好吗？"

"放他过去，"其中一名官员发话，"我们又少一个犹太人。就让荷兰人去操心他吧。"一位海关官员最后看了诺曼一眼，然后在护照上盖了章。"永远别回来，"他对诺曼说，"如果再看见你，就把你送回到某个地方。"

事实证明，诺曼是少数几个在战争爆发前最后一天逃离德国的幸运儿。此后，他给拉塞尔寄了一张明信片，告诉他，自己已经登上了从鹿特丹出发的轮船。

另一个幸运的人是波兰驻德大使约瑟夫·利普斯基。8月31日凌晨两点左右，他接到英国大使内维尔·亨德森的电话。后者告诉他，他刚刚与德国外长冯·里宾特洛普进行紧急会面，确认了德国即将袭击波兰的消息。当天中午，雅各布·比姆看到利普斯基在壳牌石油的一个站点里给汽车加油。战后，当比姆与利普斯基见面时，他将此事告诉了他。利普斯基解释称，他当时担心德国人会抢走他的车，因此始终待在车里。当天傍晚，也就是第二次世界大战爆发前几个小时，利普斯基成功逃回了祖国。

## 闪击波兰，惊骇世界

如果说身处柏林的美国外交官和记者们比其他人更敏锐地感知到了希特勒的勃勃野心，那他们仍未能预料到希特勒的军队征服波兰和此后大半个欧洲大陆的速度之快。

在9月1日的国会发言中，希特勒身穿一件陆军夹克。"我再次穿上了这件对我来说珍贵而神圣的外套，"他宣称，"我将一直穿着它，直到战争胜利，或是我战死疆场。"希特勒表示，他为争取和平已经做出了"无数的努力"，但波兰军队对德国领土的侵袭，令他别无选择。当时比姆也在现场。他称，希特勒这次旨在说服英法置身事外的演讲令人印象深刻。他认为，与以往相比，这次希特勒的语言"少了些挑衅和威慑意味"。

为了在第一时间将希特勒的演讲传播出去，夏伊勒待在播音室里听完了这次演讲，但他的感受与比姆略有不同。他觉察到"一丝罕见的焦虑，仿佛希特勒对当下由自己一手造成的处境有些茫然和绝望"。希特勒表示，假如他遭遇不测，戈林将是他的接班人，然后是赫斯。夏伊勒和他的同事一样，都觉得这次讲话就像是这位独裁者的最后演出。

晚上7点，当夏伊勒还在广播站工作时，外头响起了防空警报。与他一起的德国人都拿起防毒面具，躲到了底下的防空洞里。夏伊勒没有防毒面具，也没有人主动给他，但他被要求跟着一起走。他遵照着做了，但不久就趁黑溜走。他回到一间点着蜡烛的播音室里，草草记下了一些笔记。"根本没有飞机过来。"他在当晚的日记中写道。但他预计，英国和法国将立刻实践保卫波兰的诺言："随着英法的加入，明天的情况或许就会不同。届时我将陷入一种愉快的两难境地：希望他们将德国佬的地盘炸个稀巴烂，但也别误伤到我。"实际上，直到9月3日，英法才正式向德国宣战。

战争爆发当晚，夏伊勒"奇怪地"发现，柏林的餐馆、咖啡屋和啤酒馆依然人满为患。凌晨两点半，他在日记中补充道："令人惊讶的是，没有任何一架波兰战斗机穿透防线来到这里。但如果有英法参战，情况还会如此吗？"第二天，他继续写道："还是没有空袭发生。波兰人都到哪儿去了？"

夏伊勒在9月2日的广播节目中称，如果说第一晚的大停电曾让柏林人民有些紧张的话，现在的他们已经逐渐感到，生活并不会因为战争而发生太大变化。"在大约凌晨1点以后，事实就已一目了然了：假如波兰人要发动空袭，那么飞机早就应该在柏林的上空盘旋了。于是大部分人都准备回家睡觉。当晚，打着微弱灯光、排着长队的出租车倒是生意兴旺。"

在德国发动战争之后，那位年轻的使馆人员拉塞尔也有过类似想法："我期待有好消息传来，但什么都没有发生。"和夏伊勒等身处柏林的美国人一样，拉塞尔也注意到，与以往战时的轻松氛围不同的是，这一次德国人脸上都很严肃。"我遇到的人们都显得安静、阴郁和顺从。他们三五成群地站在大使馆前，透过窗子看着我们。我发现，这与1914年的那次战争完全不同。"拉塞尔还补充道："我认为，今天的他们被引入了一个难以承受的境地。"

只是直到很久之后，事实才证明他的观点是正确的。据柏林的美国人报道，在向波兰开战后，前线传来的一系列捷报使得德国的民众和军队都对希特勒的才智充满信心。9月6日，夏伊勒在日记中写道："波兰似乎将面临一场溃败。"数日之后，他又补充道，德军的推进之快震惊了美国的武官，并令很多美国记者沮丧不堪。英法已经参战，但"就如德国人所言那样——没有朝西线开过一枪！"9月13日，拉塞尔在日记中绝望地写道："战火正在席卷波兰。他们为什么还不发动进攻，从而迫使德国人双线作战呢？"

当苏联于9月17日从东线进攻波兰时，美国人知道波兰的命运已经盖棺论定了。对于记者们来说，另一个很明显的信号就是，德国当局开始准许他们赶赴前线采访。在9月18日抵达波罗的海沿岸城市索波特时，夏伊勒在日记中记录道："从柏林出发，经过波美拉尼亚和但泽走廊，坐了一整天的车后终于到达这里。一辆辆满载士兵的机车行进在返回德国的路上。在但泽走廊的一片林子里，弥漫着令人作呕的死马和死人的腥臭味。德国人说，有一整个波兰骑兵师朝着数百辆德国坦克发起冲锋，最后全部被消灭在了这里。"

次日抵达格丁尼亚时，夏伊勒目睹了德军对最后一处顽强抵抗的波兰阵地的无情轰炸——一面从海上，三面从陆地。德国战舰石勒苏益格-荷尔斯泰因号在但泽抛锚，朝着波兰军队的方向发射炮弹；与此同时，炮兵从外围的多个地点向其开火。德军的坦克和飞机也发起了进攻，而波兰人用以回击的武器只是来复枪、机枪和两门高射炮。"波兰人已无路可退，但他们依然誓死抵抗，"夏伊勒在日记中写道，"和我们在一起的德国军官一直在夸赞他们的勇气。"

合众社的柏林记者约瑟夫·格里格于10月5日抵达华沙，他是首批来到这里的外国新闻记者之一。他们的目的，主要是报道希特勒即将在波兰首都举行的胜利游行。格里格发现，仅仅经过一个月的进攻，德军就已将整座城市炸得满目疮痍。"你很难想象如此严重的破坏程度。整个城市中心已化作废墟，"他回忆道，"波兰人民看上去茫然不知所措。"他总结称，波兰根本没有任何抵抗的机会，因为德国人在头一天就摧毁了他们的空军。"高度机械化的德军以史无前例的严明纪律和强大气势，向着一马平川的波兰平原挺进。"

不久后，格里格见到了曾任奥地利联邦空军主管的亚历山大·洛尔将军。如今，他是希特勒东南机群的总指挥，在此次任务中负责对抗波兰空军。当格里格问他如何看待这场"不宣而战的闪电行动"时，洛尔平静地解释道，这是一种相对人道的战争形式。"这是我们新的战争哲学，"他声称，"它是最仁慈的一种战争。让你的敌人意想不到，然后给他致命一击，这可以将战争的时间缩短好几周甚至好几个月。长远来看，这极大地减少了双方的伤亡。"

美联社记者洛克纳亲眼见识了这种所谓"人道的"战争形式。当德军进攻波兰时，他被允许从格莱维茨过境。在一个名为格拉斯金的小镇里，他看到所有主干道两旁的建筑都被夷为平地——不像其他地方那样仅是遭到炸弹破坏。为他做向导的陆军上校告诉他，这是为了报复那些打暗枪的波兰平民。

洛克纳还从德军内部的一名线人那里听说了另外一件事。在占领了波兰的一座小镇以后，他所在的小分队正忙着运送伤员。当地的一位犹太药剂师和妻子一起，"没日没夜地帮我们包扎伤口"，"我们都很敬重他们"。心存感激的士兵们表示，德军一定不会伤害他们。不久，这支小分队就要转移。"我们甚至都没来得及和他们道别，纳粹党卫军就已经来了，"这名线人说道，"没过一会儿，我们中就有人发现了这对夫妇的尸体。党卫军割断了他们的喉咙。"

在对10月5日这天来到华沙的外国记者的讲话中，希特勒传递出一种明显的敌意。格里格报道称，他脸色苍白，但举止间俨然"一副征服者的姿态"。在华沙机场，希特勒简短地接见了前来的记者，随后登上了返回柏林的飞机。"先生们，你们看到已经化为一片废墟的华沙了吧，"他说道，"这是对伦敦和巴黎那些还想要继续这场战争的政客们的一个警告。"

身处柏林的拉塞尔认为，至此，英法的不作为表现令许多德国民众都相信，"德意志是不可战胜的"。但年轻的拉塞尔也遇到过一些持相反观点的德国人。"我希望他们（英国人和法国人）能加快动作，早日将西墙攻破"，其中有人提到了修建在法国马其诺防线对面的德国工事，"一旦我们的军队被击溃，希特勒的末日也就到了。如果战败，我们将失去自由；但现在我们也并无自由可言。"

尽管拉塞尔声称，类似的声音并不在少数，但正如《芝加哥论坛报》记者西格瑞德·舒尔茨所说那样，战场上的连续胜利——加上纳粹的恐怖政策和极力宣传——使得大部分德国人都倾向于听命元首"唯我是从"的要求，"并且很多人确实是这么做的"。以她家的女仆为例，在德国入侵波兰之后的某天早晨，她哭红着眼睛来到舒尔茨家。她的丈夫被派到了柏林附近的一家医院去当担架手，并生动地向她描述过波兰人的残忍：在希特勒发动进攻之前，波兰人就先行开火，将德国士兵的肢体烧成了焦炭。

当舒尔茨问她，这是不是她丈夫亲眼所见时，她显出一副被冒犯了的神情。不过后来，她承认自己的丈夫只是观看了纳粹宣传员播放的幻灯片。但这位女仆仍旧认为，她的美国雇主对德国人毫无同情心。"没过多久，我的女仆也沦为为盖世太保服务的工具，负责监视外国记者的活动，"舒尔茨称，"她会定期向警方报告我们的邮件、电话和来访者情况。"

德国宣传部曾邀请舒尔茨等记者观看了第一部"二战"新闻片的试映。据舒尔茨回忆，当德国士兵包围着痛苦不堪的波兰囚徒的场景出现在画面中时，"德国军官们发出了欢乐的口哨声和呐喊声"。当该片正式上映时，舒尔茨也来到剧院一睹公众们的反应。当画面中出现衣衫褴褛的波兰犹太人被前来逮捕他们的德国士兵吓得惊慌失措时，剧院里爆发出"一阵阵哄笑和高声尖笑"。

关于德军在波兰进行大屠杀的第一拨报道传到德国国内时，舒尔茨参加了一场底下坐满纳粹军官的新闻发布会。"我实在不明白，你们英国人为什么要对几个波兰人的遭遇大惊小怪，"党卫军的一位高级官员对她说，"你的反应表明，你和你的同胞们都没能找到科学的解决方法。"

于是舒尔茨问他，何谓"科学的解决方法"。有三个人，其中包括后来臭名昭著的人民法院院长、时任司法部官员的罗兰德·弗莱斯勒，都向舒尔茨临时讲授了一堂关于种族理论的课程。斯拉夫人看似是白种人，其实只是"劣等民族"，他们解释道，而且斯拉夫人的数量大大超出了德国人；他们的出生率也比我们要高，这就意味着，到1960年时他们的人口数量还要翻番。"我们没时间去多愁善感，"弗莱斯勒继续道，"我们绝不能容忍任何一个邻国的出生率比我们高，我们必须采取措施阻止这种事发生。"斯拉夫人和犹太人只允许在"为我们工作"的条件下生存，他补充道，"否则就活该饿死"。

舒尔茨称，假如她的助手带给她这样一份笔录，她一定不会相信。但这是她亲耳所闻，而且弗莱斯勒显然"没有注意到，或是在意，他的言论在一个美国人看来是多么可怕"。

## 代价由谁支付？

1939年10月，当《基督教科学箴言报》记者约瑟夫·哈许还在罗马时，他收到了远在波士顿的编辑发来的一则内容简明的电报："马上去柏林"。此时要去柏林还是很简单的。哈许来到德国使馆申请，并在三天后就收到签证，酒店前台还为他办好了前往柏林的卧铺票。晚上，他上了火车，次日早晨就抵达了柏林。当来到这个将整个欧洲大陆都拖入战争泥潭的国家的首都时，他不无嘲讽地说道，此处唯一的"不同之处"是他在弗里德里希大街的车站下车时没有搬运工来为他运行李。最后，他不得不将行李暂时留在车站。随后，在附近的大陆酒店办理完入住手续，他派酒店的一名搬运工去将它们取回。

不久，哈许就搬到了更加雅致的阿德隆酒店，与夏伊勒等美国同行住在一起。他的房间位于酒店背面，正好可以俯瞰一街之隔的德国宣传部长约瑟夫·戈培尔的花园。哈许常常能看到戈培尔的孩子们在那里玩耍。对哈许来说,似乎一切都太顺利了。舒尔茨等人遭到监视的经历根本不像会发生在他这样的新来者身上。不过他很快就发觉,这都是德国人的刻意安排。德国政府发给他一张"重体力劳动者"的配给卡,甚至还允许他随意从丹麦带入额外的食品——鸡蛋、熏肉、黄油和奶酪等。

"当时德国正尽一切努力要将美国保持在战场之外,所以作为一名驻扎在柏林的美国记者,我过上了一种极其优越的生活。"他写道。

哈许在领口上别了一枚小小的美国国旗,这样就可以避免在与德国人交谈时引起任何关于他身份的误会。他很高兴地发现,大多数人都愿意对美国人畅所欲言,而且他几乎可以去任何想去的地方并发表报道。德国官员们似乎也没那么讳莫如深,甚至在谈及关押政治犯和犹太人的集中营时也一样。在晚年撰写的自传中,哈许回溯了当年这段时期:"'集中营'这个标签在当时并没有今天这样罪恶的含义……在1939年到1940年这段时间里,德国的集中营并没有任何能吸引美国记者的特殊之处。"

当夏伊勒出城时,哈许偶尔也会代他做几期广播节目。而只有在这种时候,德国当局才会给他制造一些麻烦。当时德国对广播节目的限制要比印刷刊物严格得多。正如哈许描述的那样,所有广播稿都必须经过一个监察小组的审核。这个小组由外交部、宣传部和军队最高指挥部各派一位代表组成。监察人员会全程监视播音员诵读审核后的稿件,一旦在中途发生问题,他将立刻中止节目。

奇怪的是,现在的人们似乎比埃德加·莫勒等美国记者在报道纳粹党上台时更有安全感。一位名为理查德·霍特莱特的布鲁克林大学毕业生,在以合众社记者的身份雄心勃勃地来到柏林后,毫不犹豫地登上了一列将被驱逐出境的犹太人运往波兰的火车。虽然他觉得三等车厢"十分邋遢和压抑",但与下一趟运输牛羊的列车相比已经是云泥之别了。在跟踪这类新闻时,霍特莱特完全没有担心自己的人身安全。"我是美国人,我为一家美国机构工作,我不觉得有什么危险,"他声称,"我知道我的处境很不寻常，但并不危险。"事实上，霍特莱特后来还去体验过德国的监狱生活，并在70年后接受采访时生动地讲述了当时的年少无畏。

希特勒挑起的这次争端很快就进入到了"静坐战"阶段。当德军在争分夺秒地准备着1940年春天的新攻势时，法国人只是在马其诺防线后面安静地坐着。1939年10月10日，夏伊勒坐上了前往日内瓦的火车。途经莱茵河时，夏伊勒看到德法两国的士兵都在各自的边境上加筑防御工事。"两边的部队都像在休战，"他在日记中写道，"他们都在敌人的视野和射程范围内干活……这真是一场奇特的战争。"

英国空军曾对德国的海上目标发起过进攻，但收效甚微，而且自身损失惨重。10月2日，英国空军对柏林实施了首次夜袭，但投下的只是宣传小册子。领馆办事员拉塞尔嘲讽地表示，与其"徒劳地指望那些读到的人会被煽动起来造反"，"倒不如省点燃料"。在"二战"早期，根本没有任何空战可言，柏林的熄灯管制也更像一种预警，而非必要性的措施。在德国占领波兰以后，英法拒绝了希特勒的"和平提议"。英国封锁了纳粹的海上补给线，迫使德国政府实行更为严苛的配给制度。但正如《纽约时报》的驻柏林记者奥特·托里切斯所写的那样，很多德国人依然抱有"速胜以赢取和平的愿望"。他还补充道，德国政府用这样一句口号来说服民众为处于困境中的国家做出牺牲："活得安全比活得富足更重要。"

"二战"开始后不久，柏林的美国人就注意到了人们为这次战争所付出的代价：当地小报上每天刊登的讣告。"布雷斯劳的一份日报专门公布每天的伤亡者名单——一个个司空见惯的名字，承载着家族希望的年轻人死于沙场，"美联社记者洛克纳在10月8日寄给子女们的信中写道，"遇难者中有我们的朋友，甚至还有亲戚……"他还补充道，社交生活已基本绝迹，"因为人人都靠政府发放的面包票、肉票和油票维持生计，谁也没有多余的口粮来招待客人。"

洛克纳注意到，随着熄灯管制成为常态，盗抢案件日渐猖獗，因此人们基本只愿在自己熟悉的范围内活动。不过，年轻的外交官拉塞尔发现，漫长的黑夜倒是对某个行业很有利。他指出，"漆黑的夜色能让某些女孩更容易接到生意。"尽管卖淫在纳粹德国属非法行为，但熄灯管制使得妓女们的生意更加便利。"即便是上了年纪、满脸皱纹的女人，也可以利用漆黑的夜色隐藏起丑陋的容貌，用手电照亮自己的腿，向路人发出暗示。"

一位名为乔治·凯南的苏联人主动要求协助时任使馆代办的亚历山大·科克处理日常事务，并在"二战"爆发后不久来到了柏林。那段时期，每天下班回家的经历令他记忆犹新："在一片漆黑中沿着勃兰登堡门的廊柱艰难前进，摸索着走到公共汽车站台……令我困惑的是，司机到底是如何在这毫无标记、又常常被大雪覆盖的沥青马路上辨别方向的……下车以后还得这样奇怪地步行一段，小心翼翼地避开沿路的绊脚石。"

尽管日常生活有诸多不便，但人们还是很少会联想到，战争正在某个地方激烈地进行着。大约在战争开始一个月后的某一天，凯南来到了汉堡。晚上，在他回住处的途中，一个女人突然从街角走到他身边，欢快地问道："想带我走吗？"凯南表示对她的服务不感兴趣，但是很乐意请她喝一杯——并且会支付和特殊服务一样的价钱。在来到她最喜欢的一家酒吧后，她告诉凯南：她在白天是一个打包工，收入微薄，但这份工作能帮助她避免像街头流莺那样被送往劳改所。她与一名现在在波兰执行任务的飞行员订了婚，但他是"完全以自我为中心的人"，对她根本不好。她晚上挣的钱比白天要多得多——当然，她的未婚夫并不知情。

她的故事并没有什么特别之处，凯南也实在找不出能和这样一个世故的妓女谈论的话题。虽然他后来成为一名出色的外交家和学者，但当时他还只是个年轻的小伙子。在这次偶遇中，最值得谈论的部分反而被忽略了。"直到到家之后，我才忽然意识到，我们谁都没有提到战争。"凯南写道。

在纳粹高层看来，事态正朝着他们期望的方向发展。11月7日，在苏联大使馆举行的十月革命周年庆典上，一群美国记者趁戈林在自助餐区喝着啤酒、抽着雪茄时，与他进行了交谈。夏伊勒也是其中一员。他原本以为，这位纳粹空军总指挥可能会心情不佳，因为美国开始公开表示对英国的支持，并声称会为其提供大量的飞机援助。

但这些消息似乎并没有影响戈林的高昂兴致。"如果我们生产飞机的速度和你们一样，那我们必败无疑，"他表示，"我并没有在开玩笑。你们的飞机性能的确不错，但你们的生产速度还不够快，总有一天你们会看到，谁才能最快地生产出性能最卓越的飞机。"

当记者们问他为何德军只是向英国军舰发起了进攻时，他回答说，军舰是很重要的目标，并且能"很好地锻炼我们的军队"。

"接下来德军会轰炸敌方的港口吗？"美国记者们继续追问。

"我们是很人道的。"戈林答道。夏伊勒等人都禁不住大笑起来。"你们别笑，"他告诫他们，"我没有开玩笑。我是很人道的。"

在柏林的美国人常常惊讶于人们在战争时期的非正式场合里偶然闪现的幽默感。新来的《基督教科学箴言报》记者哈许，就听说过这样一个流传在工薪阶层间的笑话。有一次，乔装打扮后的希特勒来到一间啤酒馆，向店主询问人们对元首的看法。店主倾身向前，在他耳边轻声说道："我不能让其他顾客们听到，但就我个人而言，我觉得他不赖。"

美国的记者和外交官们还了解到，虽然德国政府明令禁止，但还是有不少民众在收听国外电台。据拉塞尔估计，大约有60%到70%的人在偷偷地收听。他还注意到，在战争爆发后的第一个星期，商店售卖的老式无线电耳机就被抢购一空。虽然拉塞尔的估计也许言过其实，但他的确遇到过不少对希特勒和战争持保留意见的德国人。因此，他难以对德国国民的心态做出笃定的判断。

"如果美国参战，那么我希望自己不要忘记一件事，"拉塞尔写道，"在德国，有千百万的民众并不赞同他们元首的政策；还有同等数量的单纯的人民，只是盲目听信了领导者们的宣传——尤其是当他们日复一日地听着同样的话的时候。我不希望被仇恨冲昏头脑而忘记了这一点。"

凯南也表达了类似的观点。他在回忆录中写道："美国媒体和政府将德国人民描述成一群残暴的恶魔，他们和希特勒站在同一阵线，渴望征服和奴役整个欧洲。但在现实中，你很难将一个普通的德国人和上述形象联系起来。"

即便是夏伊勒这样一贯对德国人持否定态度的人，也因某次与近期在德国兴起的自由思潮的一位代表的偶遇而深受启发。1940年1月，他在柏林约见了一位妇女，准备将她国外的亲戚托他捎来的一些食品转交给她。夏伊勒称赞她为"多年以来我所遇见的最有智慧的德国女性"。她看穿了纳粹那副掩藏在表象背后的野蛮本质，因此为德国同胞对当局的盲目服从而叹息。她还表示，尽管众多德国人都在为西方文明的进步而努力，但统治阶级却一心想要摧毁这种文明和价值观。

她向夏伊勒解释称，这种自我毁灭的行为，最终将导致德国民众不愿或不能独立地决策和行动。"德国人认为，一个遵纪守法的公民应该做到：遇到红灯时必须停下来，等绿灯亮起时再过马路，即使他明明知道，在绿灯亮起时会有一辆不守交规的大卡车横冲过来要了他的命。"

用拉塞尔的话来说，美国的外交官和记者们"在柏林孤立无援"地生活着。他将当局对使馆人员实行燃油配给的原因更多地归咎为纳粹对他们活动范围的限制，而非战时的供给不足。此外，为了警告他们与德国人的联络，当局还在电话机里安装了窃听器，并且丝毫不在乎他们已知悉此事。

随着政府配给额度的日益严苛，所有的物资——从厕纸到鞋带——都变得奇缺无比，以至于每家商店都悬挂着"橱窗内所示为非卖品"的标语。但大部分美国人像是生活在另一个世界。1939年的感恩节时，"二战"已进入第三个月份，美国大使馆的高级官员科克邀请一大群在柏林的美国同胞来享用传统节日大餐。"一百多名饥肠辘辘的美国人扑向了躺在自助餐桌上的几只大火鸡。"夏伊勒在日记中写道。

随后，这位哥伦比亚广播公司记者又来到合众社柏林分支的总经理多萝西与弗瑞德·奥克斯纳夫妇家中做客，并再次饱餐了一顿火鸡。南瓜馅饼上的搅拌奶油令他兴奋不已，以至于他试图说服多萝西在午夜前往播音室，专门做一期节目，向听众介绍如何用"新式机器"从黄油中提取奶油。

## 民心渐远

尽管处于非常时期，但美国人依然能应付自如，特别是外交官们，还会经常受到求助者的联络。拉塞尔称，随着圣诞节的临近，"人们将一大堆食品、红酒、香槟以及柏林的各色佳肴送到我们的住处，令人十分尴尬"。送礼的人从来不会留下姓名，但通常会在此后不久向收礼的人写信求助。在信的结尾处，他们会询问圣诞礼物是否已安全送达——然后留下自己的签名和住址。有些签证申请人会直接向领馆人员行贿，尽管只能偷偷地进行并使用"极为隐晦的语言"。

1940年1月，严寒的天气侵袭了柏林。于是美国人索性放水淹没了大使馆背后的那片网球场，将它改造成了一个溜冰场。虽然有这样的娱乐设施和从丹麦运来的御寒冬衣，但他们依然保持着对周围环境的密切关注，并向国内发回了诸多有关德国民众生活疾苦和纳粹政权可能因此垮台的报道。

但肯定的一点是，战争所导致的赤贫使德国人愈发感觉到，"民心与德国政府的宏伟蓝图正渐行渐远"，凯南对此也深表赞同。但他同时也表示："生活仍在以最佳的方式继续着，虽然战争带来了重重困难，不过人们依旧十分自律。"拉塞尔也注意到了民众对战争日益消退的热情，但他补充道："在我看来，坚强的德国人仍在正常地工作和生活。"换句话说，美国国内对德国即将爆发叛乱的猜测纯属异想天开。

在战争开始后的头几个月里，就有不少美国人启程回国，使得留下来的人感到更加孤独。而且，日渐恶化的生活条件也开始影响到他们的日常起居。到1月份时，公寓里已基本停止供应热水，迫使大使馆在顶楼安放了两口锡制浴缸，分别供男女使用。

1月底的一天，拉塞尔受邀来到理查德·斯特拉顿领事的寓所共进午餐，并在那里见到了简·达尔。达尔目前正在罗马学习音乐，但她的家乡在亚拉巴马州，她这次到柏林是为了看望在大使馆工作的哥哥。"我从未想过会来到离家如此遥远的地方。"她那略带沙哑的南方口音很快就吸引了在邻州密西西比州长大的拉塞尔。饭后，在留声机的伴奏下，拉塞尔和达尔跳了一支舞。在这个美好的下午临近尾声时，达尔问道："德国真的处于战争中吗？我是说，我根本看不到任何战争的迹象，这儿的一切都和平时一样。"

斯特拉顿回答了她的问题："你只是还没感觉到罢了。那些在街头玩耍的孩子，他们也不觉得战争正在进行。但是，战争终有一天会波及我们每一个人——美国人、苏联人、非洲人、孩子，甚至尚未出生的婴儿，我觉得一定是这样。"

聚会结束了，但这番话让达尔和拉塞尔都陷入了沉思。

## 第11章

# 喂松鼠

## ——希特勒希望别国勿管闲事

德国确实让人兴奋，有时甚至令人喜爱。但在这位来自密西西比河的年轻人看来，这里能否很快重获和平还是个大问号。几天前，和女友坐在车上时，他总结说，希特勒"已经走上了一条不归路"。当拉塞尔进入意大利境内、回看身后这个危险的国度时，他一下摈弃了所有幻想。"虽然表面上看不到一兵一卒、一枪一炮，"他写道，"但我知道那片丛林里布满了军队和枪炮。"

## 枪炮丛林

开战后的第一个冬天，威廉·拉塞尔宣布他将离开柏林。尽管领事处的上级提出要给他升职，但是他清楚自己并没有优势，因为他在柏林大学学完德语后就直接来大使馆工作，而外交行业似乎更青睐那些通过正常途径升迁的人。他们一般先在华盛顿任职，然后再去国外执行首次外派任务。此外，拉塞尔也想试水写作行当。当时他已经完成了《柏林大使馆》（*Berlin Embassy*）的大部分手稿。该书于1941年出版，对他在柏林的经历做了生动的描绘，为美国读者们提供了在新闻报道中读不到的个人见解。

1940年4月10日，距离计划离开还有三天，拉塞尔和他的德国女友一起坐在停在大使馆后面的车里。"我们不是去车里谈情说爱的，而是为了听广播。"拉塞尔在回忆的时候多少有几分为自己辩护的意味。晨报上都是德国军队开进丹麦和挪威的消息，拉塞尔称之为"令人厌恶的新闻"。广播里，戈培尔在对纳粹的下一波受害者们发出最后通牒，声称德国对他们"并无领土野心"，"也不会把这两个国家作为打击敌人的作战基地"。

拉塞尔对此做了一番尖酸讽刺的评论，但是他看到女友的眼里噙满泪水。"那个该死的可恶骗子！"她大骂，"那个该死的可恶骗子！"

对拉塞尔而言，这也是他在德国最后几次意识到，并非所有德国人都步调一致地支持希特勒。在驾车离开前三天，他向在三年柏林旅居期间内认识的一大批熟人一一告别——用他自己的话来说，其中有"美国人、德国人，纳粹党、反纳粹人士，富人、穷人，知识分子和流浪汉"。抵达因斯布鲁克时，他被传唤至盖世太保总部。对方表面上是检查他的汽车证件，其实是为了搜查车辆。他的手稿被翻得到处都是——好在完整无缺。

拉塞尔继续开车前往意大利。在边境，一名胖墩墩的海关人员在给他的护照盖戳时很友好地询问："喂，你为什么想离开德国啊，年轻人？你不喜欢我们国家吗？"当拉塞尔本能地给出肯定答复后，对方又补充说："等我们这里和平了，你再回来吧，嗯？"

德国确实让人兴奋，有时甚至令人喜爱。但在这位来自密西西比河的年轻人看来，这里能否很快重获和平还是个大问号。几天前和女友坐在车上时，他总结说希特勒"已经走上了一条不归路"。当拉塞尔进入意大利境内、回看身后这个危险的国度时，他一下摈弃了所有幻想。"虽然表面上看不到一兵一卒、一枪一炮，"他写道，"但我知道那片丛林里布满了军队和枪炮。"

甚至早在德国占领丹麦和挪威之前，很多美国官员也得出了同样的结论。但是在美国国内还有很多人对德国心存幻想，甚至天真地认为由物资短缺引起的民怨也许会推翻希特勒的政权，或限制他的军事影响力。雅各布·比姆在战后的第一个冬天来到华盛顿。他表示，当他警告华盛顿当局德国现今相当强大时，遭到了无比的冷落。"华盛顿的上层人物们最不愿听到的就是事实真相，即希特勒已经控制了世界上最高效的战争机器。"他的朋友约瑟夫·哈许总结道。

这位年轻的外交家告诉哈许和其他美国记者，他们仍没能成功地向读者传递出德国的可怕。"雅各·比姆被指控有亲纳粹倾向，因为他试图告知华盛顿的人们，德国坦克并没有因为缺乏燃料和润滑油而停滞。"哈许补充说。杜鲁门·史密斯一直致力于向华盛顿提供有关德国迅速军事化的敏锐情报，直到他于1939年4月结束了在柏林的任期。像杜鲁门一样，比姆意识到，人们常常会怀疑他们将不利消息发回国内的动机。

当然，史密斯早在1922年就已经是第一位见到希特勒的美国外交官。1940年3月初，美国副国务卿桑姆纳·韦尔斯成了最后一位。韦尔斯带着调查真相的使命来到欧洲，但是他没有筹码来谈判——或者更重要的是，来威胁希特勒，即如果他不让步，美国就动用武力。"只有一件事情可能让希特勒回心转意，那就是让他相信，假如他打算用武力征服世界，那么美国势必与其为敌。"韦尔斯在回忆录里写道。因为受到孤立分子要求远离欧洲战场的强大压力，罗斯福政府并没有打算让他的公使表达这样的意见。

韦尔斯很早就来过柏林。3月1日早晨，在从弗里德里希大街火车站乘车到阿德隆酒店的路上，他对新柏林有了一个最直观的印象。在城市的主干道菩提树下大街，武装警卫正看守着在街道上铲雪的波兰囚犯。同一天，他在亚历山大·科克的陪同下与德国外长冯·里宾特洛普举行会面。因为纳粹政权对罗斯福总统在"水晶之夜"后将威尔逊召回华盛顿的举动极为不满，因此这位代办失去了与纳粹高层直接接触的桥梁。这一次，科克非常高兴能重新踏入这扇大门。但事实证明，这次会面将是一次彻底的失望。

韦尔斯忍受了整整三个小时的"傲慢浮夸的荒谬言行"以及"一堆虚假信息和刻意的谎言"。他称，那位德国外交部长有着"非常愚蠢的头脑"。因为不想做任何可能会破坏第二天与希特勒会面的事情，这位从华盛顿来的公使对里宾特洛普的宣传性独白只给出了最谨慎的回应。

第二天上午11点，韦尔斯被护送到希特勒的新总理府。他认为"这栋怪异的建筑物"有种现代工厂的感觉。见到韦尔斯时，希特勒显得很热情，但却不失严肃，身高也比预期的略高一点。"现实生活中的他并无照片中的滑稽嘴脸，"韦尔斯写道，"他看上去身强体壮，教养良好……言行举止都显得很威严。"

但韦尔斯若非过分惊讶于现实中的希特勒与在诸多西方漫画中的形象差异——当然"身强体壮"甚至是他的助手都不会使用的词汇——这位美国外交家应该会对希特勒有更冷静的分析。这位德国领导人宣称，他想与英国和平共处，只在绝对必要时才会扩张德国的统治范围。"我不想发生战争，"他坚称，"这是违背我本人意志的，而且浪费时间。我的人生是用来建设的，而不是破坏。"

不出所料，这些声明之后就是威胁。希特勒提醒说，不要区别看待纳粹党和德国人，他坚持认为他拥有"每一个德国公民的支持"。然后，他补充道:"我看不到任何永久和平的希望,除非英国和法国想要摧毁德国的野心自行销毁。而我觉得这种野心不会自动消失,除非德国取得一场彻底的胜利。"

会面结束前,希特勒再次宣称他只想要"永久的和平"。不过总体而言,他的表现只在他的客人身上起到了相反的效果。"我记得我坐上车的时候暗自思忖,但可悲的是,很明显所有的决定都已尘埃落定,"韦尔斯回忆道,"唯一能期待的就是尽量拖延,尽管这没有任何实质性意义。"

但一些美国人还是拒绝接受这样的结论。尤其是通用汽车公司的总裁詹姆斯·D. 穆尼,仍寄希望避免更大范围的战争。1939年10月,希特勒的首席新闻官奥特·迪特里希请美联社柏林分社社长洛克纳帮忙安排希特勒与穆尼的会面,穆尼正在全球巡视通用公司的工厂,当时正好来到德国站。迪特里希说,这次会面的目的在于了解美国能否帮忙消解德国和英法之间的矛盾。很显然,德国人的另一个目的就是阻止美国参战。洛克纳在"一战"期间是一名和平运动的积极分子,他答应了迪特里希的请求——尽管惊讶于迪特里希居然向他求助,因为对方很清楚"我是坚决的纳粹反对者,决不妥协"。

10月19日,穆尼见到戈林,后者对德国与英美法之间达成一致的愿景表示犹疑。在巴黎,穆尼将他和戈林的谈话向美国驻法国大使威廉·布利特进行了转达,大使对穆尼试图寻找协商解决冲突的主意表示不屑一顾。12月22日,罗斯福在白宫会见穆尼。这位大商人将总统耐心听完他的想法的举动当成了他可以继续非官方探索的暗示。

1940年3月4日,也就是希特勒会见完韦尔斯两天后,穆尼被领进总理府与希特勒会面。很明显,纳粹党仍然相信穆尼会听从他们的建议担当调解员的角色。希特勒也十分看重穆尼,称德国愿意尊重英国作为世界大国的地位,只要德国也能得到同样的尊重。他还宣称,这将有助于与罗斯福总统签订裁减军备和建立新的世界贸易秩序的和平协定。在见了更多的德国官员后,穆尼就谈话内容向罗斯福发送了五条消息。在4月2日的一封回信中,总统对穆尼表示了感谢,表示这些信息对他具有"真正的价值"。

但是穆尼没能亲自见到罗斯福总统，以充分表达自己的看法。他相信，是总统的助理哈里·霍普金斯和其他他认为正在努力推行绥靖政策的人在处处阻挠他。在认识到自己无力影响事态的发展后，穆尼给罗斯福总统写了一封信。他在信中流露出几分失意，表示很遗憾没有"机会向您论证我们该如何回到去年冬天彼此都坚信的道路上来"。他还补充说，"我还是希望在对英战争爆发以前——这看上去很快就要发生了……也许我能让您对采取和平立场产生兴趣。"

有趣的是，处处帮助穆尼的洛克纳很明显也怀着同样的希冀。他确实是反纳粹的，但在本质上仍是一名和平主义者——甚至在德国入侵波兰以后依然如此。

## 善良与残忍之间的奇怪对比

韦尔斯是完全准确的：一切决定都已尘埃落定。4月，希特勒的军队袭击丹麦和挪威，5月入侵荷兰、比利时和法国，这节节胜利的节奏甚至让那些对德国的意图早有预见的驻站柏林的美国记者和外交官们都大吃一惊。4月9日，德国外长冯·里宾特洛普宣称，英国很惭愧"公然侵犯了一个中立国"，德国的军队只是在保护这些国家免受英国的侵略。听到这些言论后，夏伊勒承认："这太令我震惊了。我应该见怪不怪才对——尤其在希特勒的土地呆了这许多年后——但我确实被震惊了。"

在希特勒的军队开入的第一天，丹麦就投降了。哈许搭乘一架德国的运输机飞到哥本哈根，在当天快结束时发出报道："我从没想到我会见到一个如此悲戚的民族。"他发现丹麦人的"身心都被摧毁了"。夏伊勒在柏林广播说，德国人期待挪威人也能这么快就投降——但在这一点上他们错了。挪威人在英国皇家海军和英法盟军的支援下，在海陆两线奋勇还击。4月14日，夏伊勒在日记里记录了他的想法，而这在广播里是永远无法通过审查的："希特勒正在欧洲种下恶果，总有一天这会毁掉他和他的民族。"

还没有等到挪威的战争结束，希特勒就在5月10日发动了对低地国家（荷兰、比利时、卢森堡）的侵略。用夏伊勒的话说，"这部德国压路机"看上去已经无人能挡了。德国当局也有足够的自信允许美国记者加入到5月20日在比利时的行军部队中来。"这是每个新闻人的梦想，尤其自从5月10日德国经由荷兰向比利时发起大规模进攻时，希特勒展示了令人惊叹和生畏的军事力量。"作为三名随军记者之一的洛克纳在当天发回纽约的报道里写道。

洛克纳对于随军采访很兴奋，他惊叹于德国空军彻底变革了传统作战方式。他向读者解释说，纳粹空军先派出侦察机评估敌军兵力，然后再发动"让人恐惧的"斯图卡式轰炸机。轰炸机"疯狂地向敌军俯冲"，轰炸过后，步兵团以"无惧死亡的勇气"紧跟其后，将敌军彻底击溃。

至于人员伤亡，洛克纳倾向于相信自己的所见。他告诉读者，他目睹了"人类的悲剧，第一次窥见现代战争带来的恐惧，以及德国人的善良与残忍之间的奇怪对比"，但他更强调前者。他报道说，一路上有很多"沮丧的平民"，但是德国士兵"看上去对儿童都很友好，对成人也彬彬有礼"。他继续说，普通德国士兵都是"坚强的、不屈的、甚至是可怕的斗士，但与此同时，他们也有着常人的情感"。

如果说洛克纳由于德军的陪同而对目睹的一切有些过分轻信的话，那么夏伊勒——他在同一时间来到比利时——则更加谨慎。他在无线电广播中报道说，他在安然无恙的首都布鲁塞尔见到的比利时人对他说"德国军队的行为是对的"。但是夏伊勒强调，他在街头见到的比利时人看上去都"茫然、痛苦和悲伤"。英国部队在卢万大学城的住宅区建立了军事总部，战后这里成了"一片惨不忍睹的景象"。他吃力地穿过另一个比利时小镇圣托德的废墟，快速地记录着："房屋被毁……一片废墟……痛苦的比利时平民……女人们在啜泣……她们的男人呢？……去哪里了？在这里房屋被肆意摧毁……斯图卡式轰炸机是无心的……还是故意的？"

夏伊勒在他的日记里写道，他和同事们期待卢万的居民能告诉他们德军是怎样毁掉这座城市的。"但是看到德国军官和我们一起，他们就变得躲躲闪闪，表现得很害羞，什么都没告诉我们。"他写道。一位德国的修女回忆道，5月10日，当德国的炸弹毫无征兆地从天而降时，她和65个孩子在修道院的地窖里缩成一团。她强调说比利时从未发生过战争，也从未有过任何可能招来这种袭击的挑衅行为。这时，她注意到，有几个德国军官正看着她和美国记者交谈。

"你不是德国人吗？"其中一名军官问道。

她给出了肯定回答，并且赶紧用受到惊吓的语调补充道："当然，作为一名德国人，我很乐于见到德国部队所向披靡。"

洛克纳从来不提陪同他们的德国军官所造成的恐吓效果，以及这将如何影响到他所听到的内容的真实性。他和其他两名记者——《纽约时报》的基多·昂德里斯以及国际新闻社的皮埃尔·赫斯——受到了德国宣传部的军官卡尔·勃姆的特殊对待。在前往新的占领国的路上，勃姆让他们坐在自己的车上，这样他们总是最先抵达。而其他记者的车跟在后面，并且被要求必须遵守每小时25英里的官方限速。其他记者抱怨"特权三人组"与勃姆和纳粹过从甚密，尽管那三人回应这只是为了工作便利。"一些记者指控洛克纳和赫斯有亲纳粹倾向，因为他们在旅途中和工作上都比其他人享有更多的优待，"那个秋天来柏林接替夏伊勒的哥伦比亚广播公司记者亨利·弗兰纳里写道，"但是我一点不觉得这是对的。"

在描述希特勒的野心时，洛克纳则毫不犹豫和含糊。在驶过1648年威斯特伐利亚和约的签订地点门斯特时，洛克纳向纽约发回报道称，希特勒计划"强迫英法的代表匍匐着"听命于他，"换句话说，希特勒现在已经不仅仅满足于清除掉《凡尔赛和约》最后的痕迹"，"他在追溯1648年德意志民族神圣罗马帝国被分裂成很多个公国和小国的时候"，其目的是"修正当时的错误"。

在与洛克纳和其他随军记者见面时，曾迅速征服比利时、接着又在法国获胜的第六集团军司令瓦尔特·冯·莱歇瑙将军流露出了信心。"每一位德国士兵都知道他在为什么而战，"他宣称，"这对于德国来说是生死存亡的大事。我用他们的母语和很多法国、英国囚犯交谈过。他们很茫然。我们的战士对我们的军队领袖有绝对信心，而他们没有。因此战争的结果也就毫无疑问了。"

战争爆发后，美国驻柏林大使馆接管了英法两国的权益。在《海牙公约》的条款下，美国大使馆的外交官有权监管被关押在集中营的英法囚犯。在德国的军用机转向东线以前，很多英国战机就已被击落；而在边境的袭击中，德国俘虏了很多法国战犯。当战争真正开始时，囚犯的数量自然也跟着迅速增长。这都意味着，美国外交官们很了解被俘的飞行员和士兵的精神状态。

"与英国人相比，法国人有一个明显的不足，"雅各布·比姆写道，"比如说，法国军官对他们的下属毫不在乎，战败论广泛传播……但在英国人中间，严格的纪律和高昂的士气依然盛行不衰。"

6月14日，德国陆军进驻巴黎。6月22日，一个法国代表团与德国在贡比涅的一节火车车厢里签署停战协议，这也是1918年德国与协约国签署投降协议的那节车厢。从陷落不久的巴黎回来后，夏伊勒在日记里写道，除了少数情绪以外，"法国根本不曾反抗，即使有过，也找不到任何证据可以证明"。希特勒决定在贡比涅举行这一仪式，而不是洛克纳所预言的门斯特，但他说对了的一点是，希特勒确实决心清算德国的历史旧账。

其他在德生活的美国人也可以从个人的观察中佐证，彼时的希特勒在战场上连战连捷，野心不可谓不大。在法国投降不久后，希特勒去巴黎荣军院拜谒了拿破仑的墓地，皮埃尔·赫斯也受邀随同采访。据记者们观察，希特勒陷入了沉思。"他双臂交叉，喃喃自语一些我们听不清的话；他的嘴唇在蠕动，好像在自言自语，有一两次还摇了摇头。"赫斯回忆道。

希特勒回过神来，向前倚靠在栏杆上，俯看着拿破仑的墓地。"我亲爱的拿破仑先生，他们犯了一个严重的错误。"他突然以别人听得到的音量说道。赫斯承认:"这个场面让我震惊,站着的是一位活着的战神,对面的地下躺着一位死去的君主。"赫斯也不能理解希特勒究竟想表达什么。

希特勒指着地下,不断重复说这是"一个严重的错误",他向身边的人解释说:"他们把他放进一个洞里,这使人们不得不俯视这远低于视线的棺材……拿破仑应该被仰视才对,人们应该在头顶巨大的墓碑或石棺面前感受到自身的渺小。"随后,他展现了在集会中常用的一些增强冲击效果的心理学基本技巧,他补充说:"如果你走在街上,人们从一栋建筑物的顶楼看你,他们的印象肯定不会深刻。他们必须仰视;你必须成为位于所有视线之上的焦点。"

如果说听众仍对他所谈论的对象有任何不解,那他很快就会替他们释疑。"我绝对不会犯这样的错误,"他宣称,"我知道在死后如何保持人们对我的关注。我是他们必须仰视的元首,他们回家后必须谈论和铭记的人物。我的生命不会以死亡的形式终结。相反,死亡只是一个开始。"

## 女性与家庭政策

7月19日,希特勒站在国会的讲坛上,实际上只是在自我夸耀——与会的不只有他的纳粹追随者,还有外交使节团和外国媒体。"希特勒得意扬扬地站在事业的巅峰,尽情享受着他的胜利,"哈许写道,那是一个"在场的人永远不会忘记"的场景。这名纳粹领袖对将军们进行了提拔和授勋,并戏剧性地从国会主席戈林就座的议长桌的角落里捡起一个小盒子,里面装着镶了钻的铁骑士勋章序列之一的"大十字"勋章。希特勒将这枚勋章授予他忠实的追随者戈林,并将他的军衔提升至帝国元帅。这是高于其他所有陆军元帅的一个特殊军衔。

然后,希特勒将话题导向了英吉利海峡。温斯顿·丘吉尔接替张伯伦成为英国首相时，正是德国入侵"低地国家"之时。希特勒谴责丘吉尔是一名好战分子。但是他也宣称，签订和平协定仍存在可能性。"我认为我有资格发出这样的呼吁，因为我不是作为战败方来乞求恩惠，而是以理性名义来谈判的胜利者，"他宣称，"我看不到这场战争必须继续下去的任何理由。"

国会大厦瞬间爆发出热烈的掌声。哈许站在亚历山大·科克旁边，后者表现出"一副倦怠的神态"。一名德国外交部官员冲到这名代办跟前，"哦，大使先生，你不觉得很棒吗，现在我们要休战了！"他大声宣称。科克无意落入对方的政治圈套，夸张地用手挡住嘴打了个哈欠，不作任何回应。"我饿了，"他说，"哪里能找到吃的？"

根据大部分在柏林的美国人记录，普通大众并不像他们的领导人所期待的那么欣喜若狂。在巴黎沦陷当天，威廉广场的喇叭高声放奏纳粹党党歌，广场两侧分别是希特勒的总理府和宣传部，旁边是戈林的空军指挥部。哈许观察了当时的场面，出现在广场的群众不超过一百人。兴奋的广播员宣布，德国军队正行进在巴黎的协和广场上，随后播放了国歌《德意志高于一切》。"这一小群人伸出右臂，敷衍地行着纳粹军礼，"哈许回忆道，"等喇叭安静后，大家都走开了。没有欢呼，也没有人发出愉快的惊叹。"

但哈许认为，没有欢呼并不意味着——如许多西方国家所期待的那样——德国人士气低落。"从1940年仲夏开始到整个秋天，各色战利品源源不断地涌入德国。这使得很多德国人相信，战争是有利可图的，胜利能让他们光秃秃的饭桌上和空空的橱柜里摆满全世界的好东西。"他写道。这可比纳粹官方的宣传要有效得多，"戈培尔博士让荷兰的奶酪、比利时的蕾丝和巴黎的丝绸为他代言。"

可以肯定的是，柏林街上突然出现的丝袜女郎和大量涌入的食品和衣物并没有持续多久。物资仍按限额配给，此外工作制度变得更加苛刻。哈许、夏伊勒和其他人还指出，大部分普通德国人确实期盼和平——但只是在他们的领导人、也就是希特勒意志下的和平。如果可能的话，他们希望避免更多的战争，但在任何情况下他们都更想得到胜利。很多德国人在他们占领的地区晋升到了比在国内所能期待的更高的职位——并且很快适应了新岗位。"这些德国人不仅获得了切实的财富，还在各方面都认为自己已经是永久的特权公民。"哈许解释道。

德国的接连获胜也让一些早期的怀疑者成为忠实的支持者。《芝加哥论坛报》的记者舒尔茨讲述了一个她认识的"狂热的反纳粹的"教授妻子的故事。她儿子在加入希特勒青年团后，就被盖世太保以同性恋的罪名逮捕。父母心急火燎地向舒尔茨求助，她建议他们去找一个好的纳粹律师，并准备向纳粹进行一大笔捐赠。为此，舒尔茨还安排了一顿丰盛的晚宴，托她的一名纳粹联络人邀请了一名党内高官出席，趁机向他求情。最后，"靠着作伪证和行贿，"舒尔茨写道，"那个男孩被释放了，免受了那名高官所描述的集中营的'地狱'之苦。男孩的父亲也加入了纳粹党以表忠诚。"

然而，当德国入侵挪威时，男孩的母亲非常兴奋地找到舒尔茨。"也许这意味着我们应该支持纳粹主义——它让我们变得强大。"她告诉舒尔茨。舒尔茨对她的转变感到惊讶。"纳粹主义给我们带来了伟大的军事胜利，而且它还会给我们带来更多。"基于这些经历，舒尔茨总结道："这个德国女人的内心深处有一股征服欲。"在1944年出版的《德国将卷土重来》一书中，舒尔茨预言，一旦德国战败，很多这样的妇女将会感到幻灭，"不是对纳粹主义的幻灭——而是对它的失败的幻灭"。

作为柏林为数不多的女性记者，舒尔茨对纳粹的女性和家庭政策尤其感兴趣。她指出，纳粹一边破坏着这个国家和人民的安全，一边通过诉诸她们的情感和危机感，巧妙地赢得了很多女性支持者。

在早期，纳粹党推崇原始的男性生殖力。"我看到纳粹用各种方法去唤起人们的性本能，"舒尔茨写道，"群众大会详细讲述了男女交媾的过程。为了示范，他们甚至让纳粹冲锋队员们列队走出大厅。他们很快就能等来性伙伴：德国女人们早就在会场外等候。"希特勒一心要提升德国的出生率，报刊亭展示着"印满了裸体男女的书刊和杂志"，据新来的哥伦比亚广播公司的记者弗兰纳里的观察,"很明显这都是纳粹德国的策划,目的只有一个。"

随着越来越多的男人远赴外地服役并客死他乡,尤其是在1941年入侵苏联以后,德国当局开始加紧提倡生育,鼓励处在任何婚姻状态的女性多生育。"私生子这个词必须从德语里剔除,"劳工部部长罗伯特·莱伊宣称。弗兰纳里报道说,如果妇女想要提高社会地位,可以合法地让小孩沿用在战争中牺牲的烈士的姓名。当纳粹宣传员声称未婚母亲生下了"德意志小英雄"时,舒尔茨指出,其实他们真正的父亲往往是"那些小秘书、文员和女售货员的已婚老板"。这都导致这一阶层的妇女"非常拥护纳粹主义,因为纳粹党能保护他们的私生子。"她补充说。

美国记者注意到了另一个趋势:那些被认为体格上或精神上不健康的人都神秘消失了。在1940年12月11日的广播中,弗兰纳里提到,德国宣称英国的轰炸机袭击了德国西南部的一家疗养院,希特勒也在一次演讲中补充说,英国人本来的目标是医院。弗兰纳里总结说这一切都为了掩饰他们"谋杀了那些精神病人、残疾人、绝症患者甚至是老人"。

在莱比锡,弗兰纳里从一个年轻人那里听说,他对城里成倍增加的讣告感到怀疑,因为讣告里往往包含这样的措辞:"在失踪几周后,我们收到了他死亡和火葬的消息,让人难以置信。"这位年轻人拜访了一些家庭,发现每一起事件中的死者都来自同一家机构。弗兰纳里打听到,所有讣告的措辞完全相同,但是纳粹官员否认任何谋杀行为的存在。但他们用另一种方式间接承认了事实真相:之后的讣告都避免采用这样引人猜疑的用词。

1940年10月,当弗兰纳里刚被派遣至柏林的时候,他几乎还不是一名坚定的反纳粹人士。"我曾经也是一个思想开朗的人,并不认为纳粹德国是美国的威胁,我认为我们至少还可以与希特勒有商业往来。"他回忆道。但在希特勒的德国待了几个月后,他变得远没有这么"开朗"了。

## 纳粹的美国宣传员

虽然弗兰纳里和他的许多同事都发现越来越难以隐藏对纳粹行为与日俱增的痛恨,但另外一小群美国人远离国土来到柏林却是出于相反的原因:他们签订了工作合同,为德国电台的英语广播频道播音,充当纳粹的美国宣传员。

在有些情况下,他们似乎仅仅是受到了机会主义的鼓舞。爱德华·德兰尼是一名失败的演员,他在澳大利亚和南非尝试过多份与舞台和电影相关的工作,还为芝加哥的米高梅电影公司做过一些公关工作。为了尝试新鲜事物,他于1939年夏天来到柏林,并结识了外交部的汉斯·舍默尔。据德兰尼回忆,舍默尔称他正在寻找能够传达德国的"人情味"的播音员,"以抵消那些对德国知之甚少或一无所知的人所作出的负面批评"。

德兰尼声称,他确定他的工作与戈培尔的宣传部并无瓜葛,但这只是一种无力的澄清。美国人都非常清楚为什么他会抓住这个机会。"他(舍默尔)提出的报酬还不错。"他回忆道。很快,他就开始谴责英国人"荒唐的蓄意谋杀",并公然抨击罗斯福将美国推向了战争的深渊。后来,他为自己的行为辩解,理由是他实际上只是美国孤立主义运动的代言人和对与纳粹相对立的共产主义的危险性发出警告的先驱者。夏伊勒在1940年9月26日的日记里写下了对德兰尼的看法:"他对犹太人有一种病态的敌意,但另一方面他也是一个性格软弱的家伙,他在对纳粹的宣传进行播报时从来也不加质疑。"

在夏伊勒对于美国宣传员们的简短评论里,他称弗雷德里克·卡尔滕巴赫"大概是最好的一个了,实际上也以一种虔诚的狂热信仰着民族社会主义,当他人与之意见不合时,他坚持斗争到底。"(注意不要混渚卡尔滕巴赫与经常来德国并采访希特勒的有名的美国无线电播音员汉斯·V.卡尔滕伯恩。)在夏伊勒战后的小说《背叛者》中，有一部分内容就是基于卡尔滕巴赫的故事而创作，尽管小说的主人公也结合了一些其他美国宣传员的特点。这部小说远没有他的非虚构类著作《第三帝国的兴亡》那样引人关注，但却为研究那些走向反面的美国人提供了有趣的证据。

1895年，卡尔滕巴赫出生在爱荷华州的迪比克，他的父亲是一名德国屠夫，后来移民到了美国。在他十几岁的时候，他就感觉到来自父亲家乡的感召——1914年"一战"爆发时他和他的兄弟阿道夫一起走遍了德国。尽管德国警察不止一次以疑似间谍的理由逮捕他们，他还是在题为《骑着自行车走遍祖国》（*Through the Fatherland on Bicycles*）的日记中记录了他们的冒险经历。后来，他对他的德国雇主说，这次旅行令他"被一种强烈的情感所占据"，这次经历使他同时爱上了德国和美国，并希望促进两国的友好关系。

回到爱荷华以后，卡尔滕巴赫成了迪比克中学的一名教师，但是1933年他遭到了解雇，原因是他成立了"远足俱乐部"。这几乎是希特勒青年团的翻版，而且俱乐部也以褐色T恤为统一服饰。在该事件之后，卡尔滕巴赫回到德国，他很快就对德国的新统治者们充满了兴趣。1933年6月25日，他给在美国的家人寄了一张明信片，上面印着身穿制服的希特勒，十字肩章非常醒目，看着远方，俨然一副统帅模样。上面的文字是："帝国总理：阿道夫·希特勒。"卡尔滕巴赫的笔迹被挤在一方小小的空间里，但他用简短的话语表达了内心的迷醉。

亲爱的人们：

现在我身边热闹极了——真带劲，我在看，在听。我马上就要看到士兵换岗了。你们真该来瞧瞧那些穿着制服的纳粹士兵，享受一下这里的夜生活。酒店每晚只要65美分，吃顿饭只要1马克，自动售货机的三明治加饮料只要2.5美分。你们还得看看这儿的宫殿、博物馆、动物园和电影院，去施普雷森林参加纳粹的庆祝大会，接着去波茨坦，也许再去趟但泽。

爱你们的，<br>弗里茨

卡尔滕巴赫是第三帝国时期最早为德国广播电台工作的美国人之一。他有一档广播节目送给"亲爱的哈里"，哈里是他假想的一位爱荷华的朋友，在节目里他力劝他的同胞们睁开眼睛，看看希特勒时代的德国的优点。

相比之下，道格拉斯·钱德勒在为德国电台工作的美国人中已经算是后来者，他在1941年的春天以"保罗·列维尔"的名字开始了他的广播生涯，不过他给自己起这个名字不仅仅是出于刻薄。"罗斯福本身就是西班牙犹太人的后裔，他只是这场针对所有北欧雅利安人的犹太阴谋的一个工具。"他宣称道。钱德勒是一名自由记者，一直带着妻子劳拉和两个女儿在欧洲大陆各国游历，在纳粹政权早期就曾见过汉夫丹格和其他纳粹的宣传员。在柏林，他也拜访过美国大使馆的武官杜鲁门·史密斯和他的妻子凯，而他们早在20世纪20年代中期的纽约就相识了。凯声称，在1929年的股市大崩盘中，钱德勒最初的金融事业也全面坍塌，在那之后他经历了一场"精神崩溃"。

史密斯夫妇的女儿卡琴还记得有次钱德勒一家在午餐时间来访，她对这家两个小女儿"马尾辫加上紧身连衣裙，看上去比德国人还要德国"的装扮印象深刻。钱德勒告诉凯他正在考虑要不要为他自己和家人争取德国国籍，因为他感觉美国正在向社会主义方向转变。"我告诉他，他就是个大傻子。"凯回忆道。那次会面的氛围相当紧张。后来史密斯夫妇回到了华盛顿。有一天卡琴从广播里听到"保罗·列维尔"的节目，立马就辨认出那是道格拉斯·钱德勒的声音。

1943年7月26日，华盛顿大陪审团在被告缺席的情况下指控六名美国人犯有叛国罪，其中就包括德兰尼，卡尔滕巴赫和钱德勒。几个月之前，德兰尼已经离开柏林，丢下他的宣传工作，搬到了斯洛伐克，后来又迁至布拉格。"二战"末期，他被美国陆军的反情报组织两次拘留，又两次释放。当他最终回到美国，他又再一次被逮捕，但法院却驳回了对他的指控，而他在后半生里一直声称自己因为反共思想遭到迫害。相比之下，卡尔滕巴赫就没有那么幸运。他于1945年7月14日被苏联红军逮捕，10月就死于东德的苏维埃劳改营中。

钱德勒的妻子劳拉于1942年死于柏林，道格拉斯也在1945年的5月在巴伐利亚被美国人逮捕，第二年他被遣送回美国，审讯后被判终身监禁。他的女儿后来曾经给杜鲁门·史密斯写信，问他是否能为钱德勒作证。"杜鲁门给她回信说，很抱歉他不能为任何背叛祖国的人作证。"凯·史密斯回忆道。但是这位忠心的女儿继续为父亲游说，又在1963年7月向肯尼迪总统求助。8月5日，肯尼迪为钱德勒减刑。出狱之后，钱德勒将这个他曾背叛的祖国抛诸脑后，在加那利群岛上的特纳利夫岛度过了最后的人生。

不是只有美国的宣传员会在这场迅速升级的战争中选择阵营。米尔德里德·哈纳克从小在威斯康星州长大，后来认识了德国交换生阿维德·哈纳克，并与他结为夫妇。米尔德里德是玛莎·多德在柏林期间最亲密的美国朋友之一，和玛莎一样，她也对苏联着迷不已，认为苏联的体制可以用来替代当下的纳粹独裁政权。即便是"纳粹—苏维埃条约"也没能动摇她对斯大林体制的信心，她坚信那是优于希特勒政权的选择。到20世纪30年代末期，她和丈夫加入了一个由致力于削弱纳粹政权的反派分子组成的松散的情报网，也就是后来被盖世太保称为"红色乐队"的情报组织。

由于这项事业越来越危险，也就不难理解为什么米尔德里德会在1939年10月同时向洛克菲勒和古根海姆两个奖学金项目提交申请。如果任何一个申请成功，她就很可能会回到美国，从事她所在的美国文学研究领域的写作。但古根海姆基金委员会认为她还只是"一个初学者"，所以她的两项申请都没能成功。

米尔德里德的一项工作是为德国的一家出版商寻找合适的英语书籍，这就让她有机会周游欧洲各国。一些零星的证据表明，在这些旅行中，她可能帮助了一些犹太人和其他人逃离德国。她的丈夫阿维德在经济部工作，也有很多机会旅行和接触外国人。他和美国大使馆的一等秘书唐纳德·希思成了特别好的朋友，米尔德里德还为希思的儿子辅导过功课。希思向华盛顿汇报说，他从一个"机密"又"高层的"消息来源了解到德国人如何评估他们的经济实力。直到战后，希思才告诉他的家人阿维德就是那个消息来源。

米尔德里德·哈纳克的传记作者沙伦·布莱尔·布莱塞克指出：从阿维德与希思的关系来看，阿维德认为自己是"德意志的爱国者"，愿意与美国或者苏联合作——换句话说，就是任何能帮助推翻希特勒政权的人。"哈纳克从来都不觉得自己是外国势力安插的特工，也不会听命于苏联，"她写道。

不过布莱塞克也记载了一名苏联特工亚历山大·科罗特科夫在1940年9月17日拜访哈纳克夫妇的过程。之前哈纳克夫妇认为柏林的环境太过危险，一度中断了与苏联的联系，而此次科罗特科夫的造访则重新拉起了他们与莫斯科之间的纽带。科罗特科夫给莫斯科方面写信说阿维德愿意提供情报，并不是因为他觉得自己是苏联特工，而是因为苏联这个国家"有他所认同的理念以及他一直在等待的支援"。1940年9月26日，当德国的歼击机和轰炸机在不列颠战场失利之后，哈纳克发出了他的第一份谍报，警告莫斯科方面希特勒计划在第二年初向苏联发起进攻。

哈纳克和包括空军情报员哈罗·舒尔茨-百胜在内的"红色乐队"其他成员曾经多次发出这样的情报——但是斯大林并不相信。这些情报人员冒着巨大的危险，继续收集信息发向苏联，而盖世太保的魔掌已经逼近他们身边。苏联方面无力救援，只能对自己在无线电传输中的重大安全疏漏感到愧疚。1942年的8月末到9月初，德国当局围捕了"红色乐队"的成员和所有的相关嫌疑人，一共逮捕了大约139人，其中也包括哈纳克夫妇。

组织里所有的主要参与者都因叛国罪受审，阿维德被立即判处死刑。起初米尔德里德得到了法官的同情，认为她只是被德国丈夫引入歧途，因此判处她六年监禁，在此期间"剥夺荣誉权"。第一轮宣判在1942年12月22日执行，阿维德、舒尔茨-百胜和其他两人一起被绞死。随后，情报组的其他四名成员也被送上了断头台。

不过米尔德里德最终还是没能幸免，又被再次送上了审判席，新的指控是她曾经勾引一名谍报局的中尉，以便窃取国家机密。这项耸人听闻的罪名很快就令她被判处死刑。米尔德里德·哈纳克是唯一一位被盖世太保执行了死刑的美国女性，1943年2月16日，她在柏林的普劳茨恩斯监狱被送上断头台，留下的最后一句话是："我深爱着德国。"

## 东征苏联

大部分在1940年和1941年间仍然待在德国的美国人当然既不是叛徒也不是抵抗政府的战士。不过和罗斯福政府一样，这里的外交官和记者们也越来越敢公开选择阵营了。英国皇家海军赢得了不列颠之战，也迫使希特勒放弃了入侵英国的计划，也就是所谓的"海狮行动"。在柏林的美国人看着希特勒的战争机器取得了一次又一次的胜利，而如今终于等到这个结果，无不欢呼雀跃。虽然外交官和记者们扮演着不同的角色，但他们彼此都明白大家在为一项共同的事业而奋斗。柏林大使馆的一名武官约翰·洛弗尔上校轻松招募到一些美国记者，只要看见有士兵经过柏林，就帮他记录下他们衣领和肩章上的编号。"每发现一个新的号码，我们都会向约翰汇报。"《基督教科学箴言报》的哈许回忆道。

因为洛弗尔清楚哪些部队被部署在西线战场，所以他认为如果这些战士开始在柏林出现，就表示这些部队在向东移动。那时哈许已经从阿德隆饭店搬到了一栋叫作色格拉弗朗盖斯的房子里居住，这里已经被美国大使馆接管，洛弗尔和使馆的其他几名职员也居住在此。12月的一个晚上，洛弗尔邀请哈许去参加一场为德国的东部和东南地区的邻国武官们所设的晚宴。这顿法式晚餐还包括一道稀罕的苦苣沙拉。晚餐过后，洛弗尔邀请这些客人去他的图书馆，他摊开一张东欧地图，就德国军队的部署和战备情况做了一番评估，然后邀请大家给出各自的意见。他补充说，德国部队可能会往东或往南移动，不过他认为他们更可能会往东——进攻苏联。

来自匈牙利、罗马尼亚、南斯拉夫、保加利亚和希腊的几位武官在某些问题上做了小小的修正，但基本都同意洛弗尔的评估。他们也一致认为德国部队像是在准备东移。随后苏联武官走到地图跟前，表示自己差不多完全同意洛弗尔对于德军部署的分析，但他声称德国这架战争机器下一步很可能是往南移。不过他也警告说，如果他们真要对付苏联，"这可不是周日漫步那么简单"。

事实上，希特勒在放弃入侵英国的计划后就开始追逐他的另一个梦想：迅速征服苏联。这样就可以进一步孤立英国，让他们知道，德意志的胜利是不可阻挡的。《芝加哥论坛报》的舒尔茨记者回忆起她与德国宣传部的卡尔·勃姆就当时的时局展开的一次对话。言谈间，他并未提到入侵苏联的计划，却暗示德国会在苏联内部策动一场夺权。"想象一下我们该怎么利用俄国的资源，"他宣称，"他们和美国一样都在暴殄天物。"舒尔茨说自己紧接着就问他德国是否也在计划掌控美国的资源，他回答说："哎呀，是的。"

也许勃姆有些卖弄的成分。事实上，尽管罗斯福对英国的支持力度越来越大，希特勒还是没有放弃阻止美国参战的希望。1940年12月7日，罗斯福宣称"美国的最好的直接防御就是大不列颠的胜利。"在12月9日的炉边谈话中，他谴责了纳粹想要"称霸世界"的野心，发表了那篇著名的演说，承诺美国将是"民主政治的超级军火库"。这一切都为他在1941年3月11日签署生效的《租借法案》打下了基础，该法案同意向英国输送大量的军事装备和其他物资。但希特勒还是执着地相信，自己入侵苏联的计划会让美国在德军的威慑之下放弃欧洲，包括他们的英国朋友。

1941年6月22日，希特勒的军队发起"巴巴罗萨行动"，进攻苏联。斯大林不但不相信自己的间谍，也无视英国和美国的一切警告。因此，战争一开始，德国部队就轻松战胜了措手不及的红军，很快深入苏联腹地，看上去希特勒的如意算盘又要实现了。在1941年8月4日的《生命》杂志上，美国最权威的军旅作家哈森·W.鲍德温坚称，"二战"的结果取决于东线的战况。他宣称，如果德国的作战计划成功，就意味着他们已经"征服欧洲"，英国也就注定灭亡。他也讨论了希特勒的军队战败或者被持久而又昂贵的战争拖垮的可能性。"但基于以往的经验——基于我们对红军的有限的认识和他们第一个月的表现——我们可以预计德国会在俄国取得又一次迅速果决的胜利。"他总结道。

然而对于在德国生活和工作的美国人而言，希特勒的乐观预计看上去越来越不现实。随着希特勒的部队继续远征，他们发现国内的局势也越来越紧张。希特勒的土地上的生活正在发生变化——对美国人如此，对德国人也是如此。局面越来越恶化。

## 柏林并非无懈可击

在1940年8月和9月期间的不列颠之战中，虽然英国皇家空军的轰炸机几乎没能伤及柏林，但是第一轮突袭足以撼动柏林人民的自信，因为他们原以为柏林城无懈可击。9月10日，柏林经历了夏伊勒所描述的"最严重的一次轰炸"，燃烧弹正好击中位于阿德隆饭店和美国大使馆之间的军需部。尽管大火在造成更大的破坏之前就被扑灭了，但是仍然有很多地方遭到了殃及，其中包括阿德隆饭店的院子和大使馆的花园。那天晚上，夏伊勒在完成广播报道后，在夜色中赶回阿德隆饭店。突然他的车子撞到了一堆残砖断瓦，滑向一侧，终于在离一个崭新的弹坑20英尺的地方停了下来。"我昨晚差一点就没命了。"他在第二天的日记里写道。

根据夏伊勒的记录，唐纳德·希思在大使馆经历了更加惊险的一刻。那枚炸弹的弹片穿透了200码远的希思办公室的双层玻璃窗，越过他的办公桌，深深扎进了墙壁。当天的希思本来要值夜班，但是大使馆代办科克给他放了假。

德国媒体在头条新闻上大肆宣扬要进行报复，宣称这些轰炸的目标只是儿童、医院和平民。伦敦人民生活在闪电战的真实恐惧之下，而柏林人民也认为自己的国家正在经受同样的遭遇。"英国人趁夜袭击了21名德国儿童——血债必须血偿！"一家报纸这样宣称。另一家报纸也警告称："暗杀不属于战争范畴，温斯顿·丘吉尔先生！——不列颠岛上的杀人犯们将自食恶果。"

不列颠之战后的一段时间，在柏林的美国人奇怪地感觉到，现实中的战争似乎离他们很遥远。"除了纳粹演说家的演讲……除了一些狂热的外交活动和军事活动的传言以外，我们几乎不知道1941年早期还有一场战争正在进行中。"弗兰纳里回忆道。美国人注意到，那段时期的柏林街头还没什么伤兵。"但是对苏联行动开始后，我见到主干道的每一个街区都是伤员——那些年轻人用吊带吊着一只胳膊，而另一只已经不见，只能拄着拐杖或手杖，有的则失去了一条腿。"弗兰纳里补充道。

一天，当弗兰纳里来到一个报摊时，听到报摊老板在问一个女人是否一切安好。她用一种空洞的声音回答说："不，我刚刚得到坏消息，我必须给正在上班的丈夫打个电话。你也知道，我们已经在波兰战场上失去了一个儿子，第二个牺牲在法国战场上。现在他们告诉我，约翰也死了。他是我们的最后一个儿子。他永远地留在了苏联。"

即使在德国对苏战争中取得早期胜利时，报纸也明确表示过，战争的代价极其高昂。据弗兰纳里估计，几乎一半以上的德国家庭都遭受了损失——他发现人们变得越来越沮丧。随着英国皇家海军的轰炸愈发激烈，德国人民的士气也日益低迷。自从1940年11月夏伊勒离开柏林后，弗兰纳里就接替他成为哥伦比亚广播公司柏林站的全职广播员。一天，当他准备离开牙医诊所时，听到电梯小姐在抱怨战争的艰难。"我的上帝，我的上帝啊，"她告诉他，"为什么？为什么？这一切都因少数几个人而起。"

弗兰纳里注意到，炸弹不止一次落在自己所在的街区。一天晚上，洛弗尔上校在位于动物园附近的大使馆屋顶目睹了一场空袭。炸弹的落点离他很近，他赶紧趴下。"我以为我死定了。"他说。

西格瑞德·舒尔茨发现，战争还在其他方面引发了一些微妙变化。在从柏林开往巴塞尔的火车上，她与一名纳粹空军上校坐在同一个隔间。上校就战争如何改变家庭关系的话题侃侃而谈。"我爱我的妻子和孩子，"他说，"但是当我们的战士回到家中时，家人讨论的话题却是他们分到了多少土豆，以及防空洞里，其他人吃的是什么三明治。"言下之意是：德国军人对他们眼中的家庭琐事没什么耐心。

早些时候，舒尔茨曾和一个女人聊天。在她身上似乎并不存在困扰着很多平民的物质问题；她全身都散发出一种自信。"我从事的是与战争有关的工作，我是一名整形外科医生，"她说，"我理应赚大钱，我每天都在辛苦地工作，美化女人们的胸型。"

当舒尔茨问她这与战争有什么关系时，她回答说："哎呀，当那些德国男人从法国和巴尔干半岛回来时，会挑剔老婆的身材了。这些纳粹党徒都很有钱，你也知道，所以我就给她们做手术。"

大部分德国人都不再对速战速决抱有希望，不仅如此，他们还产生了更加严重的忧虑——自身的温饱问题，尤其是在过冬时节。留在德国的美国人都很清楚，对于犹太人来说，早在战争和轰炸开始以前，恐惧就已经开始了。

年轻的美联社记者安格斯·图蒙一开始租住在柏林一栋公寓的四楼，他的楼下是一户犹太家庭。他回忆称，有一天一个女人从三楼的公寓里出来，试图投井自杀，但是被人阻止了。一天以后，图蒙看到他家的门锁被撬掉了，而一张盖世太保的封条贴在门锁的空洞上。又过一天，图蒙发现门开了。他走进去，发现一个"雅利安"家庭正在四处察看。在梳妆台，他们找到了一些罐装食品。"哦，瞧那个，看他们吃得有多好。"其中一个德国人说道。

直到几十年后，一些美国人的心中仍有一种萦绕不去的愧疚感，因为他们当时并没有理会犹太人的求助。据图蒙回忆，有人在一个深夜敲他的门。开门之后，他看到一个瘦小的男人，穿着一件印有一颗黄色星星的外套，脖子上戴着从上一场战争中赢得的荣誉勋章。"请问你能否给我换些美金，我可以付给你马克。"他说道。图蒙试图解释道，尽管他在美联社工作，已经不是学生，但他仍然享受着针对留学生的优惠汇率。他的意思是，他已经"违规操作了"，不能再冒更多的险了。来访者失望地离开了。

1941年10月夜里，从合众社辞职、跳槽到了哥伦比亚广播公司接替弗兰纳里不久的霍华德·K. 史密斯也在凌晨两点听到了敲门声。他的访客是一位和他同龄的犹太人弗里茨·赫普勒，两人在一年前的一次空袭中相识。赫普勒告诉他，盖世太保正在全城突袭犹太人的公寓，明显是为了找存粮。他们也闯进了他的公寓，但由于一无所获就把他放了。上次见面时，赫普勒还无惧无畏，这次却很担惊受怕。"终于要发生了，"他说道，暗指犹太人将遭到围捕然后被驱逐到东部，"我知道，他们一旦失势，我们遭殃的日子就会到来。"他请求史密斯帮他逃离这个国家。史密斯给了他一支烟，表示会视情况看看能否帮他弄到一张美国签证，但史密斯断言，他有些危言耸听，随后将他推出门外。

"我当时的麻木不仁几乎是不可原谅的。"史密斯写道。他回忆称，他第二天就忘了赫普勒这回事，甚至根本没向大使馆提起。"如果不是那样的话，也许我能帮到他，以安抚我的良心。"史密斯后来再也没见过赫普勒。

在美国大使馆，凯南和其他外交官常常觉得工作量很大，而且使馆外始终人满为患——1940年，德国政府关闭其他城市的10家美国领事馆，因此人们只能向位于柏林的大使馆求助。"德国本土和被德国占领地区的犹太人越来越绝望的境地，以及帮助他们前往美国的压力都增加了我们的忧虑。"他写道。他痛苦地注意到，他和同事们被置于进退维谷的境地。"这些压力常常来自于美国国会，由国务院传递到了我们身上。国务院迫切希望远离前线，但又不敢向议员提出什么能做什么不能做（有时依据他们自己制定的法律）来帮助这些人。"

当亚历山大·科克于1940年10月离开柏林后，凯南的工作量进一步加重。利兰·莫里斯接替科克成了大使馆的代办，但是他的工作能力远不如科克。因此，实际上的主事者就是凯南。雅各布·比姆是当时在大使馆任职最长的外交官，尽管他还很年轻。他后来写道："时间证明了他（凯南）更善于当一名历史学家，而不是执行官。"不过凯南和大使馆的其他职员还是应该受到称赞，因为他们已经尽了最大的努力维持祖国在柏林的"前哨基地"的运转。除了要代表英国和法国之外，大使馆还承担起那些接连沦陷的国家的利益。这就意味着更多的工作量，也意味着美国的外交官们越来越陷入孤军奋战的境地。

## 美国身份不再安全

美国记者们也同样感受到了孤独。他们中一些很有名的同事均已撤出德国。夏伊勒在1940年12月离开，哈许和舒尔茨也于1941年1月离开。与许多仍幻想着美国能置身事外的同胞所不同的是，那些记者们都相信美国不会袖手旁观。哈许计划写一本书启发他的同胞，所以他必须回到美国。"我觉得是时候回家写下这一切了。在柏林，我无法自由地表达。"他回忆道。

虽然报纸和杂志记者不如他们在电台的同事那样被严格的审查制度所困扰，但也常常遭遇一些潜规则。用皮埃尔·赫斯的话说，最主要的就是"你的言行或者报道绝对不能带有对政府机关或元首本人的诽谤和影射。"虽然赫斯也指出，由于德国人希望将美国排除在战争之外，因此他和他的美国同事们直到1941年中期都是"纳粹最关注的目标",但他仍抱怨称,实际上的审查就意味着记者大部分的信息和虚假信息来源都必须是官方。"其余的一切都是禁忌。"他写道。

哈许认为这种针对美国记者的敌意可以追溯到更久之前——尤其是当罗斯福在1940年11月的大选中打败了温德尔·威尔基的时候。尽管威尔基是一位自由派共和党人,此后也开始支持罗斯福,反对孤立主义,但他在竞选时对当选后所持的路线却发出过模棱两可的信号。他的妹妹夏洛特嫁给了美军驻柏林的海军空军武官保罗·菲尔司令。他们经常举办周日沙龙,邀请德国外交部和纳粹空军的官员前来参加。"我很多次听她说起,如果她哥哥当时赢得了1940年的大选,他一定会阻止美国参战。"哈许写道。

1941年早期,随着美国对英国的军事支持开始加足马力,外国记者的压力也越来越大。表面上他们得到了很多优待。为了满足他们的需求,纳粹成立了两个"新闻俱乐部",供给这些记者美酒佳肴,但俱乐部的主要目的其实是散布宣传,并且监视记者们的动向。盖世太保"对我们每一个人都知根知底,"霍华德·K.史密斯写道,"他们在两个新闻俱乐部里安插了特工,这些卑鄙小人和我们假装亲密。"他们也在记者们经常聚会的其他场所安排了特工,比如阿德隆饭店和泰华尼餐厅。

1941年3月15日,星期六早上七点,七名盖世太保特工出现在理查德·霍特莱特的家门口将他逮捕,然后押进亚历山大广场监狱,罪名是"涉嫌从事间谍活动"。霍特莱特是史密斯的同事,也在合众社柏林分社工作。史密斯和其他人完全不相信纳粹给出的官方理由,"如果他是间谍,盖世太保早就知道了。"史密斯一语道破。

此时比姆已被调回到国务院工作,他认为霍特莱特之所以被抓,纯粹是纳粹想要报复,因为一名德国记者刚刚在华盛顿被捕,罪名也是间谍。不过史密斯认为真正的原因其实更私人也更普遍。他说霍特莱特一直对纳粹满腔怒火——因为他在柏林"战战兢兢地生活了太久"。"当宣传部的那些小官僚在新闻俱乐部的餐厅里又开始他们那套长篇大论的空洞宣传时，霍特莱特再也无法掩饰自己的厌恶，居然愚蠢地在那里摇头晃脑，"史密斯写道，"用迪克自己的话形容就是：他对这些人恨之入骨。"他又说，因为纳粹正想抓个人杀一儆百，震慑一下柏林的其他美国记者，霍特莱特就撞在了枪口上。

霍特莱特被关在一个禁闭室里，里头有一条凳子，一张简易小床，角落里还有一个厕所。从早上六点半到下午四点半，他都不许坐在床上，更不许躺。一开始他也不能看任何读物，为了"防止自杀"，他的眼镜也被没收了。这就意味着他只能长时间坐在凳子上阅读其他囚犯留在墙壁上的文字。这个禁闭室好像经常用来囚禁外国人。有人用英语写道："家，甜蜜的家，亲爱的妈妈你在哪？"另一行是意大利语的"国际歌万岁"。还有一些俄语，不过霍特莱特看不懂。

他的饮食主要包括干冷的黑面包，代用咖啡，豆类，面条或者大麦汤。他发现这所监狱非常的国际化：他的狱友们来自俄国，波兰，捷克，日本和意大利。还有几位天主教牧师。

一开始，盖世太保经常审问他，有时是一天两次。每次他否认自己是间谍，那些审讯的人都会恐吓他。"等你坐在灯光底下冒汗的时候，我们再审你，到时候你就不会这么自信了。"他们告诉他。或者会说："你就在这里坐到认罪为止。等着瞧，不信你不服软。到时候随便我们捏。我们有的是时间。"

不过霍特莱特的待遇与大部分囚犯相比，已经是截然不同，他的国籍和职业还是为他提供了一定程度的保护。美国领事馆的一名官员获准前来探监，给他带来了干净的衣物——尽管囚犯不能用肥皂、牙刷和牙膏，他还是带来了。5月3日，霍特莱特被转到坐落在城市另一处的莫阿比特监狱，那里的伙食更好。当他是美国人的消息传开后，一些模范囚犯开始偷偷塞给他一些剩余的土豆，让他可以抵挡饥饿。很快，他就可以每周从监狱图书馆借到一份日报和两本书。他在那里发现的最有趣的书是《深渊书简》(*De Profundis*)，一本王尔德在英国狱中所写的富有思考的散文集。

7月8日那天，他居然被释放了，被交到一名美国大使馆派来的代表手上，这完全出乎他的意料。他在狱中瘦了15磅，不过这和其他囚犯的通常遭遇相比，简直不值一提。但这也让史密斯和其他同事收到了纳粹发出的信息：美国记者不再是碰不得的——他们最好格外小心。7月17日，霍特莱特悄悄离开了柏林。晚些时候，他描述了自己重新看到纽约的地平线时，心中涌起的自由感："现在我才知道，能够自己开门也是件值得感恩的事，而不是理所当然。"

随着留在柏林的美国记者队伍不断缩水，德国的新闻媒体监管方也不再假装友善。"你们的情况很不正常，"1941年跳槽至哥伦比亚广播公司后，一名宣传部的官员这样问史密斯，"既然我们不欢迎你们，你们也不想待在这里，为什么不离开呢？"据史密斯的回忆，纳粹对无线电广播的公开审查越来越严格，不允许提及任何反犹措施或是处决"捷克的爱国者或法国的'共产主义分子'和人质"的消息。可以播出的东西"乏味之极"，史密斯绝望地说。和其他美国记者一样，史密斯所有的笔记用过就即刻销毁，办公桌上空空荡荡，只留下铅笔，钢笔和墨水。大家觉得任何东西都可能成为记者和线人们的定罪依据。

几个月前回到美国的两名记者的作品已经匆匆出版付印了。1941年6月，夏伊勒的《柏林日记："二战"驻德记者见闻，1934-1941》（*Berlin Diary: the Journal of a Foreign Correspondent, 1934—1941*）在书店上架了。在最后一篇柏林日记里，他承认自己的叙述很难完全不带感情色彩。"我们这些在德国亲历现场的人，看到过纳粹铁蹄践踏之下的欧洲，亲耳听到过希特勒歇斯底里的煽动仇恨的演讲，所以很难一直用历史的视角去看待问题。"他写道。和那个时代所有在柏林生活过的记者一样，他发现自己会经常回到同一个问题上，就是"德国人民奇特的矛盾性格"——以及希特勒是如何做到了对他们的全盘掌控。

美国的许多自由主义者认为："纳粹主义对德国人来说是一种异常的规则和生活，是少数那些"一战"中遗留下来的狂热分子违背他们的意志强加给他们的。"对此夏伊勒不以为然。他承认纳粹从未在哪场自由选举中赢得过大多数的选票，只能算相对多数。"但过去的三四年间，纳粹政权表达了一些深深根植于德国人本性中的东西，从这个方面来说，它很能代表它统治下的人们。"和其他民族不一样，德国人缺乏"平衡感"，他认为，他们内心的矛盾和挫败让他们从一个极端向另一个极端倾斜。魏玛时代是一种自由民主的极端形式，他提出，"现在他们转向了暴政的极端"，因为在20世纪的混沌之中，他们很难"像自由人那样思考和决策"。

夏伊勒由此得出了关于德国人"双重性格"的理论。"作为个人，他可以在星期天的上午来到动物园，拿他自己配额的面包喂松鼠。他可以既体贴又善良。但作为日耳曼民族的一分子，他也可以迫害犹太人，折磨和杀害他在集中营的同胞，对妇女和儿童狂轰滥炸，无缘无故地侵占别国的土地，一旦遇到反抗就进行残酷的镇压和奴役。"

随后，夏伊勒还提到了当时美国最热点的话题：希特勒是否在考虑同美国交战？"我坚信他一定考虑过，并且一旦他在欧洲和非洲战场上获胜，他最终一定会发动对美国的战争，除非我们准备放弃自己的生活方式，屈服于他的极权主义阴谋。"他补充说，专制和民主之间的竞赛，"就像两颗势不可挡地划过天空撞向彼此的行星，是不可避免的"。谈到"美国第一运动"组织和其他孤立主义分子，夏伊勒总结道："林德伯格夫妇和他们的朋友都嘲笑过德国，认为它没有能力进攻美国。德国人欢迎这样的嘲笑，也希望更多的美国人加入他们……"

哈许一回到美国，就为《基督教科学箴言报》撰写了一份由12个部分组成的系列报道，随后结集成书。1941年6月22日，他将成稿交付印刷，同日希特勒的大军开进了俄国。这本书的书名叫《征服的模式》（*Pattern of Conquest*），书里的很多内容都和夏伊勒的观点相呼应——尤其是一些即时信息。"摆在美国人面前的问题非常清楚"。他写道。在这样一个多极争霸的世界里，"美国要么成为霸主，要么臣服于人。"如果美国"默认"德国独大，它将很快成为希特勒的土地上的一颗卫星。"美国还有一个选择，就是和英国站在同一立场，"他总结道，"两国联手无疑可以打败德国。"

赫斯留在柏林，一直为国际新闻社工作到1941年11月，回国后他也将自己的经历写进了书里，书名叫《我们面对的敌人》(*The Foe We Face*)，于1942年出版，那时美国已经参战。赫斯在离开柏林前不久最后一次采访了希特勒——一个月后日本就偷袭了珍珠港，随后希特勒也对美宣战。

他们的会面在"狼窝"进行，这里也是东部战线的总指挥部。赫斯追随着希特勒的古怪步伐，走在一条林中的小道上，这位纳粹统帅举止怪异，完全体现了夏伊勒之前描述的德意志民族的特质。希特勒发现了一只松鼠，就从大衣口袋里掏出一袋榛子。"他的动作很轻，红润的面颊上露出一丝微笑。"赫斯写道。他走近几步，递上几颗坚果，松鼠毫不畏怯地跳进他的手心——这让希特勒很欣喜。看见松鼠抓着榛子跑开，他开口道："是的，如果全世界都像这只小松鼠这样，只管好自己的事就好了。"

希特勒向赫斯吹嘘说，他会比"你们的罗斯福总统"和"丘吉尔那个疯子"扛得更久，斯大林的红军"已经名存实亡了"，赫斯发觉，希特勒在反复提起"罗斯福先生和他的犹太人"时，流露出的不仅仅是轻蔑。他愤愤地抱怨罗斯福"想要统治全世界，剥夺我们在太阳底下的一切容身之处……每次我伸出手，都被他摔下来"。他指责罗斯福处心积虑地要在战争中保全英国。对于人们指控他的罪状，他也越来越愤慨。赫斯觉得"就在那一秒钟，一股冰冷的寒意在我们之间升腾起来"。

赫斯说，就在那一刻他明白了是什么引发了希特勒的这番谴责。"纳粹帝国和新秩序下的欧洲的主人，强大的希特勒，不论从心底还是直觉，都畏惧着美利坚合众国的富兰克林·D. 罗斯福总统。"他写道。赫斯补充道，这也就是为什么"他像一头困兽，想要跳起身来给罗斯福致命一击，瓦解掉他的权力，也瓦解掉他背后这个全世界他最恐惧的国家"。

赫斯的记述也许有几分夸大，因为当时美国正处在参战初期，他想要提振国人的士气，不过他对希特勒最初动机的分析是准确的。希特勒入侵苏联的决定其实是一场赌注，将战争升级是他通往胜利的唯一途径。

第12章

# 最后一幕

## ——美国驻德记者全面撤离

1941年年末的几个月，乔治·凯南在办公室那幅巨大的苏联地图上密切关注着德军的动向，并将其与1812年拿破仑进军俄国的行动进行了对比。"两者在时间和地理上有着惊人的相似。"他评论道。凯南等人当时并不知道，莫斯科战役将成为希特勒军队的第一次滑铁卢。

## 莫斯科与"滑铁卢"

1941年年末的几个月，乔治·凯南在办公室那幅巨大的苏联地图上密切关注着德军的动向，并将其与1812年拿破仑进军俄国的行动进行了对比。"两者在时间和地理上有着惊人的相似。"他评论道。尽管已经有迹象表明，德军在莫斯科的推进并不顺利，但他仍对最终的结果持迟疑态度。但他注意到德国与美国之间的关系正日趋恶化，而且"情况已经失控——不仅是我们（在大使馆拼命工作的我们从未能对事态发展施加任何影响）的，而且是所有人的掌控范围。"

凯南等人当时并不知道，莫斯科战役将成为希特勒军队的第一次滑铁卢。在这场重要的战役中，苏德双方共投入700万军队，是"二战"乃至整个人类历史上规模最大的一次战役。双方的伤亡人数——包括战死的、被俘的和重伤的——共计250万人，其中近200万在苏联一方。斯大林错误地认为，德国并不会进攻他的国家，因此，德军很轻松就进入了莫斯科的外围地带。

但苏联最终还是成功地保卫了他们的首都，因为希特勒犯了一个更大的错误：他拒绝接受部下直接进攻莫斯科的建议。他分散了部分军力南下基辅，因为他坚持认为在战争中控制住乌克兰的农业和原材料资源至关重要。当他的军队重整完毕，准备朝莫斯科进发时，他们遭遇了深秋的大雨，苏联本就泥泞的道路化为沼泽。随后，当地气温骤降。由于希特勒坚信德军能够迅速占领莫斯科，因此大部分德军士兵都没有领到御寒的冬衣。正如苏联作家瓦西里·格罗斯曼所写的那样，这一切意味着，是"泥将军和冻将军"大大拖延并削弱了敌军的入侵。

靠着老天爷赐予的好运气，斯大林从苏联远东地区调集了增援部队。12月6日，也就是珍珠港事件前一天，苏军发起了第一次重大反击，将逼近莫斯科的德军重新赶了回去。

10月份，当莫斯科看似将陷入德军之手时，包括美国在内的外国使节和记者都纷纷撤出，来到了伏尔加河岸的城市古比雪夫。在失去了这些一线观察者们的报道之后，全世界的人们在事后很久才意识到，苏联的反击是东线局势大逆转的开端。而希特勒——一直自信要将苏联的广阔领土作为未来德国经济发展的发动机——开始认识到，他的军队很难在这个冬天占领苏联的首都。不过，他还是希望明年再卷土重来，而他的宣传家也坚持认为，作战计划的改变只是一次小小的挫折。

12月7日是一个星期天，当天晚上，凯南在一台信号微弱但勉强可以听清的短波收音机里，听到了美国电台关于日本偷袭珍珠港的消息。他立刻致电仍在睡梦中的代办利兰·莫里斯和其他几位使馆官员，深夜召开紧急会议。虽然珍珠港事件并不表示美国已自动进入战争状态，希特勒也在等到四天之后才在国会讲话中向美国宣战，但在驻柏林的外交官们看来，他们的使命已经走到了尽头。

没有任何迹象表明，希特勒仍记得普奇·汉夫丹格对他的警告，即在下一次全球性冲突中，与美国为敌无异于自取灭亡。恰恰相反，这位纳粹领袖相信，日本对美国的袭击是天大的好消息，因为那意味着，美国将被完全牵制在太平洋战场上，而很难腾出精力和资源来援助英国和苏联。珍珠港事件发生次日，他便宣称："我们必胜无疑。如今，我们有了一个三千多年来从未被征服过的盟友。"

对珍珠港事件所引发的结果最满意的人要数丘吉尔了。在那历史性的一天，罗斯福通过越洋电话，说出了丘吉尔一直都希望听到的话："现在我们是同一条船上的人了。"12月26日，丘吉尔在国会上称："对我来说，最好的消息就是，一个空前团结的美国，终于从剑鞘中抽出了自由之剑。"

凯南记录道，在他和同事们等待希特勒国会讲话前那"充满焦灼的不确定性"的四天里，大使馆逐渐与外界断绝了联系。电报室无法接收电报，而到周二时，大使馆的电话被停用了。"我们只有靠自己了。"他指出。为了应付最糟糕的结果，官员们在周二晚上开始焚烧通讯暗语和机要文件。熊熊燃烧的火苗使灰烬飘进了周边的几栋建筑，迫使一名德国楼宇巡视员向他们发出警告：他们的行为正在威胁邻居的安全。

当然，邻居——无论是狭义上还是广义上的——所受到的威胁远远不止这些打旋的火苗。就这一点来说，凯南比希特勒更加清楚。

## 对美国宣战

滞留在柏林的美国记者们——只剩15名，连早先的1/3都不到——意识到，他们的任务也将进入尾声。就在外交官们焚烧文件的当晚，记者们听闻联邦调查局已经开始逮捕在美国工作的德国记者。而这还只是反对"敌国侨民"行动的一个组成部分，虽然他们还不清楚个中细节，但他们却十分明白接下来会发生的事情。12月10日星期三早晨，美联社记者路易斯·洛克纳会见了德国外交部的一位官员，后者许诺他，任何报复行动"都会以最光明磊落的方式"进行。假如这能说明什么的话，那就是：报复行动即将到来。

第二天，洛克纳带着年轻的记者安格斯·图蒙前往由外交部宣传处主管保罗·施密特组织的每日新闻发布会。当时，大多数媒体都已经知道即将发生什么。"许多曾与我并肩共事的欧洲记者来和我道别，并盼望美国能将自由带到饱受苦难的欧洲大陆。"洛克纳回忆道。施密特抵达后，公布了德国记者在美国遭到逮捕的消息。"因此我必须请在座的美国记者即刻离开，回到你们自己家里。"他说道。

所有人都清楚，这意味着软禁的开始，直至下一道命令的发布。美国记者们开始退场，而其他人——"来自瑞士、瑞典、西班牙、阿根廷，甚至日本，和欧洲所有被征服的国家的记者们"，洛克纳写道，站成一排——与他们握手。施密特站在门口，也与每一位记者握了手。

在出门的时候，洛克纳转向图蒙，让他立刻开车回办公室，而非服从命令直接回家，以便他写完最后一篇报道，并向他的德国同事们道别。洛克纳就德国对美国记者采取的软禁令撰写了一则简讯，而坐在电报机前的图蒙突然收到一则自伯尔尼发来的非正式消息，询问柏林的局势。"再见，我们已是瓮中之鳖"，他以自认为轻松的语气作了简短回复。次日清晨，居住在芝加哥的洛克纳的父亲在吃早餐时，读到美联社援引了他儿子的报道，称他和其他美国记者正面临牢狱之灾。

回家以后，美国记者们开始收拾行李，准备迎接盖世太保的敲门。但从下午到傍晚，盖世太保并没有出现。倒是朋友们不断前来问候洛克纳和他的德国妻子希尔德，家里的电话也一直没有消停过。最后，在送走最后一名访客后，洛克纳夫妇认为这天不会再有什么事发生了，因此决定上床休息。但就在凌晨一点前，门铃响了起来。希尔德打开门，看到两个男人站在门口，要找洛克纳。

"我这就来"，洛克纳的声音从走廊里传来。由于灯火管制，走廊里的灯光很昏暗。门口的两人用手电照着他，向他出示了盖世太保证件，要求把他带走。洛克纳拿起早已收拾好的包。"你怎么知道我们要来？"其中一人问。洛克纳反问："难道你不知道我是个记者吗？"

当这两名军官猛敲图蒙家的门，高呼"盖世太保！请和我们走一趟"时，他似乎显得更加镇定自若。已经穿上了睡衣的年轻记者答道："你们早去哪儿了？"见对方没有回答，他接着说道："我等得不耐烦，就换睡衣准备睡觉了。"图蒙拿出一包烟，两人感谢地接过去以后，立马转变了原本雷厉风行的态度。在图蒙换衣服的时候，两人坐下来抽了几口。大家似乎都不着急。但随后，其中一名军官无意中提起，他们的车里还有一个人，而外头的天气着实有点凉。"那是我的上司"，在回忆起将洛克纳晾在那个难受的地方时，图蒙心有余悸地打趣道，"我可把他冻得够呛。"

洛克纳和图蒙被带到了亚历山大广场警局的三楼，这里是盖世太保的地盘。在穿过一扇装着铁栏和大锁的门之后，他们被关在一间挂满了希特勒和党卫军头领海因里希·希姆莱的严肃头像的屋子里。没过多久，其他美国记者也陆续被关了进来，直到全部15人都到齐了。美联社的另外一位记者埃德·夏克，由于在车内等的时间太久，在被送进来的时候已经四肢麻木了。他小心地在桌上铺开一张报纸，然后把双腿放了上去。这时，一名警卫跳起来："德国仍是一个文明国家，"他喝道，"把你的腿拿下来。你可以在美国这样做，但像我们这样文明的国度是不容许这种行为存在的。我们是有教养的人。"

警卫们似乎并不知道该如何处置这些囚犯。实际上，这些记者们后来才得知，直到第二天，也就是12月11日星期四，德国外交部才下令让盖世太保采取逮捕行动。"和对待犹太人、共和党人和反抗的神职人员一样，盖世太保们决定在午夜对我们实施逮捕，"洛克纳写道，"所以，我们被带到了这里，15名身陷困境、无处求援的记者。"但如果有人认为美国人的处境会与纳粹的其他囚徒有所区别的话，那么第二天他们因为饥饿而怨声载道的现实就会打破这种看法。盖世太保们并没有为他们准备食物，但其中一名警卫提出，假如他们肯付钱，他愿意帮他们弄些吃的。最后，他们得到了肉丸、煮土豆和腊香肠。根据洛克纳的记录，他们每人为此支付了60美分。

周四的美国大使馆内，外交官员们观察到，希特勒国会讲话的各项准备工作正在进行当中。宣传车陆续抵达，一大群人聚集在大使馆前。官员们紧张地合上了百叶窗帘，但正如凯南记录的那样，纳粹并未对他们采取任何行动。当希特勒向美国宣战，并谴责罗斯福以及支持他的"邪恶阴险的"犹太人时，大使馆的电话自被切断以来第一次响了起来。德国外交部来电，要求召见莫里斯。外交部长冯·里宾特洛普让莫里斯站在门口，然后大声读出宣战书，他尖声说道："你们总统早就想要战争，如今他得到了。"

几乎在同一时间，美国记者们被转移到了位于柏林郊区格鲁纳乌的一处没有暖气的夏日酒店副楼。不过很快，他们就得到了振奋的消息：美国国务院正考虑恢复那些被捕的德国记者的外交身份，这意味着，他们也很有可能受到相同待遇。第二天，一名意外的访客出现在他们面前。

一位不愿透露姓名的人打电话告诉了希尔德·洛克纳她的丈夫和其他美国记者被关的地方。她设法说服了警卫让她进去，为他们送去苹果、香烟、罐装食品和美国杂志。记者们精神为之一振。

希特勒已下令，所有美国人必须在本周内离开柏林。周六，德国外交部召见凯南，要求所有美国工作人员撤出他们的公寓，并带好行李于次日清晨到使馆集合。同一天，美国的记者们也被下令释放。在回到自己的住处收拾行李时，有好几位记者发现，在他们被关押期间，闯入者已经拿走了很多财物——从罐装肉、香烟到衣物和银器。

当所有人于周日清晨准时来到大使馆时，发现这里已经被盖世太保占领，四周围满了军队。一辆巴士把他们送到波茨坦火车站搭乘专列，目的地是法兰克福附近的温泉小镇巴德瑙海姆。纳粹告诉他们，在与美国交换被逮捕的德国记者之前，他们都必须待在这里。因此，这个小镇成了美国人在德国的谢幕之地。与之前很多经历相似的是，这一次他们仍然享有特殊的优待。

## 受到上天眷顾的历史见证者

被关押在美国的德国人过得相当不错。他们待在一个名为"绿蔷薇"的豪华温泉酒店，位于西弗吉尼亚州白硫磺泉镇，有很好的吃住条件。与之形成对比的是，巴德瑙海姆的杰斯克大酒店收纳了来自欧洲几个被占领国家的总计132名美国公民，却没有做好相应的配套准备。在1939年9月战争初期，这里曾一度停业，连暖气和水电这样的基本条件都得不到保障。在过渡时期，暖气管在冬季爆裂。到了1942年1月和2月，随着气温下降，美国人们不得不裹着厚厚的大衣去餐厅吃饭，然后迅速钻回自己的被窝取暖。当然，与被德国占领的欧洲地区的人民相比，这根本算不上艰苦。德国政府许诺将优待他们，而在有任何短缺出现时，他们也会十分及时地提出抱怨。

其中令他们抱怨最多的就是食物。德国官员坚称，他们得到的已经是德国公民正常配额的1.5倍，他们对此并不怀疑。但即便如此，与在柏林时的伙食相比，仍然相去甚远。"这让我们知道，德国人是在多么艰苦地勒紧裤腰带生活"，回国之后的洛克纳在美联社的一篇报道中写道。他还补充说，在巴德瑙海姆度过的5个月里，男人和女人平均分别瘦了10磅和6.7磅；而某几个人甚至瘦了35磅。但这些仍不足以证明是真正的艰苦。

回国之后，大部分美国人都不愿谈起他们在这段时期里的抱怨，因为那会显得他们很斤斤计较——尤其是在得知纳粹如何对待大部分的囚犯之后。党卫军负责人瓦伦汀·帕扎克上尉与美国人的实际领队凯南保持密切合作，而莫里斯反倒不太积极。为了解决生活中遇到的问题，纳粹会随意抓人回来——电工或水管工——在完成修理以后才放他们回家。有时候，纳粹也会从废弃的美国使馆里运一些食品过来。

帕扎克准许美国人写信，但内容必须经过审查。他们不能发电报，但是可以接收。凯南和莫里斯还被允许给在柏林代表美方利益的瑞士官员打电话，但这也是他们唯一可以使用电话的理由。日常琐事和抱怨都由这两位资历较老的美国人处理，这也使得大部分美国人都与德国人没什么直接接触。凯南很快就设立了秘书处，发布了一系列规定。比如，莫里斯要求人们在酒店的公共区域内必须穿外套、打领带，并且每个人都有义务保持自己房间的整洁。另外一条规定上则写着："为了大家共同的利益，不得听信和传播谣言。"

当然，谣言——尤其是关于这种关押生活还将持续多久的谣言——一直都不曾终止。随着几周变成了几个月，美国人所面临的真正挑战是如何应对被洛克纳称之为"极具美国特色的对抗无聊的过程"。但他们还是找到了一些方法。美联社的埃德·夏克偷偷弄到了一台美国无线电公司的短波收音机，在晚上9点时以"排练大合唱"的名义邀请他的朋友去他的房间收听英国广播公司的新闻。

有一天，一位意外访客的到来使得美联社的另一名记者阿尔文·斯坦因库夫成了大家的取乐对象。来访人名叫奥蒂·温德尔，是之前美国记者们常去的泰华尼餐厅的侍应生。她让法兰克福的家人给她发了一封电报，称家中有人病危。她借机溜到了巴德瑙海姆，并在美国人散步的时候混了进去。她为斯坦因库夫带来了能与同事们分享的酒，并与他共度良宵。次日清晨，当她试图离开时，遭到了盖世太保的逮捕。但不可思议的是，斯坦因库夫成功地说服盖世太保释放了她，并对此事守口如瓶，因为她如此轻易地进入酒店将会反映出他们的玩忽职守。

但真正提升士气的是他们所组织的一系列活动。在两名武官创办体操班后不久，美国人成立了"巴德瑙海姆大学"，其校训是"对无知者的教育永远不应停止"。虽然只是为了消遣，但其中的很多课程都相当严肃。凯南主讲的苏联历史课程创纪录地吸引了60名学生，其他课程还包括外语、公民学、哲学和"平原印第安舞"，合唱班包括24名成员。有时候，他们也排练小品，甚至会有男女反串表演。

记者们发行了被他们称之为在德占欧洲地区唯一的报纸"巴德瑙海姆小报"。但是很快，他们就报纸的内容与凯南发生了争吵。这名外交官认为，当下不应冒犯德国当局。他将记者们视为最喜欢惹是生非和最难管理的一个群体。

美国人们也一直在探寻新的体育运动。随着天气好转，他们可以沿着一条名为"乌萨（Usa，与美国的简称相同——译者注）"的小溪散步——小溪的名字常常成为他们开玩笑的对象。但真正令人兴奋的是凯南为他们争取到了在一个市级体育场里打棒球的许可。虽然有一名武官带来了少数棒球装备，但大部分仍需要自制。

在用袜子、棉花和其他材料将香槟酒瓶塞或高尔夫球包裹起来之后，医务人员又用胶带和针线把它们固定。有一次图蒙在溪边散步时，捡到一根大树枝，就把它带回了住处。合众社记者格伦·斯坦德勒用他锋利的芬兰小刀将它削成了33英寸长的球棒，并加了个把柄。图蒙还坚持拿铅笔在上面画了个"商标"（战后，这根球棒在图蒙位于弗吉尼亚米德尔堡的车库里躺了很多年，之后被他捐赠给了库佰斯顿棒球名人堂），而已经无用了的外交邮袋被拿来充当比赛中的垒。

比赛大受欢迎。大约50名男士分成四队——其中两队为外交官，一队武官，一队记者——有些女士也会前来加油助威。在"大使馆红队"担任捕手的凯南极其高兴，因为这项活动令大家暂时忘记了对巴德瑙海姆的生活条件的不满。他后来写道，他负责"管制这群饥饿、寒冷和忧心忡忡的关押者的纪律"，"我醒着的每一刻，都充斥着他们的忧虑、争吵、妒忌和抱怨"。

人们抱怨不断的原因之一很可能是，尽管他们常常看到英国的战斗机飞往附近的法兰克福和斯图加特，但战争对于他们仍是一个遥远而抽象的概念。在柏林时，战争和纳粹的恐怖是十分具体的；但在巴德瑙海姆，他们基本与外界断绝了往来，他们需要关注的只有他们自己。

在德美两国交换记者的前夕，凯南对手下这些同胞的愤怒达到了顶峰。他们被带到法兰克福，在那里乘坐两列专列前往里斯本。在经过西班牙时，凯南写道，他们不得不将卧铺上锁，"以防队伍里那些精力过剩的人（主要是记者们）溜到拥挤混乱的车站去买酒，最后被落在后面"。

当他们抵达葡萄牙边境的一个小站时，凯南将其他人都锁在车上，独自下车会见了美国驻里斯本大使馆的海军副官泰德·卢梭。在得知车站有早餐供应时，他几个月来所忍受的对食物的抱怨终于获得了回报。在自助餐区，他独享了丰盛的早点，往肚子里塞满鸡蛋。他在回忆录中坦承，这令他极为满足，因为"其他人还得空着肚子再赶六七个小时的路"。

还有另外一件事令凯南感到心有不甘。国务院已经宣布，政府将不会支付他们在巴德瑙海姆的这五个月的工资。"你知道，我们并不在工作。"凯南讽刺地评论道。随后，又有消息表明，他们中的很多人暂时无法登上从里斯本出发的轮船，因为这些座位优先留给了犹太难民。凯南指责议员们急于讨好选民，视这些非公民的命运"远比我们的遭遇更重要"。从这点上来说，他似乎忽视了当时的大环境——尤其是身在水深火热之中的欧洲犹太人。

凯南和莫里斯说服了国务院重新考虑这两条决议。但当他们抵达里斯本的时候，一封新的电报令他们更加气愤：部分外交官被要求于次日前往里斯本的美国大使馆报到，而不是回家。"很显然，国务院丝毫没有考虑这些人的身体和精神状况，也完全不愿动脑子想一想。"凯南写道。此时，他也开始为这些在巴德瑙海姆考验了他耐心的人们辩护。

无论这几个人最终是否留在了里斯本接受新的使命，他们中的大多数都受到了幸运女神的眷顾，于5月22日那天登上了"皇后岛号"。这艘白色的瑞典轮船两侧都印上了"外交航轮"的字样，以确保顺利抵达纽约。当他们重新回归到这个世界——由于那个被他们称为"临时的家"的纳粹德国而深陷战火的世界——他们又能正确看待各自的经历。"是的，我们终于逃出了盖世太保的魔爪，"图蒙回忆道，"我们是幸运的。幸好我们是外国人，而且是美国人。"

对于所有生活在那段时期的德国的美国人来说，这都是极其恰当的论述。他们有幸亲眼见证了现代历史最恐怖的一段时期；更有幸的是，身为美国人，他们能够从一个受保护的有利立场来观察这一切。的确，他们是一群受到上天眷顾的历史见证者。

# 后记

在阿道夫·希特勒政治生涯的早期，远在其成为第三帝国强大的统治者和一系列暗杀密谋的目标之前，他曾经死里逃生。1923年11月9日，当他和鲁登道夫将军率领他们的追随者在慕尼黑啤酒馆政变中做最后一搏的时候，他们遭到了警方的机枪扫射。一颗子弹击中了马克斯·埃尔温·冯·施勒纳-里希特，他是希特勒的心腹，两人一直挽着手并肩前进，如果那颗子弹的轨迹稍有差池，也许就会改变历史的进程。

当然这纯属偶然，可第二天发生的就是另外一回事了。当警察闯入海伦·汉夫丹格的家中准备逮捕希特勒时，他正拿着一把左轮手枪对准自己，我们无从得知他是否真的打算自杀，但无可否认，正是希特勒的宣传员普奇·汉夫丹格的这位美国夫人从他手里夺下了手枪，斥责他怎么会有这样的念头。她在这桩事件里所扮演的角色，就和一天前的那颗子弹一样重要。如果事实果真如此，那么显然是一个错误的人出现在了一个错误的时间。

所有这一切都向历史抛出了"如果"这个大命题：如果没有希特勒，"一战"后的德国会走向何方？经历过魏玛共和国的垮台、希特勒的崛起和纳粹时代的美国人没有公开讨论过这个问题，而它也不可能有一个明确的答案。但所有这些美国人的描述中一直贯穿着一条共同的主线，就是他们对于希特勒的迷信。他们的经历以及见闻都在强烈地暗示着我们，如果没有希特勒，纳粹永远不可能实现他们的独裁。也许这个国家仍然会走上专制的道路，也有可能是军事独裁，但无论如何都不会形成第三帝国这样可怕的规模，也不会产生这些可怕的后果。

即便是那些起初把这位纳粹领导人视作小丑的美国人也渐渐意识到，他拥有着某种异乎寻常的能力，能够迷惑他的追随者，又能吸引新的拥趸。他比任何人都知道该如何巧妙地利用同胞们的恐惧、仇恨和偏见，挖掘出他们最邪恶的本能。他将自己特有的个人素质与口才结合在一起，为壮大自己的运动推波助澜。没有哪一个纳粹领导人像他这样具有鼓动力。戈林没有，戈培尔没有，他的早期对手雷戈尔·施特哈瑟也没有。虽然这些人也在试图利用国人自"一战"战败和接连的经济危机之后的愤怒和困惑，却无法收到同样的效果。

这段结局算不上体面的传奇历史表明，在那样一个史诗般悲剧的时代里，这些身处希特勒的德国的美国人，也体现了所有正常的人性上的弱点，包括一些自我中心式的狭隘。很多人的观察流于肤浅，有些人故意视而不见，甚至还有少数人会为纳粹辩护。但大多数美国人都开始了解身边发生的这一切，尽管他们常常会感到很难把握全局。这一点也不奇怪。毕竟，他们来自一个民主务实的国家，而他们所陷入的社会却正经历着一场在疯狂的意识形态控制下的可怕转型。

所有这些记者中，威廉·夏伊勒算得上是杰出的一位，他能在事件发生之时就看清走向，不会陷入一厢情愿的陷阱。这就难怪他的《柏林日记》甫一出版就令他声名鹊起，而后来的《第三帝国的兴亡》一书更是巩固了他作为一名杰出作家的声誉。这部著作于1960年首次出版，立即就成为畅销书，此后经年，一直是任何想要了解希特勒统治下德国历史的读者们的必要读物。

不过具备洞察力的远不止夏伊勒一人，埃德加·莫勒和西格瑞德·舒尔茨这两位记者也很少能被糊弄。乔治·麦瑟史密斯总领事能在历任的美国外交官中脱颖而出，也是出于同样的理由，当然还要加上他的热情和勇气。杜鲁门·史密斯是首位同希特勒会面的美国官员，事实证明他不光是一位敏锐的政治观察家，还是一位相当能干的武官，在当时就估量出了德国迅速增长的军事力量。还有许多其他在柏林大使馆就职的工作人员也表现不俗，包括年轻的职员威廉·拉塞尔和雅各布·比姆。

不少美国人在离开希特勒当政的德国多年之后达到了职业生涯的顶峰。比姆成为顶级的外交官，历任美国驻波兰、捷克斯洛伐克和苏联大使。乔治·凯南不仅成为著名的遏制政策的创始人和美国驻苏联大使，还在冷战后期以历史学家的身份对美国的外交政策频频发表批评。里察·赫姆斯步步高升，成为中央情报局局长，而霍华德·K.史密斯在网络电视一统天下的时代更成为ABC晚间新闻的特别节目主持人。

所有这些美国人——不管是记者、外交官、学者还是普通的居家百姓——都极大地受到这段在德经历的影响，有些人的烙印远比其他人要深得多。

玛莎·多德在柏林被她的苏联外交官情人鲍里斯·维诺格拉多夫引上了间谍生涯。她在1938年回到美国，嫁给了富裕的金融家阿尔弗雷德·斯特恩，并继续担当苏联间谍。1953年，她听闻自己要被众议院的非美活动调查委员会传唤作证，就和阿尔弗雷德一起逃到了墨西哥，又在1957年把家搬到了布拉格，那一年他们被指控为国内间谍。由于缺乏足够的证据，这项指控在1979年的复核中被撤销，不过这对夫妇再也没有回到美国。赫姆斯在卸任中情局长多年之后，根据20世纪90年代曝光的一批截获的苏联电报断定，这两人确实都曾是某个苏联间谍组织中的成员。"她一辈子都是苏联间谍。"赫姆斯写道。他认为玛莎在柏林的工作"也许是她间谍生涯的顶峰"。1986年阿尔弗雷德逝于布拉格，1990年玛莎也在那里去世。

"二战"伊始，就有一些居住在英国的德国人被当局以"潜在安全威胁"的名义围捕，普奇·汉夫丹格也是其中一员。之后他被转移到加拿大的一个战俘营，在那里他偷偷设法寄出了一封信，并呈到了他庄严地称之为"我的哈佛俱乐部的伙伴，富兰克林·德拉诺·罗斯福"的桌前。1940年的夏天，他被转移到美国的监狱。他一到华盛顿就见到了自己的儿子埃贡，他曾经就读于哈佛，不过中途辍学加入了美国陆军，现在是一名中士，那天他就穿着制服迎接自己的父亲。

普奇为美国的情报部门提供希特勒和其他纳粹领导人的信息，并帮他们分析德国电台的广播内容。1944年，美国方面将他押送回英国。"二战"结束后，他又被送到德国的一所战俘营，最终于1946年9月3日被释放。他在慕尼黑度过了自己的余生。虽然普奇宣称自己对希特勒的期望早已幻灭，但他始终给人一种印象，就是和希特勒相伴的那几年是他人生的巅峰。他的孙子埃里克1954年出生在纽约，不过一直在德国长大，他回忆说，普奇总是没完没了地向人们谈起过去的日子，总喜欢吹嘘自己和希特勒一度多么亲密。埃里克说，他的那些幸福时光里，"一大半都是在回忆和希特勒有关的一切——这很可怕"。普奇活了88岁，1973年，他在去世的前一年接受一位美国学者的采访时称，希特勒"仍然活在他的骨头里"。

海伦在离婚后于1938年搬回美国，又在20世纪50年代中期回到了慕尼黑，1973年在那里去世。终其一生，她都对希特勒的人生惊叹不已，令人感慨的还有她曾经如此接近这位纳粹领袖，并成为他的爱慕对象这一事实。

当然，大部分美国人跟希特勒的个人交往要少得多——他们所扮演的角色也要积极得多。整体而言，无论是最后一批到达里斯本的美国人还是在他们之前的人，都留下了极为珍贵的历史资料。他们在德国充当美国的耳目，记录下了这段口口相传的历史的初稿。和所有的初稿一样，有些内容可能并不切题，但它却透过极不寻常的私人视角，记录了希特勒的崛起和德国走向深渊的过程。

总而言之，这些美国人帮助他们的同胞开始了解纳粹德国的性质：它是如何无情地消灭自己的政治对手；如何向国民灌输对犹太人和其他一切所谓劣等种族的仇恨；以及它如何扩充军备，鼓动国民投入到一场争夺全球霸权的战争。他们中最出色的那些人会去仔细聆听德国军国主义的鼓点，进而意识到迫近的危险。通过这样的方式，在德国的这一批美国人逐渐消弭了原先的孤立主义情绪，从心理上帮助同胞们做好了多年浴血斗争的准备，这正是身处希特勒的德国的这些美国人真正的贡献。

# 致谢

有时候一本书的主旨太过突出，以至于写完之后你简直记不起灵感的来源，不过在《希特勒的土地》一书中我就没有这种问题。那天克里斯蒂娜——家里人和朋友都叫她克莉西雅——和我去华盛顿探望我的父母，之后又一道开回纽约，在车上我们讨论起我接下来要写些什么。我向她说起在写《伟大战争》(*The Greatest Battle*)的时候，我特别喜欢挖掘在德军长驱直入、逼近苏联首都的背景下，那些生活在莫斯科的外国群体的行为和意识。克莉西雅紧跟着就问我："有人写过20世纪20～30年代那些在德的美国人的经历吗？"她说眼下有这么多书在描写当时的美国人在巴黎和伦敦的生活，可她还没有看过一本书讲述同时代的那些美国人在德国的经历。

在我替《新闻周刊》写报道的时候，我们曾经在柏林和波恩生活过一段日子，我也一直以为我对描写20世纪20～30年代这方面题材的书籍相当熟悉，不过我从来没有想到过这个问题。我知道有一些美国人出版过几本记述他们在德生活的个人回忆录和历史散记，不过我想不出有哪本书全面地检视过那个时代那些人的生活和思想。我的好奇心被勾起来了，我很快证实了市面上没有这样的书。接下来的问题就是，我是否有足够的信息来源。事实上，我很快就明确得知，坊间其实流传着大量已经发表和尚未发表的记录、信件以及其他文件，远远超乎我的想象，为我提供了第一手的美国公民回忆素材。

在我开始这项写作计划的时候，书里提到的人物有几位还在世，其中一些完全属于意外发现。纳娃捷尔斯吉是我以前的记者同事，现在在华盛顿的大屠杀博物馆工作，是她让我留意到一位亚洲学者，菲利普斯·塔尔伯特的信件，这位学者早在1938年就访问过德国。我通过电话联系到塔尔伯特，他答应给我寄一些复印件，也和我谈起他的那段经历。他还敦促我联系他的老朋友安格斯·图蒙，此人在20世纪30年代后期曾是美联社驻柏林的一名年轻记者。在他女儿凯迪·图蒙的帮助下，我终于见到了图蒙和他的妻子爱丽丝。他们一家如今住在弗吉尼亚的米德尔堡，我在那里采访了图蒙本人，拿到了他尚未发表的回忆录的复印件，还翻阅了几本珍贵的相册，书里巴德瑙海姆的那些照片就取自其中。遗憾的是，塔尔伯特和图蒙两人都未能等到这本书的出版就去世了。

此外还有几位私交，一开始我压根没想到他们会和这本书有任何关系，直到在初期的研究工作里，我无意间发现他们的名字。理查德·霍特莱特是一位退休的电视记者，最早期的"莫罗男孩"之一，和我相识已久。不过直到我开始这项研究的时候才发现，他居然在"二战"早期担任过合众社的驻柏林记者，还被盖世太保囚禁过。尽管他当时的身体有些状况，他还是立刻同意了我的采访要求。同样，我也不知道我的新闻业同事兼好友艾利克斯·比姆的父亲，已故的雅各布·比姆，曾经在20世纪30年代在柏林的美国大使馆工作过。拜艾利克斯所赐，我也拿到了他父亲未出版的手稿。

书中不少已经去世的主人公的子女和孙辈也向我们提供了一些宝贵的资料和见解。在康涅狄格州的米德尔敦，凯瑟琳（卡琴）·史密斯·科利坦率地与我分享了她记忆中的父母，也就是杜鲁门·史密斯夫妇的故事，还向我生动描述了20世纪30年代中期她在柏林度过的那段少女时光。她家的冰箱上挂着一张那个时期的照片，十分引人注目，照片上的她有些不安地抱着戈林的那头狮子，我征得她的同意，把这张照片用在了书里。在慕尼黑，埃里克·汉夫丹格向我谈起他的祖父母恩斯特（"普奇"）和海伦夫妇，并同意我使用他祖母的一张照片，照片里海伦打扮成自由女神像的样子，拿着美国国旗站在霍博肯市政厅前的台阶上。另外，路易斯·洛克纳的两个孙女，住在柏林的安妮塔·洛克纳和住在日内瓦的芭芭拉·罗斯，也都给了我很大帮助。对于他们每一位，我都非常感激。

然而时间毕竟过去了很久，所以我很大程度上还是要依赖当时那些亲历历史的美国人留下的书面材料。其中很多当时就已发表，不过如今几乎都被人遗忘了，还有一些材料从未公布于世，为了找到它们，我探访了诸多研究机构，在不计其数的档案员和图书管理员的帮助下，才拿到这些美国人留下的文字资料和其他记录。

和过去一样，我又一次惊叹于胡佛研究所档案馆对原始文档的有效分类。感谢媒体合作伙伴计划的戴夫·布雷迪和曼迪·麦凯拉的盛情，让我的几次探访都得以成行，这期间卡罗·莱德纳姆，布拉德·鲍尔，伊雷娜·泽尼乔夫斯卡还有兹比格涅夫·斯坦奇克这几位档案员都曾给予我宝贵的协助，让我不断有新的发现。布拉德更是一位卓越的德国方面的专家，帮我把大量的历史碎片串联补充完整，安妮塔·洛克纳和卡琴·科利也是他先帮我联系的。

我还想要感谢以前的新闻业同事，美联社的约翰·达尼舍夫斯基，是他帮我联系上了档案馆的管理层瓦莱丽·葛摩。瓦莱丽和她的同事山姆·马卡姆当即就同意帮忙。我非常高兴能在那里遇见山姆，20世纪80年代中期我们两家都住在波恩，是邻居又是好友，那时他还是个小男孩。我还要感谢利奥·拜克研究所的卡罗尔·卡恩·施特劳斯，她把我介绍给首席档案研究员弗兰克·梅克伦堡，他当即就介绍我读一本有趣的旅行日记。我还从许多地方得到了帮助，像国会图书馆、还有哥伦比亚大学的珍贵文献图书馆，由于篇幅所限，无法一一赘述，在此深表歉意。

每次我向别人说起我的研究工作，总会从意想不到的渠道得到一些珍贵的线索。在胡佛档案馆，我在复印机那里和约翰·麦克劳林换位置，才发现他的博士论文写的就是阿尔伯特·魏德迈，他立即就帮我找到了魏德迈在德国军事学院期间的记录。戴维·马维尔是纽约犹太遗产博物馆的馆长，他也把自己关于恩斯特（"普奇"）·汉夫丹格的论文送给我参考。在弗吉尼亚大学教授建筑历史的理查德·威尔逊指点我去研究菲利普·约翰逊20世纪20年代的在德经历，比尔·尤里则引导我探索德国早期的国际生活经验。约翰·比克隆一直敦促我去查看大萧条时期斐迪南·艾伯斯塔特的国债交易警告。

好些密友都致力于帮我找寻资料，像戴维·穆尔和阿琳·盖茨。我还要感谢很多人——包括史提夫和阿迪斯·霍兹夫妇、弗朗辛·谢恩、罗伯特·梦露、维克多和莫妮卡·麦科威斯夫妇、杰夫·巴托勒特、弗莱德·古特尔、桑德拉和鲍勃·戈德曼夫妇、伊娃和巴特卡·明斯基夫妇、亚历山德拉和安东尼·贝莱蒂夫妇，等等，等等。我要感谢他们给我的鼓励和精神上的支持。当然还有戴维·萨特，我们在20世纪80年代早期相识于莫斯科，此后就一直是好友，他总是不厌其烦地读我发给他的那些章节，给我一针见血的批评和建议。

我也很感激我现在所在的东西方研究所的同事给我的支持，还有所有董事会的成员，有了他们，我们的工作才得以有序推进。我要特别感谢约翰·姆罗茨、弗兰西斯·芬利、小罗斯·佩罗特、马克·马莱茨、利奥·申克尔、史蒂芬·海因茨和玛丽亚·卡托伊。我还要感谢我的才华横溢、无比敬业的团队成员：艾比·拉比诺维茨、德拉甘·托亚诺夫斯基和特雷西·拉森，以及早期和我们一起工作过的萨瓦什·赛义德。

此外还有那些从一开始就参与到这个研究项目，让它最终成为现实的人们。我的经纪人罗伯特·戈特利布一直热情地鼓励我去实现这个想法，西蒙与舒斯特公司的爱丽丝·梅休女士耐心地培养这颗种子，在每一步都为我提供细心的指引，有这样的编辑，实在是每一位作者的福气。

世界上所有的溢美之词都可以用来形容爱丽丝的编辑功力，而且一点儿都不会为过。她的同事罗杰·拉布里也一如既往地向我提供了极大的帮助。我还要感谢西蒙与舒斯特团队的其他成员，包括瑞秋·伯格曼、朱丽亚·普罗瑟、雷切尔·安杜哈尔、迈克尔·阿科尔迪诺、吉卜赛·达·席尔瓦，以及文字编辑弗莱德·维默尔。此外还有我的经纪人戈特利布所在的三叉戟媒体集团，我非常感谢艾丽卡·西尔弗曼、克莱尔·罗伯茨以及艾德丽安·隆巴多的热情支持。

最后当然还有我的家人。父亲齐格蒙特和母亲玛丽一直是我的忠实读者，他俩总是迫不及待地要看我刚刚写完的每个章节。2010年夏天父亲住院治疗，他告诉我的第一句话就是某一章他还差三页纸就要读完了，现在却被迫中断，他心里有多么遗憾。他在医院里住了将近一年，没法再读书，可他只要有空就会追问我的进展。我对他们的感恩之情无法用语言表达。我还要感谢我的两个姐姐玛丽亚和特里，以及她们的另一半罗伯托和戴安给我的支持。

还有我的四个已经长大成人的宝贝——伊娃、索尼娅、亚当和亚历克斯——他们知道我有多么依赖他们的爱和鼓励，也会在我需要的时候（我经常都需要）给我切实的帮助。我要特别感谢伊娃和泰勒，他们一直是我的第一批读者，总在第一时间给我反馈。像索尼娅和伊万，还有亚当和萨拉一样，他们现在也组建了自己的家庭。我要把这本书献给他们可爱的下一代。亚历克斯是个非常有前途的青年作家，在家给我提了很多绝妙的主意。我还要特别感谢我的妻弟沃尔德克·科瓦尔斯基的慷慨无私，还有他的妻子埃娃。

这又让我想到我的妻子克莉西雅，是她点燃了本书的灵感。我生命中发生过的最美好的事情，就是在克拉科夫的雅盖隆大学作交流生的那个纷乱的学期里遇见她并和她结为夫妻。为了我，她一直没能完成学业，可直到今天，她都在指导我的人生。她永远是我的缪斯，我的编辑，我的一切！

HITLERLAND by Andrew Nagorski
Hitlerland © 2012 by Andrew Nagorski
Simplified Chinese language edition copyright © 2013 By Chongqing Publishing House,
arranged with c/o Trident Meida Group, LLC,
Through Andrew Nurnberg Associates International Limited
All Rights Reserved.

**版贸核渝字（2013）第236号**

**图书在版编目（CIP）数据**

希特勒的土地：美国人亲历的纳粹疯狂之路／（美）纳戈尔斯基 著；吴冬，姚小菡 译．—重庆：重庆出版社，2014.9

ISBN 978-7-229-08603-9

Ⅰ.①希… Ⅱ.①纳… ②吴… ③姚… Ⅲ.①德意志第三帝国—历史—通俗读物②第二次世界大战—历史—通俗读物 Ⅳ.①K516.440.9 ②K152-49

中国版本图书馆CIP数据核字（2014）第191292号

---

**希特勒的土地：美国人亲历的纳粹疯狂之路**
XITELE DE TUDI:MEIGUOREN QINLI DE NACUI FENGKUANG ZHI LU

［美］安德鲁·纳戈尔斯基　著
吴　冬　姚小菡　译

出 版 人：罗小卫
策　　划：华章同人
出版监制：陈建军
责任编辑：徐宪江
特约编辑：王　方
营销编辑：王丽红
责任印制：杨　宁
封面设计：蒋宏工作室

重庆出版集团　出版
重庆出版社

（重庆长江二路205号）

投稿邮箱：bjhztr@vip.163.com
北京中印联印务有限公司　印刷
重庆出版集团图书发行有限公司　发行
邮购电话：010-85869375/76/77转810

重庆出版社天猫旗舰店
cqcbs.tmall.com

全国新华书店经销

开本：787mm×1092mm　1/16　印张：21　字数：340千
2014年11月第1版　2014年11月第1次印刷
定价：39.80元

如有印装质量问题，请致电023-68706683

**版权所有，侵权必究**